프로이트의
치료기법

프로이트의 치료기법

초판 1쇄 인쇄 2017년 8월 18일
초판 1쇄 발행 2017년 8월 25일
_

저　자 지크문트 프로이트
편역자 변학수
발행인 이방원
편　집 홍순용·김명희·이윤석·안효희·강윤경·윤원진
디자인 전계숙·손경화
마케팅 최성수
_

발행처 세창출판사
신고번호 제300-1990-63호
주소 03735 서울시 서대문구 경기대로 88 냉천빌딩 4층
전화 02-723-8660　**팩스** 02-720-4579
이메일 edit@sechangpub.co.kr　**홈페이지** http://www.sechangpub.co.kr
_

ISBN 978-89-8411-697-9　93180

이 도서의 국립중앙도서관 출판시도서목록(CIP)은 서지정보유통지원시스템 홈페이지(http://seoji.nl.go.kr)와
국가자료공동목록시스템(http://www.nl.go.kr/kolisnet)에서 이용하실 수 있습니다.(CIP제어번호: CIP2017019992)

Freud, Sigmund,
Die
therapeutische
Technik

프로이트의
치료기법

지크문트 프로이트 저 | 변학수 편역

e Freudsche psychoanalytische Methode 1904

r Psychotherapie 1905

e zukünftigen Chancen der psychoanalytischen
erapie 1910

wilde Psychoanalyse 1910

ur Dynamik der Übertragung 1912

tschläge für den Arzt bei der psychoanalytischen
handlung 1912

ur Einleitung der Behandlung 1913

nnern, Wiederholen und Durcharbeiten 1914

merkungen über die Übertragungsliebe 1915

e Schwierigkeit der Psychoanalyse 1917

ge der psychanalytischen Therapie 1919

onstruktionen in der Analyse 1937

e endliche und die unendliche Analyse 1937

e psychoanalytische Technik 1938 1940

세창출판사

일러두기 —

이 책의 내용은 독일의 피셔(Fischer) 출판사가 1952년에 펴낸 원본에서 번역한 것임을 밝혀 둔다.

프로이트로 돌아가자

　우리나라에서 프로이트(1856~1939)에 대해 말하는 것은 더 이상 희귀한 일이 아니다. 그리고 그의 이론에 따른 정신분석치료 또한 낯선 것이 아니며, 그와 처음에 궤적을 같이한 다른 정신분석가들의 방법과 치료에 대해서도 우리는 너무 많이 들어 왔다. 카를 구스타프 융, 알프레트 아들러, 산도르 페렌치, 프리츠 펄스, 야콥 모레노, 도널드 위니캇 등으로부터 나온 치료나 상담이론들이 그렇다. 나도 그런 사람 중 하나다. 독일에서 문학이론과 철학, 미학을 전공한 나는 맨 처음 프로이트를 읽으면서 그가 읽은 셰익스피어, 괴테, E.T.A. 호프만의 작가세계를 경험하였다. 그러면서 자연스럽게 문학의 기능, 카타르시스(치유) 기능에 호기심이 발동하였고, 결국 문학으로 치유에 일조하기 위한 용기가 살아났다. 예술치료의 실행은 우선 프로이트에 대한 이해 없이는 힘들었다.

내친김에 나는 프로이트의 저작들을 읽고 문학치료에 대해 알 수 있겠거니 생각했다. 그리고 막연히 치료기법이 이론과 같은 것이라고 생각했다. 그러나 그런 나의 생각은 독일의 프리츠 펄스 연구소에서 이루어진 치료사 훈련가 과정에 참여하면서 깨졌다. 치료경험(그것이 치료받는 것이든, 치료하는 것이든)은 이론과 아무 상관이 없었다. 어느 철학자의 말대로 화장실은 같은 화장실인데 남자 화장실과 여자 화장실로 분리된 것과 마찬가지였다. 그렇다고 내가 그 연구소의 치료방식이 프로이트와 어떤 관련을 맺고 있는지를 배우고 들은 것도 아니다. 프로이트와의 관련성은 거기에서는 거의 무시되었다. 아니 잘 모르고 있었다고 표현하는 편이 옳겠다. 이와 같이 프로이트의 후예들 대부분은 그를 어떤 방법으로든 무시하거나 관계가 없는 것처럼 행동한다. 심지어 정신분석치료를 하는 치료사들도 '엄격한' 프로이트의 방식으로 하는 사람은 없다.

유일하게 라캉만이 '프로이트로 돌아가자'고 주장했지만 그것도 자기식으로 자기의 학문적 이해관계 내에서 말한 것이지, 치료기법으로 돌아가면 그도 전혀 다른 생각을 하는 것 같다. 구조주의 언어학적 치료(?) 정도면 제대로 된 표현일 것이다. 최근 일본의 한 사이비(사이비라고 한 이유는 철학자가 정신분석도 아닌 정신분석을 옹호한 글을 썼기에) 철학자에 의해 우리나라에 너무도 많이 알려진 아들러의 글을 읽으면서 프로이트의 정신분석과 그의 치료기법이 너무도 동떨어진 철학치료 같기도 하고, 상담 이론 같기도 한 정신분석이라는 것을 알게 되었다. 아들러는 정신질환의 원인을 유전과 환경의 공동작용이라고 생각한다는 점에서 기본적으로 정신분석에 대한 생각과 유사했다. 하지만 "열등성(Minderwertigkeit)"을 강조하며 생물학적 기반이 열등한 경우, 신경증이 더 잘 생길 것이라고 생각했다. 그러므로 프로이트의 외상경험이나 정신성 발달보다는 사회나 환경의 영향을 강조하는 입장이었다. 여기에서 개인심리학이 나온 것이다(이 점에 대해 본문의 〈전이의 역동에 대하여〉란 글을 참조하길 바란다).

융은 또 어떠한가? 융은 프로이트의 리비도 이론을 지지하고 또 많은 부분 그의 생각이 프로이트에게서 온 것임을 인정했지만, 결국 자신만의 방식으로 (그에게 불편했던) 리비도 이론을 재정립해 자기화하기 시작했고, 이를 위해 그는 성욕으로만 신경증을 해석하는 것에 불편해 하는 사람들을 설득하기 위해 다른 길을 가기 시작했다. 그러나 오늘날 타 문화적 관심으로 볼 때 그의 프로테스탄트적 상징, 불교적 만다라는 치료에 이용하기에 어딘가 모르게 비의적이지 않은가? 치료 기법의 측면에서는 오히려 환자에게 많은 시간과 '개성화 과정'을 허락함으로써 '끝없는 분석'의 장을 열었지만, 동시에 끝이 있는 치료를 원하는 치료사들에게는 어떤 치료의 기준을 제공할 수 없는 것 같다. 그러나 한편 그는 정직하게 그의 치료기법에 관한 글에서 이렇게 밝힌다. "어쨌든 나는 치료기법을 프로이트의 자유연상법으로부터 배웠으므로 나의 치료기법은 프로이트의 자유연상법의 직접적인 연장으로 생각한다."[1]

---

1 카를 구스타프 융, 『정신요법의 기본문제』, 융 기본저작집 1, 한국 융 연구원 옮김, 솔출판

다른 치료를 본다. 야콥 레비 모레노(Jacob Levy Moreno, 1889~1974)는 부쿠레슈티 출신으로서 프로이트의 강의를 들었던 사람이다. 그러나 그는 이후에 프로이트의 치료실에서 환자를 해방시키고 자발성 극장을 만들어 집단치료에 집중하게 되는 사이코드라마를 실행한다. 이전까지의 심리치료는 암시를 이용한 최면술이나 프로이트의 자유연상을 통해 대화로 치료하는 정신분석이 주류였다. 그런데 사이코드라마는 비슷한 문제를 가진 사람들이 집단으로 참여하고, 말이 아닌 행동으로 표현하도록 한다는 점에서 이전의 치료법과는 확연히 달랐다. 그러나 그렇다고 해서 기존의 정신의학적 접근과 완전히 동떨어진 것은 아니었다. 치료적 중재로 개인의 심리가 변할 수 있다는 가정은 프로이트의 기본 입장과 같았다. 또한 미리 준비된 내용을 다루지 않고 즉흥성과 자발성을 기반으로 드라마를 풀어낸다는 점에서는 '먼저 말하고 나중에 생각'해야 인식하지 못했던 무의식이 의식으로 표출된다는 정신분석의 개념과 유사하다.

에렌펠스의 게슈탈트 심리학을 바탕으로 게슈탈트 치료를 창시한 프리츠 펄스 또한 프로이트의 정신분석에 심취한 사람이었다. 1960년대 이후 정신분석이 퇴조하고 나자 1970년대부터 게슈탈트 치료가 융성하게 되었다. 프리츠 펄스가 주창한 게슈탈트 치료의 생각은 정신분석에서 말하는 의식/무의식의 문제를 무시하는 것에서 출발한다. 여기서 무시라는 말은 오히려 나쁘게 들리지 않는다. 유기체

사, 2001, 51쪽.

가 자각할 수 없는 것을 어찌 의식이라 할 수 있으며 의식되지 않는 무의식을 어찌 의식이라 할 수 있는가? 이 점에서 게슈탈트는 오로지 현재-여기서의 자각을 중심으로 치료와 세팅이 이루어진다. 그러기에 게슈탈트 치료에서 프로이트가 말한 '앎'이란 크게 중요하지 않다. 그 결과, 그들은 부정적 감정들을 따뜻한 긍정적 감정으로 바꾸고, 집단치료에서 일어나는 활동들에서 판단하지 말고, 해석하지 말고 가치를 평가하지 말라고 가르친다. 특히 이 치료는 여러 가지 예술적 활동, 이를테면 미술이나 시 쓰기, 동작 등을 통해 그런 감각열기에 집중한다.

이 외에도 프로이트로부터 발전된 대상관계이론은 멜라니 클라인과 하인즈 코헛, 도날드 위니캇으로 이어지면서 정신분석의 심리학화 내지는 대상관계이론화, 즉 의식적 중재라 할 수 있기에 신경증 치료와는 다소 거리를 둔 것 같다. 영국과 미국의 발달과 교육, 심리학 영역을 대변하면서 프로이트에게도 매우 불편한 느낌을 이미 오래전부터 준 것 같다(본문의 〈정신분석적 정신치료의 여러 길〉을 참조하라). 무의식이 중심이 되는 신경증 환자를 다루는 것과 정상인의 교육적이거나 철학적인 문제의 혼합은 유럽대륙적인(영국을 제외한다는 뜻) 치료와는 거리가 먼 듯하다. 여하튼 어떤 치료든 아직 프로이트의 기반을 완전히 무시할 수 없는 처지다. 더군다나 그들의 이론은 차치하고라도 그들의 치료기법은 구체적인 설명을 결여하고 있다.

나는 이런 배경에서 프로이트의 치료기법에 대한 관심을 가지게 되었다. 2004년에 경북대학교 대학원 협동과정 문학치료학과를 창설한

나로서는 치료에 대한 기법을 배우지 않을 수 없었다. 그 꿈은 2004년부터 2006년에 프리츠 펄스 연구소에서의 문학치료사 양성과정에서의 임상체험으로 이루어졌다. 그러나 나는 그들과 함께하는 동안 실망하고 말았다. 치료라는 것이 경찰이나 검찰에서 프로파일러가 피의자를 심문하는 과정쯤으로 생각했던 나에게는 지루하고 아무것도 배울 게(!) 없는 과정이었다. 나중에 안 사실이지만 프리츠 펄스 연구소의 방법은 '방법을 통한 방법(Methode durch Methode)'으로서 (그들이 시인한 것은 아니지만) 분석치료에서의 자기 분석과 같은 과정이었다. 다만 그들은 자기 분석을 슈퍼비전하지는 않았다. 그보다는 매체를 다루는 법, 역동의 과정, 치료사의 중재 등에 대해 체험하고 보여 주었다. 그리고 이런 과정은 동료실습, 슈퍼비전, 정신과적 실습, 문학적 글쓰기 임상 등으로 구성되어 있었다.

중세 성구(成句)에 "글자로 쓰인 것은 영원히 남고, 말로 표현된 것은 공기 속으로 사라진다(Scripta manet verba volat)"는 말이 있다. 나는 온 힘을 동원하여 그 과정을 단순히 체험할 뿐 아니라, 그 과정을 듣고, 적고, 다시 묻고, 적어서 그것을 바탕으로 한국에서 수십 차례 임상을 시행하고, 또한 여러 시행착오들을 통해 『문학치료』와 『통합적 문학치료』라는 저서에 나름대로 기법을 상술했다. 그런데 마음속으로 질문이 생겨났다. 물론 치료기법을 과학적으로 입증할 수 있는 것은 아닐지라도 최소한 정당화할 수 있는 방법은 있지 않을까? 그것은 내가 알고 있는 바와 같다. 바로 게슈탈트 치료와 통합치료(Integrative Therapie)라는 기법이다. 그러면 이 기법의 기원은 무엇인가? 대학원학생들이 문학치료에 일반적으로 쓸 수 있는 그 기법의 기원에 대해 관심을 가진 것이다. 내가 얻은 치료기법의 체험이 남긴 인상적인 장면들에는 (사진들밖에 없지만) 과연 프로이트의 어떤 기법이 남아 있는가 하는 점이었다.

그러다가 아주 우연히 정신분석에 관한 하나의 논문을 작성하면서 매우 훌륭한 두 개의 프로이트의 치료기법과 마주하게 되었다. 하나는 본문에 번역하여 실은 〈분석치료를 하는 치료사에 대한 조언〉(본문 6장)이며, 다른 하나는 〈기억하기, 반복하기, 그리고 훈습하기〉(본문 8장)이었다. 나로서는 정말 대단한 발견이었다. 그 이후 나는 독일어 원서에서 더 재미있는 글들을 찾아서 번역했다. 그것들은 각기 〈프로이트의 정신분석치료 방법〉(본문 1장), 〈정신치료에 대하여〉(본문 2장), 〈정신분석치료의 미래 기회들〉(본문 3장), 그리고 〈전이의 역동에 대하여〉(본문 5장)와 〈치료의 시작에 대해〉(본문 7장)과 같은 글들이다. 나는 이 글들을 번역하여 문학치료 기법과의 연관성 속에서 대학원생들에게 알려 주었다.

이 글들은 곧바로 번역하였으나 출판할 수는 없었다. 왜냐하면 달랑 몇 개의 논문으로 번역하기는 출판이 불가능했기 때문이다. 그러다가 올해 2017년 초 우연히 프로이트 관련 글들을 인터넷에서 검색하다가 프로이트에 관한 중요한 책을 발견하게 되었다. 그것은 세창출판사에서 펴낸 『프로이트 연구』라는 책이었다. 이 책은 독문학자들 (한스 마르틴 로만, 요아힘 파이퍼)이 엮은, 하지만 여러 저자가 프로이트의 저작에 대해 주석한 책이었다. 나는 여기서 치료기법이라는 항을 보게 되었고, 거기서 현재 이 책이 번역한 14개의 글을 찾게 되었다. 번역을 다 하고 보니 몇 개의 글들은 이미 몇몇 출판사에서 부분적으로 또는 치료기법을 넘어선 글을 포함하여 소개되었다. 그러나 이들의 번역은 다른 언어로 번역된 중역본들이 대부분어서 독일어의 뉘앙스를 그대로 살린 책이 절실했다. 일반적으로 언어학자들은 외국어로 번역되면서 30퍼센트 정도의 의미가 상실된다고 본다. 나는 이 번역에서 독자들이 그 의미를 얻을 수 있기를 바랄 뿐이다.

나는 이 글들을 연대기 순으로 편집하였다. 그 이유는 프로이트의 치료가 자신의 이론과 관련하여, 자신의 삶과 관련하여 조금씩 이드에서 에고로 넘어가는 과정을 보여 주기 때문이다. 대신 그렇게 편집하면서 치료의 시작에 대해서냐, 중간에 대해서냐, 끝에 대해서냐, 치료의 입장에 대해서냐, 치료의 역사에 대해서냐, 치료의 구성과 해석에 대해서냐 하는 문제는 그 체계성을 놓칠 수밖에 없는 것처럼 보였다. 그러나 우리가 위로 삼을 것은 그의 글이 난삽하지 않고 많지 않기에 독자들이 재구성하기에 어렵지 않으리란 점이다. 프로이트의 치료기법에 대해 요약하면서 나는 이런 말을 전하고 싶다. 당신이 어떤 치료와 어떤 기법을 사용하든지, 그것이 프로이트에게 비판적이든지 그것이 프로이트를 보완하는 것이든지 상관없이 프로이트로 돌아간다. 그 이유는 이 글들을 읽어 보면 너무도 당연히 받아들일 수 있을 것이다.

첫 번째 글 〈프로이트의 정신분석치료의 방법〉은 읽어 보면 마치 다른 사람이 프로이트의 분석치료 기법에 대해 말한 것처럼 보인다.

그러나 프로이트가 직접 쓴 글이다. 분석치료가 어떻게 시작되었는가에 관한 글이다. 최면치료를 포기하고 자유연상 기법으로 오게 된 배경, 무의식과 저항, 꿈과 실수 행위 등의 관계, 분석치료의 대상자에 대한 문제를 다루고 있다. 저항을 제거하지 못하고 덮어 버리는 최면의 기법에 비해서 정신분석의 기법은 해석과 재구성을 통해 다양한 저항들을 의식으로 끌어올릴 수 있다는 장점이 있다. 특히 프로이트는 정신분석 기법으로 치료할 수 있는 환자군으로 공격적이지 않은 만성 강박증자, 공포와 무기력증의 히스테리 환자라고 평가하고 있다. 다만 기법상 아무리 환자라도 정상적인 상태일 경우에만 치료해야 한다. 가령 우울증이 있는 히스테리의 경우, 가치관이 정립되지 않은 사람, 인격결손, 퇴행적 특성을 가진 사람 등은 치료할 수 없다. 나이도 중요한데 50에 가까워지거나 넘은 사람은 가급적 치료하지 않는 것이 좋다. 치료기간은 6개월에서 3년 정도 필요하다고 본다.

두 번째 글 〈정신치료에 대하여〉에서는 우선 조형예술 기법에 대한 다빈치의 개념, 첨가방식(per via di porre)과 제거방식(per via di levare)을 토대로 분석치료와 암시치료를 구분한다. 치료사의 암시로는 증상의 원인자에 접근할 수 없기에 프로이트는 암시치료를 포기하게 되었다고 말한다. 여기서 프로이트는 셰익스피어의 『햄릿』에 나오는 에피소드를 통하여 정신의 도구는 함부로 가지고 놀아서는 안 된다는 뜻으로 암시가 치료에 필요하지 않다는 것을 역설한다. 왕의 명령으로 길덴스턴과 로젠크란츠는 햄릿의 기분을 염탐하러 온다. 하지만 햄릿은 이들에게 저항한다. 그리고는 무대 위로 플루트를 가져와서 길덴스턴에게 연주하라고 한다. 그가 플루트를 불기는 하지만 연주를 할 수는 없다고 하자 햄릿은 화를 내며 그처럼 자기도 연주를 할 수는 없다고 말한다. 프로이트는 이 고전적 장면을 통해 플루트가 누구에게나 주어진다고 그것을 연주할 수 없듯이 분석치료가 내면의 무의식을 불러올 수 없을 때는 치료가 불가능하다는 것을 역설한다. 그러므로 연주를 하기 위해 오랜 기간 연습을 하듯이 분석치료는 시간이 오래 걸린다는 것을 말하고, 나아가 치료대상의 선택, 분석치료의 한계점 등에 대해서도 이야기한다.

세 번째 글, 〈정신분석치료의 미래 기회들〉은 앞의 두 기법이 내적인 것인 데 반하여 치료의 기법을 어떻게 체계화하는지에 대해 다룬다. 다시 말해 프로이트는 정신분석 지식과 치료기법의 발전과 더불어 치료효과의 증대문제를 세 가지 측면에서 다루고 있다. 그것은 1) 내적 발전, 2) 권위의 확장, 3) 치료 작업의 대중화이다. 내적 발전과 관련해서 프로이트는 무의식이나 전이를 통한 치료기법을 설명하고, 나아가 그가 『정신분석강의』나 『꿈의 해석』에서 이미 설명한 바 있는 꿈의 상징을 기법적으로 사용해야 한다고 말한다. 예를 들어 '계단을 오른다'와 같은 꿈은 성적 억압을 상징하는 꿈이다. 그리고 치료사의 역전이와 히스테리에 대해서도 언급한다. 권위와 관련해서는 사회의 추세가 정신분석을 인정하지 않을 것이라는 다소 부정적인 견해를 피력하며, "사회가 신경증 유발에 큰 몫을 차지하고 있다"고 비난한다. 대중화와 관련해서는 치료 기법의 개선을 기대한다. 왜곡과 오인의 바탕 위에 만들어진 신경증은 결국 대리만족과 질병이득으로 그 존재를 더욱 확장할 수 있다. 지나친 배려 또한 신경증 유지에 큰 기여를 해 왔다. 결국 그는 신경증에 대한 계몽이 건강한 사회의 지름길이며, 그런 사회를 위해서 정신분석의 대중화가 필연적인 것이라 생각한다. 오늘날 《굿윌헌팅》이나 《이보다 더 좋을 순 없다》, 《성질 죽이기》 같은 영화를 통해 정신분석의 업적이 널리 대중들에게 알려지도록 하는 것이 프로이트의 소원이었다.

네 번째 글 〈"무분별한" 정신분석에 관하여〉에 들어 있는 "무분별한"이란 말에는 인용부호가 쳐져 있는데 독일어 wild(영어와 거의 같은 뜻으로 사용됨)란 말을 프로이트가 은유적으로 사용하기 때문에 그런 것이다. 프로이트는 정신분석을 프시 알파의 규칙에 따라 정확히, 그리고 내적 역동에 따라 제대로 하는 것이 아니라, 몰이해를 바탕으로 얼치기, 사이비 정신치료를 하는 사람들을 빗대고 그런 치료자들에게 경고를 보낸다. 리비도(성욕) 이론과 관련해 프로이트는 성적 행위로 오인하여 어떤 부인에게 자위나 부부 재결합이나 애인을 만들라고 치료상담을 한 어떤 정신과 의사를 힐난한다. 성욕이라는 것을 정신적(병인론적) 과정으로 이해해야지 성관계로 이해해서는 안 된다는 것이다. 이런 사람은 당연히 리비도에서 파생된(전이된) 불안 히스테리 같은 신경증을 이해할 수 없게 된다. 그렇기 때문에 프로이트는 이런 식으로 정신과정을 바라보는 환자들의 "내적 저항들 안에 있는 무지의 뿌리가 병적 소인"이라고 말한다. 그리고 그는 이 저항들과의 싸움이 곧 치료의 과제라고 본다.

다섯 번째 글, 〈전이의 역동에 대하여〉에서 프로이트는 사람마다 사랑할 때는 어릴 때부터 가져온 어떤 특정한 "리비도적 기대표상"을 갖고 상대를 대한다고 본다. 이것은 정신치료를 할 때도 다시 등장하게 되는데, 프로이트는 이 상황을 "금지된 모든 소원충동을 고백하는 것이, 그 충동을 만들어 낸 사람 앞에서 이루어진다면 더욱 어려운 일이 될" 것이라고 말한다. 이 경우를 우리는 전이라고 하는데 이것이 부정적일 때 치료사는 더욱 어렵게 된다. 프로이트는 부정적 전이에 대해서는 언급을 자제하고 있으나 그것은 저항으로서, 성적인 원판(Klischee)의 재현인 긍정적 전이(애교, 매혹, 친절 등) 또한 중요한 정신분석의 "쉽볼렛"(사사기 12장 6절에 보면 이 발음을 제대로 '쉽볼렛'이라고 하면 길르앗 사람이라고 살리고, '씹볼렛'이라고 다르게 발음하면 에브라임 사람이라고 죽였다)으로서 그의 치료기법에 대단히 중요한 매개물이다. 결국 프로이트는 이 전이의 가치를 이렇게 평가한다. "어떤 적도 그 자리에 없거나(in absentia) 그 허수아비인 상태(in effigie)에서는 쳐부술 수는 없는 것이다." 프로이트는 치료에 협조하지 않으려는 전이가 치료기법의 중요한 수단임을 강조하고 있다.

여섯 번째 글, 〈분석치료를 하는 치료사에 대한 조언〉에서는 오늘날까지도 굉장히 중요한 치료사의 자세한 언급이 등장한다. 그것은 다름 아닌 "균형을 잡아 가는 주의력(gleichschwebende Aufmerksamkeit)"이란 치료기법으로서 치료사가 '무의식적 기억'에 자신을 내맡기고 환자의 말을 인지적으로 판단하지 않으려는 태도이다. 누구든, 그리고 어떤 치료 형태든, 어떤 매체의 치료이건 치료사(Facilitator)의 자리에 앉아 본 사람은 그의 이 말이 얼마나 절실하게 다가오는지 실감할 수 있을 것이다. 프로이트는 치료 시에 환자에 대한 기록을 원칙적으로 금하고 있고 의학적으로 이용되는 것에도 동의하지 않는다. 그것은 기록한 것과 실제 체험 사이의 차이 때문이다. 치료 시에는 외과의사처럼 냉정해야 하는데, 그 이유는 치료의 공명심을 막기 위해서다. 그 대신 그는 정신분석치료의 기본원칙에 충실할 것을 요구하고, 그 충실함은 환자의 상태와 같이 되는 것임을 역설한다. 그는 이런 상황에 아주 적절한 비유를 든다. "마치 전화 수화기가 발화자의 송화기에 맞추어져 있듯이 치료사는 제시되는 환자의 무의식에 자신의 무의식을 수신하는 기관으로 활용하여 피분석자에게 맞추어져야 한다. 수화기가 음파에 의해 자극된 전기 파장을 다시 음파로 전환하듯이 치료사의 무의식은 그에게 전달된 무의식의 파생물들로부터, 환자의 연상들이 결정했던 무의식을 복원해야 한다." 그러자면 치료사 스스로도 교육 분석을 통해 자신의 무의식을 알아야 한다. 나아가 암시치료, 역전이의 문제를 피하기 위해서라도 치료사는 자신이 거울의 표면같이 비치는 것 이상으로 환자에게 보여 줘선 안 된다. 드 스완에 따르면 이 글이 가히 "정신분석가라는 새로운 직업을 다루는 최초의 논문"이라고 할 수 있다.[2]

일곱 번째 글, 〈치료의 시작에 대해〉에서 프로이트는 치료를 시작

---

2   Swaan, Abram de: Zur Soziogenese des psychoanalytischen "Settings" In: Psyche 32 (1978), pp.793-826, 여기서는 한스 마르틴 로만, 요아힘 파이퍼, 프로이트 연구 1, 정신분석의 성립과 과정, 원당희 옮김, 2016, 세창출판사, 391쪽에서 재인용.

할 때 어떤 규칙을 세울 수 있는지에 대해 언급하고 있다. 만약 독자가 치료사라면 이 글에서 많은 유익한 치료기법을 배울 수 있을 것이다. 프로이트는 글의 처음부터 체스 게임을 예로 들면서 실제 게임을 할 때와 게임의 규칙을 아는 것 사이의 차이가 얼마나 큰가 하는 것을 강조하고 있다. 말하자면 우리는 치료에서 기법을 메커니즘으로 배울 수 없다. 그럼에도 그는 치료의 규칙을 세운다. 우선 프로이트는 치료를 시작하기 전 1~2주 시험기간을 거치고 난 뒤 치료를 하는 것이 매우 효과적이라고 판단한다. 이것은 신경증의 경계설정과 치료사와 환자의 협력관계를 위해 매우 중요한 일이라고 본다. 그리고 친척이나 사회적으로 어떤 관계가 맺어진 사람들을 치료하지 않는 것이 좋다고 말한다. 그다음으로 중요한 것은 치료의 횟수이다. 오늘날 일반적으로 1주에 1~2회가 많이 수용되지만 프로이트는 1주에 6회 정도를 권유하고 있다. 특히 프로이트는 치료비에 대해 아주 엄격하게 말한다. 박애주의자인 것처럼 말하며 치료비를 받지 않고 뒤에서 욕하는 것보다 정당하게 받는 것이 나으며, 오히려 무료치료가 전이에 영향을 미칠 수도 있음을 경고하고 나선다. 오늘날도 그렇지만 치료에 드는 비용은 의뢰인 입장에서 비싼 것처럼 여겨질 수도 있다. 그러나 이 경우 "인생에서 어떤 것도 병만큼 돈이 많이 드는 것이 없고 ― 어리석음만큼 돈이 많이 드는 것도 없다"는 말은 선각자의 잠언처럼 보인다.

비용 문제가 정리된 후 프로이트는 카우치나 소파에 환자를 눕게 하고 자신은 환자가 보지 않는 쪽에서 시행하는데, 이는 집단치료에서나 오늘날 정신과에서는 다르게 시행하는 부분이다. 다만 프로이트는 매일 8시간 이상 환자를 빤히 보면서 치료하기 힘들고, 또 환자에게 자유연상을 방해하지 않고 치료사도 무의식으로 빠져들어 가기 위해 이런 기법을 사용했다고 말한다. 치료의 시작에서 무슨 이야기를 할 것인가는 환자에게 맡기는 것이 옳다고 한다. 유년의 기억이든, 환자의 병력이든. 프로이트가 문학치료나 미술치료를 직접 했으면 얼마나 좋을까 하는 생각이 드는 대목이다. 그러나 동시에 치료의 규칙을 말할 때는 반대로 해야 한다.

치료사는 반드시 환자에게 정직하게 말할 것과 자유연상의 기본규칙을 지키도록 말해 줘야 한다. 환자가 이미 준비한 자료는 저항으로 해석될 수 있고, 특정한 사람에 대한 이야기를 배제하는 것은 치료의 틈새로서 이해될 수 있다. 그리고 "아무 생각도 나지 않는다"는 말도 저항으로 인식할 수 있다. 모든 치료의 효과가 그 틈새로 새어 나갈 수 있음을 배제할 수 없다. 환자의 행동, 제스처, 눈빛 등은 치료사가 감지해야 할 환자의 증상행위임을 알아야 한다.

프로이트는 증상의 해석과 판단은 환자에게 저항을 불러일으킬 수도 있다 했는데, 오늘날 예술치료가 집단치료 시에 판단하지 말고 해석하지 말라는 규칙을 만든 것은 여기에서 연유한 것이다. 주지주의적인 초기 정신분석이 극복되고 새로운 무의식적 억압의 극복을 통한 정신분석이 시작되는 시기이다. 문학치료에서도 바로 이 점을 주목한다. 치료 참여자의 이야기가 단지 서술적 기억체계만이 아니라 비서술적 기억체계를 보여 주기 시작할 때 비로소 변화가 일어나게 된다. 여기가 치료가 문학이 서로 결별하는 지점으로서 이제 비계와는 결별하고 건물만 남듯, 이야기의 형식들은 그대로 두고 그에 포함된 감정, 감정의 복합체(콤플렉스), 구성, 상징 등의 개인적 특성을 얻어 낼 수 있다.

여덟 번째 글, 〈기억하기, 반복하기 그리고 훈습하기〉는 그야말로 프로이트가 말한 프시 알파(정신분석의 기본규칙)의 구조를 명확히 설명하고 있다. 대체로 일반인들이 프로이트의 정신분석이라고 하면 떠오르는 생각은 이드-에고-수퍼에고(이드-자아-초자아)이거나 아니면 구강기-항문기-남근기-잠복기-생식기 같은 도식이다. 이런 도식들은 말하자면 살아 있는 세계와 죽은 자의 명부를 그린 지도 같은 것이다. 우리가 분석치료를 죽은 에우리디케를 살리려는 오르페우스의 여정과 행동으로 본다면 단연코 이 글은 도식의 중심에 서 있다고 볼 수 있다. 그 하나는 바로 기억하기-반복하기-훈습하기이며, 다른 하나는 "신경증 환자는 기억하는 대신 반복한다"는 성구(成句)이다. 이 문장의 앞뒤 동사의 목적어는 물론 다르다. 앞의 기억은 의식적인 이야기를 기억(못)한다는 말이고 뒤의 반복은 (신경증적, 꿈에서의, 실수의) 행동을 반복한다는 말이다. 프로이트는 의사에게 반항하거나 회의적인 태도를 보이는 사람은 초기억의 어떤 상황을 (이를테면 아버지의 권위에 반항적이었던 무의식을) 기억하는 대신, 의사에 대한 태도로 그 무의식을 반복행동으로 보여 준다고 말한다. 그러므로 모든 신경증 치료는 이런 '기억'의 상황을 만들고, 그것을 현재에 가져와 반복하고, 소산시키는 행위에 지나지 않는다. 물론 이런 비의식적 행위는 전이이며, 사후적 성격을 띤다.

아홉 번째 글, 〈전이사랑에 대한 관찰〉에서는 치료에서 일반적으로 배제하기 쉬운, 그러면서도 전이의 전형적인 모습을 보여 주는 전이 상황에 대해 언급한다. 그것은 다름 아닌 환자가 치료사에게 사랑에 빠지는 경우이다. 이는 물론 치료사가 환자에게 사랑에 빠지는 것도 마찬가지 경우다. 프로이트는 세 가지 경우를 가정한다. 1) 환자가 사랑을 느끼고 치료사가 받아들이고 결혼하는 경우. 2) 치료사와 환자가 갈라서고 치료를 포기하는 경우. 3) 치료도 병행하고 (불륜)관계도 유지하는 경우. 1)의 경우는 거의 일어날 확률이 없거나, 아무런 생각 없이 하는 행동이니 제쳐 놓자. 그러면 2)와 3)의 경우가 남는데, 3)의 경우는 의사(치료사)의 윤리와 시민사회의 도덕률 때문에 불가능하다 (그럼에도 프로이트는 도덕을 말하고 치료사의 윤리를 말하기 위해 이 글을 쓴 것은 아니다). 2)의 경우가 치료사의 행위나 전이의 상황에 가장 적당하므로 이에 대해 생각해 보자. 그 환자는 치료사와 결별하고 난 후에 무슨 일을 할까? 다른 치료사에게 갈 것이다. 그녀는 (편의상 남성 치료사, 여성 환자라고 하자) 이 두 번째 치료사에게 사랑에 빠질 것이고, 그 사랑은 (치료사가 거부할 경우) 다시 깨질 것이다. 이것은 여기서 그치지 않고 계속될지도 모른다. 왜냐하면 그것이 전이사랑이기 때문이다. 프로이트는 치료사가 이 경우 절대 자신이 매력적이어서 환자가 사랑에 빠진 것이라고 생각해서는 안 된다는 점을 강조한다. 전이를 치료에 이용한답시고 이런 전이사랑에 빠지길 권하는 것은 말도 안 된다. 문제는 치료사가 이것이 전이사랑임을 환자에게 알려 줄 때, 그 환자가 어떻게 반응하느냐의 문제이다. 그녀는 치료사의 말에 귀 기울이지 않을 것이며 심지어 이제 병이 다 나았다고까지 말한다. 다시 말해 치료사는 설득할 방법이 없다. 그런데 만약 치료사까지 사랑에 빠진 다면 어떻게 되는 것인가? 그 경우 1)과 3) 중 하나가 될 것이다. 그런 데 프로이트의 관찰은 좀 더 깊은 데까지 미친다. 이런 폭풍 같은 전이사랑이 환자의 저항의 일종이라는 사실을 우리는 앞의 글에서 이미 살펴보았다. 그런데 정작 문제가 되는 것은 이것을 이미 치료사가 알고 있었다는 점이다. 모르고 있었다면 그 사람은 치료사의 자격이 없다. 그는 알고 있으면서 자신의 역전이를 방관상태로 둔 것이다. 그렇다고 치료사가 단순히 이 전이사랑을 2)의 경우처럼 단호히 단념하게 하는 것도 좋은 일이 아니다. 치료사가 자제를 하고 동물적인 환자의 요구를 극복하게 하여야 하지만 동시에 이 전이를 활용할 줄도 알아야 한다. 그렇지 않으면 "정교한 주문으로 귀신을 저승에서 불러오고는 그 귀신에게 아무것도 물어보지 않고 저승으로 다시 돌려보내는 것이나 다를 것이 없다"고 프로이트는 말한다. 치료사는 매력적인 느낌은 받아 주되 신체적 접촉을 피해야 하고, 절제와 정직으로 환자를 대해야 한다. 앞에서 프로이트가 치료사에게 조언했듯이 이때도 치료사의 "균형을 잡아 가는 주의력"이 요구된다. 왜냐하면 다소간의 애착과 매력적인 감정은 성공적 치료에 필수불가결하기 때문이다.

열 번째 글, 〈정신분석치료의 난점〉은 제목부터 불분명하다. 제목만 보면 이 글이 치료기법에 관한 글인가 하는 의구심이 든다. 그러나 프로이트는 글의 첫머리부터 그에 대한 답을 하고 있다. 정신분석치료의 난점이란 정신분석치료를 이해하기 어렵다는 뜻이 아니라, 정신분석치료를 받을 때 환자가 느끼는 감정과 설명이 서로 달라서 환자가 정신분석치료에 대한 의구심을 느끼게 되는 것을 말함이다. 가령 신경증을 가진 환자에게 정신분석치료가 성적 욕구의 억압이라고 설명하는 것에 대한 환자의 우려를 말하고 있는 것이다. 사실 자아가 리비도를 품게 된 상황을 프로이트는 원시적 나르시시즘에서 찾고 있다. 그래서 원시인이나 아동들은 자기를 중심으로 세계가 이루어져 있다고 보며, 생각의 전능함을 믿기에 세계의 현상을 마법으로 바꾸려 한다. 이것이 우주론적 질병이다. 그다음, 인간은 문명의 발전과정에서 동물적 기원을 무시하고 신의 자리에 자신을 배치함으로써 두 번째 질병을 얻는다. 마지막으로 인간은 자아라는 검열기관을 만들어 충동과 감정을 감시하고 그에 맞지 않으면 억제하거나 취소한다. 그렇기 때문에 치료를 할 때 우리는 환자의 자아에게 교육을 해야 한다. 악령이나 귀신이라고 말할 수는 없지만 그렇다고 정신병원에서처럼 '퇴행이네', '유전적 형질이네'라고 말하지 말고 "너에게 낯선 것이 온 게 아니야, 너의 고유한 정신생활의 일부분이 너의 지식과 너의 의지의 지배를 벗어난 것일 뿐이야. 그 때문에 너는 방어가 취약한 것일 뿐이야. 너는 네 힘의 한 부분으로 다른 부분을 대항해 싸우는 거라고. […] 그 충동들이 이제 화가 났어. 그리고 속박을 피하기 위해 그들만의 어두운 길을 가기 때문에 너한테는 정당하지 못한 방식으로 행할 권리를 찾은 거야"라고 말할 수 있다. 정말이지 자아는 그 자신이 세운 집에서도 주인이 아니라는 사실을 말해 줘야 한다.

열한 번째 글, 〈정신분석적 정신치료의 여러 길〉에서 프로이트는 자신의 분석치료에 대한 태도를 명확히 하려 한다. 그 이유는 아마도 이제 정신분석이라는 이름으로 다양한 치료기법이 등장하기 때문일 것이다. 그 첫 번째가 바로 페렌치가 말한 치료사의 적극적 '활동'이라는 부분인데, 치료사가 해야 할 활동이란 억압된 것을 의식으로 끌어올리는 것, 그리고 저항에 대한 발견일 뿐이라고 잘라 말한다. 즉, 프로이트는 치료가 가능한 한 '절제'에서 이루어져야 한다는 원칙을 세운다. 활동이랍시고 분석가가 치료 시에 많은 도움을 보여 주려 한다든지, 너무 많은 것을 허락하면 환자 스스로 어려움에서 벗어나려 하지 않고 치료실에서 피난처를 찾으려 한다. 오히려 환자에게 충족되지 않는 소원을 충분히 남기는 것이 치료의 목적에 부합한다는 것이다. 나아가 환자를 치료사의 소유물로 만들고, 창조주이기라도 한 듯 치료사가 환자를 원하는 인간상으로 빚어 간다는 것을 비판하고 있다. 또한 분석치료는 책에 쓰인 기법만으로는 치료할 수 없다는 것도 덧붙인다. 가령 광장공포증의 경우, 환자를 오히려 거리로 나가도록 하면서 그가 불안과 싸울 수 있도록 격려하는 것이 좋다. 마지막으로 프로이트는 치료와 교육이 함께 길을 가고, 분석치료라는 황금과 암시치료라는 구리가 섞여 대중들에게 가까이 갈 수 있다면 좋겠다는 희망을 피력한다. 분석치료사는 육체적 질병보다 더 난무하는 정신적 질병 시대에 인내하고 언젠가는 국가라는 공적 기관이 서민들에게도 무료로 치료의 기회를 줄 수 있는 시간이 올 때를 기다려야 한다고 역설하고 있다. 알다시피 독일에서는 1967년 이후에 정신분석과 심층심리학으로 개인이 치료를 받을 때 의료보험으로 대체할 수 있게 되었다. 우리나라는 언제쯤 그렇게 될까 생각해 본다.

열두 번째 글, 〈분석에서의 구성〉에서 프로이트는 분석가의 구성 내지는 재구성의 행동을 고고학자의 그것과 비교한다. 우리가 치료사의 역할을 하다 보면 클라이언트가 말하는 것을 믿으면서 믿지 말고, 믿지 않으면서 믿으라는 말을 하곤 한다. 즉 환자의 '부정'과 '긍정'을 어떻게 바라보아야 하는가? 억압된 체험의 왜곡과 억압된 정동의 파생물을 바라볼 때 환자의 진술은 무의미할 수 있다. 그러면 치료사는 환자가 남긴 징후들에서 그가 망각한 것을 어떻게 추론해 내고 그것을 치료에서 어떻게 구성해 내는가 하는 것이 프로이트의 궁극적 질문이다. 동시에 프로이트는 단순한 고고학적 발굴을 해석하는 것과 어느 특정한 기층에서 나온 유물을 전체적으로 구성해 내는 것을 구별한다. 우리는 꿈, 실언, 정동의 징후를 해석한다. 그러나 더 큰 지형도는 그것이 어떤 혼란 속에서 다른 곳에서 나타나는지를 검증하는 것이다. 예를 들어, "당신은 몇몇 살까지는 어머니를 유일하고 절대적인 소유물로 생각했습니다. 그리고 난 뒤 동생이 태어났고 그 사건과 함께 큰 실망을 하게 됩니다. 어머니는 일시적으로 당신을 혼자 내버려 두었고, 나중에도 당신만 신경 쓰지는 않았습니다. 어머니에 대한 당신의 감정은 양가적이 되었고, 아버지가 당신에게 새로운 의미를 띠게 되었습니다"라고 말하듯 우리는 치료를 구성한다. 그러나 치료의 구성을 위해 암시가 남용되어서는 안 된다.

열세 번째 글, 〈끝이 있는 분석과 끝이 없는 분석〉은 치료가 도대체 언제 끝나느냐 하는 문제에 대한 견해를 밝힌 글이다. 알다시피 프로이트에게서는 말할 것도 없이 분석치료는 길고도 많은 시간이 필요하다. 신경증의 경우 일주일에 1~2회기 이상, 종결의 시간 1~2년이라면 그것은 환자(치료 참여자)나 치료사 모두에게 결코 짧은 시간이 아니다. 더구나 그에 필요한 비용은 환자를 더욱 힘들게 할 것이다. 문제는 여기서 그치지 않는다. 이런 시간과 비용을 투자한 경우에도, 그리고 성공적인 분석의 경우에도 신경증이 재발하는 경우는 얼마든지 있다. 프로이트가 만년에 쓴 이 글은 치료의 종결에 대한 이와 같은 다소 우울한 전망을 내놓고 있다. 그를 우울하게 만드는 것은 분석치료 작업에 어떤 규칙이라는 것이 없다는 점 때문이기도 하다. 이것을 우리는 만년의 신체적 질병을 앓는 프로이트(81세)가 가질 수 있는 생각이라고 볼 수도 있지만 거기에는 우리가 생각해 봐야 할 학자적 인식이 숨어 있다. 그가 보기에 치료의 종결을 어렵게 하는 경우는 두 가지인데, 하나는 기질적·체질적 요인이고 다른 하나는 자아의 좋지 않은 변화와 정신적 외상이 강하게 남아 있는 경우이다. 프로이트는 한 가지를 더 추가해 치료사의 공명심, 즉 치료사의 인격도 작용한다고 보았다. 인간은 계몽이 되고 난 이후에도 원시인처럼 행동한다. 이를테면 지구가 태양의 주위를 돌고 스스로 자전한다는 과학적 지식을 얻고 난 이후에도 우리는 해가 뜬다는 말을 하듯이 우리의 욕동이라는 것은 이해할 수 있는 것과 감정적으로 좋은 것 사이에서 원시적인 태도를 취하기도 한다. 가령 우리가 작가나 시인에게서 그의 자아를 강화하여 정상으로 돌리려 할 때 그의 신경증에서 출발한 창의성(예술성)을 어떻게 다룰 것이며, 동시에 어디에 치료 목표를 두어야 할 것인가? 사뭇 흥미로운 질문들이다. 프로이트는 이렇게 말한다. "정상이라는 것은 이상적인 허구다." 이렇듯 프로이트는 치료사든 환자든 처음부터 과도하고 완벽한 기대를 해서는 안 되며, 끝이 없는 치료와 끝이 있는 치료를 알기 위해서 치료사는 부단하게 자기 분석을 해야 한다.

마지막 열네 번째 글, 〈정신분석치료의 기법〉은 프로이트 사후에 발표된 『정신분석의 개요』 제6장의 글이다. 프로이트는 여기서 치료 시에 환자와 치료사 간에 동맹을 결성해야 한다는 점을 부각한다. 환자는 정직하게 모든 기억을 말해야 하고 치료사는 비밀유지를 하고 환자에 정보에 대한 치료사의 경험을 제공해야 한다. 치료 계획을 할 때는 절제하여 정신병인지 신경증인지, 정신병과 유사한 신경증인지, 치료할 수 있는지 없는지를 세심하게 살펴야 한다. 특히 전이가 일어날 때 치료사는 환자를 아이 교육하듯이 해서는 안 되고, 그 인격을 존중하고 스스로 일어설 힘을 주는 방향으로 인도해야 한다. 이미 앞의 글에서도 지적했듯이 부정적 전이는 치료 상황을 파국으로 몰고 갈 수 있고, 긍정적 전이인 전이사랑 또한 치료사를 힘들게 할 수 있다. 그 이외에도 자유연상과 저항의 극복, 작업의 재료, 반집중 등에 대해 설명한다. 특히 저항의 한 형태로 죄의식, 죄책감은 심지어 신체적 질병으로까지 확대될 수 있음을 경고한다. 마지막으로 프로이트는 환자와 치료사 간의 에너지량의 관계가 치료의 성패를 가른다는 다소 자조 섞인 어조로 글을 맺는다. 후일, 즉 오늘날 약물이 개발되어 정신분석을 대체하지 않는 한, 이 치료가 무시되어서는 안 된다는 말로 끝을 맺는다.

　프로이트의 문체는 괴테의 문체와 닮아 있다. 괴테의 문체는 아마도 하이네가 말한 대로 당시의 유대인들이 유럽(독일) 시민사회로 편입되기 위해 꿈꾸던 입장권이었던 듯하다. 프란츠 카프카, 호프만스탈, 슈니츨러, 칼 크라우스 같은 유대인들은 조상들이 누리지 못한 독일 교양시민이 되기 위해 괴테를 모방했고 그의 스타일로 글을 썼다. 프로이트도 예외는 아니다. 풍부한 사례와 유머, 그리고 만연체가 그 대표적인 것이며, 다른 동료들이나 세태에 대해 비판적이거나 풍자하듯 쓴 글 또한 그렇다. 이 모든 것이 번역가에게는 역병이 된다. 어떤 경우 문장이 끝나지 않고 복문과 중문으로 연결되고, 경우에 따라서는 위의 문장에 연결되어 말해야 할 것이 다음 문장으로 연결되는 경우도 허다하다. 앞에서 지적했다시피 이런 글들은 비단 치료의 기법에만 적용되지 않는다. 『꿈의 해석』, 『정신분석강의』 등에서 해박한 사례를 모을 때도 분명히 드러난다. 그렇기에 독일문학이나 독일어에 대한 지식이 없는 번역은 내용이 어느 정도 전달될지 모르나 그 뉘앙스나 사례의 분명한 파악에 도움이 되지 않는다. 특히 일본어를 중역한 경우 어느 정도 뉘앙스는 살아 있으나 영어권이나 프랑스어 번역본을 중역한 경우, 문맥에서 무슨 말인지 모를 때가 허다하다. 특히 인명이나 문학 속의 사건들에 대한 이해 없이 번역해 놓은 경우 독자들은 혼란스러워 하게 마련이다. 나도 이런 문제에서 완전히 비켜갈 수는 없다. 그래서 독자 제현들께 간곡히 부탁하오니 내용상, 언어상 오류가 보이는 즉시 알려 주시면 고맙겠다.

선뜻 출판을 허락한 세창출판사에 감사한다.

기회가 되면 번역되지 않은 다른 프로이트의 글도 소개하고자 한다.

2017년 7월

경북대학교 연구실에서 변학수

Freud, Sigmund,
Die
therapeutische
Technik

1장

프로이트의
정신분석치료 방법
(1904)

Die Freudsche psychoanalytische Methode 1904

Psychotherapie 1905

zukünftigen Chancen der psychoanalytischen

Therapie 1910

wilde Psychoanalyse 1910

Dynamik der Übertragung 1912

tschläge für den Arzt bei der psychoanalytischen

Behandlung 1912

Einleitung der Behandlung 1913

Erinnern, Wiederholen und Durcharbeiten 1914

Bemerkungen über die Übertragungsliebe 1915

Schwierigkeit der Psychoanalyse 1917

ge der psychoanalytischen Therapie 1919

Konstruktionen in der Analyse 1937

endliche und die unendliche Analyse 1937

psychoanalytische Technik 1938 1940

프로이트가 임상을 통해 실행하고 정신분석이라는 이름을 붙인 정신치료의 고유한 방법은 소위 정화요법에서 출발한 것이다. 이는 1895년 당시 그가 **요세프 브로이어**와 공동으로 발표한 글 「히스테리 연구」에 잘 기술되어 있다. 정화요법은 **브로이어**가 창안한 것이었다. 그는 이 방법을 토대로 10여 년 전에 최초로 히스테리 환자를 진단했고, 그 환자의 증상에 대한 병리학을 통찰하게 되었다. **브로이어**의 제안에 따라 **프로이트** 또한 이 방법을 받아들이고 다수의 환자들에게 임상을 시행했다.

정화요법은 환자가 최면에 걸릴 수 있다는 것을 전제하고, 최면 상황에서 발생하는 의식의 확장에 근거한 기법이다. 이 요법은 질병 증상의 제거를 최종 목표로 설정하고, 환자가 증상이 처음 발생했을 때의 정신상태로 되돌아가게 함으로써 그 목표에 이를 수 있다. 이때 최면에 걸린 환자에게 자신의 의식에 없었던 기억(회상), 사고, 욕동들이 떠오른다. 환자가 아주 강렬한 정동을 동반한 채 그의 마음에 떠오르는 것들을 치료사에게 말한다면 증상이 극복된 것이고 그 증상의 반복은 중단된 것이다. 프로이트와 브로이어는 그들의 저서에서 주기적으로 반복되는 이 경험을 이렇게 설명한다. 증상이란 억압되어 의식에 이르지 못한 정신과정의 자리에 서 있는 것, 즉 후자가 변화한 것[전환(Konversion)]이라고 설명했다. 또한 이 두 사람은 그때까지 정화요법의 치료 효과를 흡사 '꽉 막힌', 억압된 정신적 환경에서 갇혀 있었던 정동의 해소라고 설명했다[소산(Abreagieren)]. 일견 간단해 보이는 이 치료법의 도식에 모든 것이 복합적으로 얽혀 있다. 말하자면 이는 개별적('외상') 경험이 아니라 조망할 수 없을 정도의 다양한 경험들이 그 증상형성에 관여하고 있다는 사실을 보여 주고 있다.

(다른 모든 정신치료와 대비를 이루는) 정화요법의 주된 성격은 치료과정에서 치료효과를 정신과 치료사의 암시적 금지에 의존하지 않는다는 점이다. 정화요법은 그보다 정신기제에 대한 특정한 전제조건들과 관계되는 중재가 이루어지는 순간, 증상들이 스스로 사라지기를 바란다. 이 중재를 통해 환자의 현재 정신적 과정들은 증상형성에 합류한 과정과는 다른 과정으로 변한다.

프로이트가 **브로이어**의 정화요법에 가한 수정은 우선 기술적인 것이었다. 하지만 이 변화는 새로운 결과를 가져오고 계속된 치료과정에서 치료 작업에 대한 다른 종류의, 원래의 치료법과 모순되지 않는 치료법을 요구하게 되었다.

정화요법이 암시를 거의 포기하자 **프로이트**는 다음 단계에서 최면

또한 중지하였다. 그는 이제 환자들에게 어떤 영향도 미치지 않고 환자를 편안하게 소파에 누워 있게 한 다음, 자신은 환자와 되도록 눈을 마주치지 않고 환자 뒤쪽의 의자에 앉아서 치료하였다. 또한 그는 환자들의 눈을 감게 하거나 환자들과 접촉하는 것 같은 최면의 절차를 피하게 되었다. 그런 치료시간은 깨어 있는 두 사람 간의 대화로 진행되었다. 이를 통해 환자는 자신만의 정신활동[1]에 집중하는 데 방해가 될지도 모를 근육 긴장과 순간적으로 이루어지는 감각 인상을 줄일 수 있게 되었다.

치료사[2]가 아무리 애써도, 최면을 통한 치료는 환자의 조작에 영향

---

1 옮긴이 주: 앞으로 계속해서 독일어 Seele 또는 그 형용사형 seelisch에 대한 번역이 등장하는데, 이것을 정신(적)이라고 번역하였다. 사실 독일의 계몽주의는 Geist-Seele-Körper 의 개념을 통해 인간이 동물과 어떻게 구별되는지 논의하였다. 그러면서 Geist를 정신(영)으로, Seele를 혼 또는 심혼으로 번역하고, Körper를 그리스어의 soma에 해당하는 신체로 번역해, 자동적으로 Geist란 말은 인간만이 가진 것으로 Seele는 만물, 특히 동물과 자연의 일부인 식물도 가진 것으로 파악할 수 있다. 문제는 Seele란 말에 상응하는 그리스어의 Psyche에서 정신분석이란 말이 만들어지면서 독일어 Seele는 우리말로 정신으로 번역되었다는 점이다. 아울러 이 말은 정신분석이라는 말을 심리분석이라는 말과 혼동하는 계기도 만들었다. 그러나 역자는 이런 혼란에도 불구하고 지금까지 익숙하게 사용된 말을 사용할 수밖에 없음을 밝힌다.

2 옮긴이 주: 알다시피 프로이트는 의사였다. 그래서 그는 치료사(Therapeut) 또는 정신치료사(Psychotherapeut), 분석치료사(Analytischer Therapeut)란 말 대신 의사(Arzt)란 말을 많이 쓴다. 그에 대한 상대개념은 물론 환자(Patient)이다. 그럼에도 프로이트는 정신과적인 활동과 분석치료사적인 활동을 구분하고 있기에 역자는 굳이 직업을 표현하는 경우가 아니라면 의사란 용어 대신에 치료사란 용어를 사용하였다. 그 결과 다소 모순적이지만 치료사-내담자 또는 치료사-참여자란 용어 대신 치료사-환자라는 표현 쌍을 사용한다. 신경증 환자 대신 신경증 내담자란 말을 사용하기 힘들기 때문이다.

을 받는다. 그리고 신경증 환자 대다수가 치료과정 없이 최면상태로 들어갈 수 있다. 그래서 최면을 포기하고도 많은 환자들에게 이 분석 치료 방법을 적용할 수 있었다. 다른 한편 의식의 흐름이 중지됨으로써 기억과 생각들에 있는 정신적 자료들이 치료사에게 주어지고 이 자료들의 도움으로 환자의 증상이 드러나고 정동의 해방이 이루어질 수 있다. 이런 빈자리에 대체물을 만들 수 없다면 치료적 효과에 대해서는 말할 필요가 없다.

이제 **프로이트**는 충분한 대체물을 환자의 연상들에서, 말하자면 환자가 원하지 않는, 대부분 고통스럽게 느끼는, 그 때문에 일상적인 상황에서는 드러나지 않는 생각들 속에서 찾아냈는데, 이런 연상들은 의도적인 서술의 맥락들과는 배치된다. 치료사는 이런 연상들을 얻어 내기 위해 '우리가 일상적인 대화에서 백을 듣고 천을 알게 되듯이' 환자가 스스로 말한 것을 들여다보게 할 수 있다. 이를 위해 치료사는 환자의 병력에 대해 묻기 전에 이 이야기를 할 때 머릿속에 떠오른 것이 무엇인지, 그것이 설령 중요하지 않다거나 두 가지가 서로 관계없는 것, 별 의미 없는 것일지라도 말해 달라고 하면서 대화를 시도한다. **프로이트**가 수행하고 정신분석이라는 이름을 붙인 정신치료의 방법은 환자들과의 대화에서 어떤 생각이나 상념이 비록 그들에게 수치나 고통을 수반하게 할지라도 그것을 배제하지 않도록 특별히 강조하여 요구한다. 그냥 스쳐 지나갈 연상들 속에 흩어져 있는 자료들을 모으려는 노력을 하면서 **프로이트**는 자신의 전체 이론 수립에 결정적인 계기가 될 관찰을 한다. 환자는 자기 병력을 이야기하면서 (회상)기억의 빈자리를 말한다. 그것이 실제 사건에 대한 망각이든, 시간적 순서에 대한 혼란이든 아니면 인과관계의 오류이든 그것으로 인해 예상치 못한 효과가 발생한다. 어떤 종류의 망각 없이는 신경증의 병력도 있을 수 없다. 이야기하는 환자에게 주의력을 집중하여 이 기억의 빈자리를 메꾸도록 요구한다면, 여기에 맞추어진 그의 상념이 모든 비판수단을 동원해 그것을 물리치고 마침내 기억이 정지하게 되어 결국 환자가 직접적인 불쾌감을 느끼게 된다는 것을 알 수 있다. 프로이트는 이런 경험을 토대로 망각들이란 그가 억압이라고 이름을 붙인, 동기가 불쾌한 감정에 기인한 어떤 과정의 결과라는 생각을 하게 된다. **프로이트**는 이런 억압을 만든 정신적 힘들을 **저항**에서 찾아볼 수 있다고 하였는데, 이것은 그 과정들이 다시 발생하지 않도록 저항하는 힘이다.

저항의 동기는 **프로이트** 이론의 토대 중 하나가 되었다. 프로이트는 온갖 구실들(위에서 언급한 형식들)로 인해 사라지지 않고 존재하게 된 연상들을 억압된 정신의 구조물(생각과 정동)의 산물로, 그 재생산에 대항해 일어나는 저항의 결과 일어나는 연상들의 왜곡으로 보고 있다.

그리고 저항이 크면 클수록 이 왜곡이 더 다양하게 일어난다. 치료 기법에 대한 가치는 의도하지 않은 연상들이 억압된 정신 자료들과 맺는 관계에 있다. 우리가 연상들에서 억압으로, 왜곡에서 왜곡한 자에 이르게 할 수 있는 분석치료를 한다면 정신생활에서 최면 없이 이전의 무의식을 의식으로 끌어올릴 수 있다.

그 후 **프로이트**는 **해석의 기술**을 정립하는데 그 방법은 흡사 의도하지 않은 연상들의 원석으로부터 억압된 사고들을 제련해 내는 것과 같다. 이런 해석 작업의 대상은 단지 환자의 연상들만이 아니라 무의식으로 가는 직접적 통로인 환자의 꿈들, 환자의 의도하지 않은, 계획 없는 행위들(증상행위들), 삶에서는 실수와 혼란들(말실수, 오인 등)이다. 해석과 번역의 기술의 상세한 사항들은 아직[3] **프로이트**가 출간하지는 않았다. **프로이트**의 해석에 따르면 상념들로부터 무의식적 재료들을 어떻게 재구성해 낼 수 있는지, 경험으로 얻을 수 있는 일련의 규칙들과 환자들의 연상들과 어긋나는 경우 그것을 어떻게 이해할지에 대한 매뉴얼들이 있다. 그리고 분석치료 과정에서 중지를 불러오는 가장 중요하고도 전형적인 저항에 대한 경험이 있다. 1900년 **프로이트**가 쓴 『꿈의 해석』이라는 광범위한 책이 그런 기술의 입문서 중 선구자로 여겨진다.

사람들은 정신분석적 방법의 기법에 대한 이런 면모를 보고 이 기법을 고안한 사람이 너무 많은 노력을 기울이고 별로 복잡하지도 않은 최면치료를 부당하게 보는 것이 아니냐고 이의를 제기할지도 모른다. 그러나 한편으로 정신분석적 기법은 한번 해보기만 해도 이론에서 보는 것보다 수행하기 쉽다는 것을 알게 될 것이다. 그리고 다른 한편 정신치료를 하는 데 이보다 다른 더 좋은 길이 없으며, 가장 빠른

---

3 옮긴이 주: 1904년 이 글을 쓴 당시까지를 의미한다. 나중에 물론 그러한 사항 등에 대해 글을 썼다.

길이라는 사실을 알게 될 것이다. 최면은 저항을 덮어 버리고 그로 인해 치료사가 정신적인 힘들이 가지는 유희를 들여다볼 수 없다는 점에서 회의적이다. 더욱이 최면치료는 저항을 완전히 제거하지도 못하고 그저 회피할 뿐이기 때문에 불완전한 정보와 일시적인 성과만 얻을 수 있을 뿐이다.

정신분석적 방법이 해결하고자 하는 과제는 다양한 성구(成句)로 표현할 수 있다. 하지만 이 성구는 그 본질 자체가 동질적인 것이다. 무엇보다 치료의 과제는 망각을 드러내는 것이다. 만약 기억의 모든 빈자리가 메워진다면, 정신적 삶의 비밀스러운 모든 작동기제가 설명된다면 고통의 지속이나 새로운 고통의 형성은 불가능하다. 우리는 또 다르게 표현할 수도 있다. 치료의 과제는 모든 억압의 상태로 되돌아간다는 것이다. 그러면 정신적 상태는 모든 망각이 재생되는 것과 같은 상태가 된다. 또 다른 표현으로는 무의식을 의식에 접근하게 하는 것이 있다. 이것은 저항을 극복하면서 일어난다. 하지만 이 경우 그런 이상적 상태가 평범한 사람들에게는 일어나지 않으며 그들에게 심도 있게 치료할 상황이 드물다는 사실을 잊어서는 안 된다.

건강과 질병이 분명히 구분되지 않을뿐더러 실질적으로 규정 가능한 총합의 경계를 통해서도 구별되지도 않기에 우리가 추구하는 것은 그저 환자의 실제적 치료와 환자가 삶의 활력을 되찾고 삶을 향유하게 하는 것이다. 치료가 완전하지 않거나 큰 성과가 없으면 증상이 환자에게 가볍게 지속될 수 있지만 그를 병자라고 낙인찍을 필요가 없다. 치료의 목표는 무엇보다 정신적 일반 상태를 겨냥하여야 한다.

사소한 차이를 제외하고 치료과정은 다양한 모습을 보여 주는 히스테리나 강박 신경증의 모든 증상에 똑같이 적용된다. 이 치료법이 무제한적으로 사용 가능한 것은 이론의 여지가 없다. 정신분석적 방법의 본질상 환자의 측면에서건 증상에 따라서건 징후와 부작용이 있을 수 있다.

　정신분석치료에 가장 좋은 신경증은 공격적이지 않거나 위험요소가 적은 만성 강박증자이며, 동시에 모든 종류의 강박 노이로제, 강박적 사고, 강박행동 그리고 공포와 무기력증이 주된 역할을 하는 히스테리 환자이다. 하지만 모든 신체적 증상을 동반한 히스테리 환자, 증상을 빨리 해결해야 하는 식욕부진 같은 경우는 아니다. 급성 히스테리의 경우, 좀 더 신중히 접근해야 한다. 신경증적 무기력증이 있는 모든 경우에는 치료가 곤란하다. 왜냐하면 이것이 환자를 긴장하게 하고 느린 회복을 보이며 증상의 지속이 되는 동안 개선의 여지가 있기 때문이다.

　정신분석으로 치료하는 것이 유리하다고 판단되는 사람에 대해서는 여러 가지 조건이 있을 수 있다. 우선 이 사람은 정신적 정상상태를 유지하는 능력이 있어야 한다. 그러므로 히스테리 환자가 혼란스러운 상태이거나 우울증이 있으면 아무 치료도 해서는 안 된다. 나아가 자연적 지능과 윤리적 도덕성의 특정한 잣대를 인정해야 한다. 환자의 정신생활에 깊이 침잠하게 할 수 있는 치료사의 관심이 가치관이 형성되지 않은 사람에게서는 제 힘을 발휘하지 못한다. 드러난 인격 결손, 퇴행적 특성을 가진 인물들은 치료에서 거의 극복할 수 없고 저항의 원천으로 귀결될 수 있다. 이처럼 환자의 상태가 정신분석치료를 통한 치유에 한계로 지적된다. 또한 거의 50세 이상의 사람에게는 정신분석치료가 효용성이 없다. 그 이유는 정신적 자료의 뭉치를 환자가 다시 회복하는 시간이 길어 그것을 잘 다룰 수 없기 때문이고, 이 나이가 되면 정신적 과정들을 되돌릴 능력이 마비되기 시작하기 때문이다.

이런 한계점들에도 불구하고 정신분석치료에 적합한 사람들의 수가 적잖이 많다. **프로이트**의 주장에 따르면 정신분석치료를 통한 치료적 역량을 확대하는 것은 예의주시할 만한 것이다. **프로이트**는 효과적인 치료를 위해 6개월에서 3년 정도가 필요하다고 본다. 하지만 그는 지금까지 여러 가지 쉬운 환경에서 가장 어려운 상황에까지 이르러 수년간 병력을 지니고 정상생활이 불가능한 사람들까지 치료해보았다고 말한다. 이들은 다른 모든 치료에 실망하고 손을 떼고 그의 새로운 치료법, 아직까지 큰 신뢰를 받지 못한 치료법에 거의 마지막 희망을 걸고 찾아온 자들이었다. 비교적 경중의 경우에는 치료시간을 줄일 수 있을 뿐만 아니라 미래를 위한 예방에 매우 귀중한 소득을 얻을 수 있으리라는 것이 그의 견해다.

Freud, Sigmund.
Die
therapeutische
Technik

정신치료에 대하여
(1905)

존경하는 신사 여러분! 제가 존경하는 학회장, **레더** 교수님의 요청으로 이 학회에서 히스테리 주제를 강연한 지 대략 8년이 되었습니다. 저는 얼마 전(1895년) 요세프 **브로이어** 박사와 함께「히스테리 연구」를 집필하였고, 이분 덕분에 가능했던 인식에 근거하여 새로운 신경증 치료를 도입했습니다. 저는 감히 저희의「히스테리 연구」에 대한 노력이 성과가 있었다고 말할 수 있습니다. 그 연구에서 제시한 것은 정동의 억압으로 인해 정신적 트라우마가 어떻게 생기는지에 관한 생각, 정신적인 것에서 육체적인 것으로 옮겨간 발작의 결과로 파악되는 히스테리 증상, 우리에게 '소산'과 '전환'이라는 개념을 만들어 내게 한 생각들인데, 이들은 오늘날 많은 사람들이 많이 알고 이해하는 부분이 되었습니다. 그러나 독일어권 내의 여러 나라에서 적어도 어느 수준까지만이라도 이 히스테리에 대한 연구는 없습니다. 나아가 어느 정도까지 이 학설에 대해 진전을 이룬 전공의도 없습니다. 그러니 이

명제들과 개념들은 아직 새로운 편이기에 기이하게 느껴지는 것이 당연지사가 아닌가 생각됩니다!

저는 저희 학설과 함께 전문가들로부터 제안받은 치료적 절차가 동일한 것이라고 말할 수 없습니다. 오늘까지도 같은 것을 두고 그 인정 여부가 논란이 되고 있습니다. 우리는 그 논란에 대한 각기 특별한 근거를 말할 수도 있습니다. 그 당시 절차의 기술들은 아직 완성되지 않았습니다. 저는 이 책의 치료사 독자들이 그런 치료방법을 완전히 수행할 능력을 갖추게 할 지시 사항들을 제공할 능력이 없었습니다. 하지만 일반적인 성격의 근거들이 작동하였습니다. 정신치료는 오늘날까지도 많은 치료사들에게 현대적 신비주의의자 생리학적 연구에 따라 사용하는 물리적이고 화학적인 치료약과 비교하면 거의 비과학적이고 자연과학자의 관심과는 동떨어진 것으로 받아들여지고 있습니다. 그러니 저는 여러분께 이런 심리치료에 대해 말씀을 드리면서 잘못된 인식의 부당함이나 오류를 강조하고자 합니다.

가장 먼저 말해야 할 것은 정신치료가 현대적 치료방법이 아니라는 지적입니다. 오히려 정신치료는 의학이 추구해 온 가장 오래된 치료입니다. **뢰벤펠트**(Löwenfeld)의 훌륭한 작품(『모든 정신치료의 기본』)에서 여러분은 어떤 것이 원시적인 그리고 고대의 의학이 취한 방법이었는지 살펴볼 수 있습니다. 또한 여러분들은 그 방법론들을 심리치료에 도입할 수 있을 것입니다. 그 옛날 사람들은 환자를 치료하기 위해 오늘날도 비슷한 이름으로 시행되고 있는 '믿음을 동반한 기대' 상태로 들어가게 했습니다. 또한 치료사들이 그 질병에 대한 다른 치료약을 발견한 이후에도 이런저런 심리치료적인 노력들은 결코 의학 분야에서 소멸되지 않았습니다.

다음으로 저는 우리 치료사들이 정신치료를 포기할 수 없는 이유를 다른 사람, 즉 치료과정에서 아주 크게 고려를 해야 하는 한쪽이―즉 환자들이―정신치료를 포기하려 하지 않기 때문이란 점을 중요하게 여깁니다. 여러분들이 아시다시피 저희는 이 점에 대해 낭시 학파(**리보**, **베르넴**)가 거둔 성과에서 많은 것을 얻었습니다. 저희가 환자의 심리구조에 속하는 요인을 별로 의식하지 않은 상태에서, 치료사가 실시하는 치료과정의 효과에 대해 대부분은 좋은 의미에서, 가끔은 망설이는 상태에서 일어납니다. 우리는 이 사실에 대해 '암시'라는 말을 사용한다고 배웠습니다. 그리고 **뫼비우스**의 가르침에 따르면 우리가 치료하면서 불평하는 불신은 바로 이 초월적인 순간의 방해하는 작용에 기인한다고 합니다. 우리 치료사들, 즉 여러분 모두는 끊임없이 정신치료를 수행합니다. 그것이 무엇인지 모르고 그것을 의도하지 않은 곳에서도 여러분들이 환자에게 영향을 미치는 심리적 요소를 완전히 환자에게 일임하는 태도는 좋지 않습니다. 그러면 환자는 통제 불가능하고 조절할 수 없거나 극복할 능력이 없게 됩니다. 그렇다면 이런 요인을 장악하고 치료사의 의도대로 환자를 마음대로 바꾸고 강하게 하는 것이 치료사의 정당한 행위일까요? 여러분들이 학문적 정신치료에 기대하는 것 또한 이와 별반 다를 게 없습니다.

세 번째로, 동료 신사 여러분, 저는 여러분들에게 옛날부터 잘 알려진 경험을 말씀드리고자 합니다. 즉 특정한 고통, 특히 정신 신경증 같은 것들은 다른 어떤 약의 처방보다 정신적인 영향을 더 받는다는 점입니다. 이런 병들은 약이 아니라 치료사, 즉 치료사의 인격이 치료한다고 한 것이 ─물론 현대적이지는 않지만─ 옛 치료사들의 지혜입니다. 이들이 인격으로 정신치료를 했다는 뜻입니다. 동료 신사 여러분, 저는 여러분께서 미학자 테오도르 **피셔**(Theodor Vischer)가 자신의 『파우스트』 패러디 극에서 다음과 같은 고전적 표현을 쓸 때와 같은 견해가 지배적이라는 사실을 잘 알고 있습니다.

> 육체적인 것이 자주
> 마음에 영향을 미치지요.
> Ich weiß, das Physikalische
> Wirkt öfters aufs Moralische(III 부, 1막 4장).

하지만 사람의 마음에 영향을 미치는 것이 육제적인 것이 아니라 마음의 수단, 즉 정신적 수단이라고 보는 것이 더 타당하고 잘 들어맞는 것이 아닌가요?

다양한 종류의 정신치료와 그 방법들이 있습니다. 이런 것들이 모두 치료를 목표로 하는 한, 모두 좋다 할 것입니다. 우리는 늘 습관처럼 이야기하곤 합니다. '곧 좋아질 거야!' 라고. 우리가 환자들을 향하여 쉽게 이야기하는 이 말은 정신치료의 방법 중 하나입니다. 다만 신경증의 본질을 면밀히 살펴본다면 우리가 그저 이런 위로에 머물러 있어서는 안 된다는 것을 알게 됩니다. 우리는 최면술의 암시기법에서 어떤 목표를 수행하는 정동의 전환, 연습, 강조를 통한 정신치료를 발전시켰습니다. 저는 그중 어떤 것도 경시하지 않습니다. 그러나 그 모든 것을 적당한 조건에서 수행해야 하는 것이 옳다고 봅니다. 실제로 제가 유일한 치료방법에 제한한다면, 즉 **브로이어**의 '**정화요법**', 제가 차라리 '**분석치료**'라고 부르고 싶은 이 방법에 국한한다면 주관적 동기들만 많아 보입니다. 이 치료방법에 함께 참가한 저의 역할에 따라 저는 개인적으로 그것을 계속 연구하고 이 기법을 마땅히 계속 확대해 나가야 한다고 느낍니다.

제가 감히 말씀드릴 수 있는 것은 정신치료의 분석적 방법이 가장 확실하고, 다양한 경우에 이용되고, 결국 환자를 가장 효과적으로 치료할 수 있다는 것입니다. 제가 잠시 치료적 입장에서 벗어난다면 저는 이 치료기법이 우리에게 병리현상의 생성과 맥락을 가장 잘 보여주는 대표적인 방법이라고 생각합니다. 우리에게 주어진 정신적 병리의 기제를 잘 들여다보면 그 병리 자체를 넘어서 다른 종류의 치료적 영향력들을 보여 주는 길잡이임을 알 수 있습니다.

정신치료의 이 정화적 또는 분석적 방법과 관련하여 일어나는 몇몇 오류들을 살펴보면서 그에 대한 해결책을 제시할까 합니다.

1) 저는 이 방법이 최면치료에서 사용하는 암시치료와 자주 혼동된다는 것을 주지시키고 싶습니다. 또한 나와 크게 친분이 있지 않은 치료사 동료들이 나에게 거의 치료가 불가능한 환자들을 비교적 자주 보내어, 이 사람을 최면으로 치료해 주기를 부탁하곤 합니다. 그러

나 저는 지금 8년 이상 정신치료를 최면으로 (극소수를 제외하고) 시행하지 않습니다. 그래서 그런 부탁을 받으면 최면으로 치료하는 사람에게 부탁하라고 돌려보냅니다. 정말로 암시치료와 분석치료 사이에는 첨예한 대비점이 보이는 것 같습니다. 그것은 바로 **레오나르도 다 빈치**가 미술 작품을 두고 첨가방식(per via di porre)과 제거방식(per via di levare)으로 설명할 때 볼 수 있는 대비입니다. 다빈치는 회화가 첨가방식으로 작업한다고 말합니다. 말하자면 회화는 화판에 존재하지 않았던 색채를 흰 화판에 덧입혀 나가는 과정입니다. 그에 비해 조각은 제거방식으로 진행되는데, 말하자면 돌 안에서 완성될 조상(彫像)의 표면 바깥 부분들을 제거함으로써 완성됩니다. 신사 여러분, 이와 아주 비슷하게도 암시기법은 첨가기법으로 작동합니다. 이 기법은 병리 증상의 유래, 그 역동과 의미에 거의 신경 쓰지 않습니다. 그 대신 암시, 즉 외면에 있는 증상 관념을 방해하는 것을 목표로 삼습니다. 그에 반해 분석치료는 어떤 새로운 것을 도입하려고 하는 것이 아니라 그것을 제거하고 벗겨 내어 증상 관념의 병적 증상과 정신적 맥락을 구축하여 그것을 제거하려는 목표를 갖고 있습니다.

이런 연구 과정에서 분석치료는 우리가 병리학을 이해하는 데 중요한 진척을 가져왔습니다. 저는 암시기법과 그와 연관된 최면을 벌써 포기했는데, 그 이유는 암시가 강하고 그렇게 유지되도록 하는 것이 지속적 치료에 과연 필수적인 것일까 하는 데 회의하고 있기 때문입니다. 다양한 중증 환자들의 경우, 저는 병에 적용한 암시가 다시 벗겨지고 그 증세나 그 증세에 대체된 것이 다시 생기게 되었다는 것을 알게 되었습니다. 이외에도 이 암시기법이 비판적인 이유는 정동의 움직임에 대한 통찰을 가리게 하는 것 때문입니다. 예를 들어 환자가 자신의 **저항**을 인식하지 못하기 때문인데, 그는 이 질병을 꽉 붙잡고 오히려 이 질병이 낫게 될까 봐 신경을 곤두세우고 결국 그것만이 그의 삶의 행동을 지배하게 될까 봐 두려워하지만 그것을 인식하지는 못합니다.

2) 제 생각으로는 병인에 따른 이 연구기법, 그 연구를 통한 증상의 제거가 쉽고 당연한 것처럼 생각하는 오류가 동료들 사이에 널리 퍼져 있다고 봅니다. 그런 생각을 하는 이유는 이 분석치료에 관심을 가지고 그에 대한 확실한 평가를 내린 사람 중 누구도 제게 실제로 그것을 어떻게 하는지 묻는 사람이 없기 때문입니다. 그 이유는 오로지 그들이 이 방법을 지극히 당연한 것으로 알고 물어볼 필요가 없다고 생각하기 때문일 것으로 추측합니다. 그에 못지않게 놀라운 것은 제가 듣고 있는바, 어느 병원의 정신과에서 젊은 의사가 주임교수로부터 히스테리 환자에게 '정신분석'을 해보라는 지시를 받았다는 사실입니다. 제가 확신하는 바로는 이 교수가 마치 조직학적 기술을 연마하지 않은 사람에게 제거한 종양을 연구하라고 던져 준 꼴이라고 생각합니다. 또한 이런 저런 치료사가 환자들에게 자기에게 정신치료를 받으라고 권한다는 소문도 들은 바 있습니다. 확신하건대 이 사람이 그런 치료 기술을 알지 못하는데도 말입니다. 그 사람이 기대할 수 있는 것은 단지 환자가 스스로 비밀을 말하거나 어떤 식으로 병에 대해 고해

성사를 하거나 고백하는 일일 뿐일 것입니다. 그런 식으로 치료받는 환자가 무슨 치유를 얻기보다 병만 더욱 가중하리라는 것은 놀랍지도 않은 일입니다.

정신의 도구는 함부로 가지고 놀아서는 안 됩니다. 이런 일들이 발생할 때마다 저는 세계적으로 유명한 신경증 환자의 말을 인용하지 않을 수 없습니다. 물론 이 환자는 치료사의 치료실에 가 본 일이 전혀 없는 환상 속의 인물일 따름입니다. 그 사람은 다름 아닌 덴마크의 왕자 **햄릿**입니다. 왕은 두 시종인 로젠크란츠와 길덴스턴을 햄릿에게 보내 그의 기분이 나빠진 비밀을 염탐하라고 합니다. 하지만 햄릿은 이들에게 저항하죠. 그는 오히려 무대 위로 플루트를 가져오라 합니다. 햄릿은 플루트를 들고 자신을 괴롭히는 두 사람 중 한 사람에게 연주가 거짓말처럼 쉽다고 말하며 플루트를 연주해 보라고 지시합니다. 시종은 플루트를 다룰 줄 모른다고 하면서 한사코 이를 거부합니다. 그가 플루트를 불어서 어떤 연주도 할 수 없다고 하자 햄릿은 결국 화를 내면서 이렇게 말합니다. "그래? 이봐. 네가 날 얼마나 형편없는 물건으로 생각하나. 넌 날 연주하고 싶을 거야. 내게서 소리 나는 구멍을 알고 싶을 게야. 넌 내 비밀의 핵을 뽑아내고 싶어 해. 나의 최저음에서 내 음역의 최고에 이르기까지 연주하고 싶을 게야. 마찬가지로 여기 이 조그만 악기 속엔 많은 음악이, 빼어난 소리가 들어 있어. 그렇지만 넌 그 소리를 꺼내어 노래로 만들 수가 없어. **빌어먹을, 너희들이 날 플루트보다 더 쉽게 연주할 수 있다고 생각하지. 나를 너희들 마음대로 무슨 악기라 불러도 좋아. 하지만 나를 마음대로 불어**

댈 순 있어도 날 연주할 순 없어."⁴

3) 여러분들은 제가 언급한 것 중에서 분석치료에 치료의 이상과는 거리를 두는 여러 가지 특성이 있음을 알 수 있을 것입니다. 안전하게, 빠르게 그리고 쾌적하게 치료하라(Tuto, cito, iucunde curare). 이 말은 탐구와 탐색이 급한 성과를 의미해서는 안 된다는 것입니다. 그리고 저항에 대한 언급이 여러분들에게 불쾌감을 줄 것이라는 사실도 말하고 싶습니다.

정신분석치료가 환자에게나 치료사에게 힘든 작업임은 분명합니다. 정신분석은 환자에 대해 완전한 정직성이라는 희생을 요구하고 당사자의 시간을 뺏어 가기 때문에 비용도 많이 들게 됩니다. 마찬가지로 치료사도 시간을 뺏어 가고 배우고 닦아야 할 기술 때문에 큰 힘이 듭니다. 그렇기 때문에 어떤 결과에 도달할 수만 있다면 편안한 치료법을 사용하는 것이 정당하다고 생각합니다. 바로 이 점이 중요합니다. 더 많은 노력을 하고 오랜 치료시간을 가지는 것이 짧고 쉬운 치료 이상의 효과를 거둔다면 열 일을 제쳐 두고라도 이것을 정당한 치료로 받아들여야 합니다.

청중 여러분, 심상성낭창(피부결핵)에 대한 광선치료법(핀셴 테라피)이 그 이전의 긁어내고 지지는 수술보다 얼마나 편하고 비용이 적게 드는지를 생각해 보십시오. 광선치료법은 훨씬 더 잘 치료할 수 있기

---

4   옮긴이 주: 윌리엄 셰익스피어, 『햄릿』, 3막 2장, 342-367행.

에 큰 발전입니다. 말하자면 이 기술은 피부결핵을 획기적인 방법으로 치료했습니다. 저는 물론 직접적인 비교를 하고 싶지는 않습니다. 그러나 정신분석치료에 비슷한 장점이 있음을 아울러 말씀드립니다. 실제로 저는 이 치료방법을 가장 힘들고 어려운 환자들에게 직접 적용해 보았습니다. 저의 치료가 더 이상 희망이 없는 환자들과 수년간 정신병동에 입원한 자들에게 적용된 것입니다. 아직 저는 여러분들에게 제 치료가 여러 영향들을 받고 있다는 것과, 금방 치료가 되는 것으로 보이는 경증 환자들이나 삽화적으로 발생하는 환자들에게 어떤 효과를 드러내는지 충분히 말씀드리지 못했습니다. 정신분석치료는 삶을 영위하기 힘든 환자들에게 꾸준히 적용되고 이들이 더 좋은 삶을 영위할 수 있도록 도와주는 것이 성공의 지표라고 봅니다. 이런 성과에 대한 모든 노력이 미미하게 보입니다. 우리는 중증의 신경증이 그 의미에 있어서 그것을 겪고 있는 환자들에게 악액질이나 무서운 질병 어느 것보다 뒤지지 않는다는 사실을 자주 부정한다는 사실을 숨길 수 없습니다.

4) 저의 활동과도 관계되는 많은 실제적 제한점들에 따라 이 치료의 증후들과 금지사항을 궁극적으로 규정할 수는 없습니다. 그 대신 저는 여러분들과 몇 가지를 논의할까 합니다.

(1) 우리는 이 병이 있는 환자에게 인격의 다른 가치를 간과해서는 안 됩니다. 그리고 낮은 수준의 교육을 받거나 맘에 드는 성격이 아니라고 그 환자를 내쳐서는 안 됩니다. 아무 곳에도 쓸모없는 건강한 사

람들이 있다는 것을 잊어서도 안 됩니다. 그리고 그런 부족한 사람들이 노이로제 중상을 보이기라도 한다면 삶을 영위하는 데 부족하게 만드는 그 모든 것이 이 질병 때문이라고 치부하는 경향이 있다는 것도 잊어서는 안 됩니다. 저는 신경증이 결코 퇴폐성(dégénéré)이라는 원인자에서 온 것이 아니라는 점과 이 현상이 같은 인격 안에서 퇴폐적 현상과 자주 공존한다는 점을 생각합니다. 분석적 정신치료는 신경증 병리의 퇴폐성 치료가 아니며, 오히려 반대로 그런 점에서는 한계를 가지고 있습니다. 자신의 고통 때문에 스스로 치료를 받아야겠다고 느끼는 사람이 아닐 경우, 가족 누군가의 강제적인 요구로 치료를 받아야 하는 사람에게 이 방법을 사용할 수는 없습니다. 분석적 정신치료를 해야 하는 중요한 가치, 즉 교육 목적은 다른 관점에서 살펴볼 것입니다.

(2) 치료를 제대로 하기 위해 우리는 기준을 정상적인 사람으로 잡아야 합니다. 그 이유는 분석치료 과정이 정상적인 상태에서 병적인 것을 규명하기 때문입니다. 정신병, 착란의 상태, 심각한(중증이라고 말하고 싶은) 우울증은 정신분석에, 적어도 지금까지 검증된 바로는 적당하지 않습니다. 저도 금지조항을 넘어 적절하게 변형된 방법, 예를 들어 정신병자의 분석치료를 할 수 있다는 것을 배제하지는 않습니다.

(3) 환자의 나이도 분석치료를 선택하는 데 중요합니다. 50세가 다 되어 가거나 넘은 사람은 치료가 지향하는 정신적 과정의 탄력성이 떨어지기 때문에 좋지 않습니다. 노인들은 교육이 되지 않습니다. 그리고 노인들은 치료해야 할 것들이 치료시간을 예상하지 못할 정도로

길게 끌 수 있기 때문입니다. 앞으로 제시하는 나이 제한은 제 개인적인 생각을 정리한 것입니다. 사춘기 이전 청소년들이 분석치료를 하기에 아주 적합합니다.

(4) 우리가 정신분석치료를 하면 안 될 경우는 위험한 상황을 급히 치료해야 하는 경우입니다. 예를 들면 히스테리성 식욕부진이 그렇습니다.

여러분들은 저로부터 금지사항만 들었기 때문에 정신분석치료가 매우 제한적이라는 인상을 받았을 것입니다. 그와 더불어 이 치료를 시험할 수 있는 사례나 병의 형태들은 부수적 현상을 지닌 만성적 히스테리 형식과 강박증의 넓은 영역, 의지박약, 그와 유사한 것들뿐입니다.

이 병이 아니었더라면 최고로 발전했을 개인들이 그런 방식으로 가장 적절한 도움을 받을 수 있다는 것은 가장 가치 있고 기쁜 일이 아닐 수 없습니다. 하지만 자부하건대 분석치료로 큰 성과를 낼 수 없는 경우는 어떤 다른 치료로도 분명코 큰 성과를 낼 수 없을 것입니다.

5) 여러분들은 분명 분석치료를 할 때 부작용이 유발될 수 있는지를 물어볼 것입니다. 여러분들이 공정하게 판단하신다면, 여러분들이 우리가 다른 치료법에 대해 알고 있는 똑같은 비판적 장점을 이 치료법에 적용해 말한다면 지적인 면을 동반한 분석치료가 미치는 부작용은 전혀 걱정하지 않아도 된다고 봅니다. 이와 다르게 어떤 병증에서 일어나는 부수적인 것을 치료에서 부담으로 생각하는 분들은 다르게

판단할 수도 있습니다.

우리는 근래에 수치료(水治療)에 대해 비슷한 편견을 갖고 있었습니다. 사람들에게 수치료 시설을 찾아보면 좋다고 추천하는 많은 이들이 어떤 신경증 환자가 시설에 와서 미치게 되었다는 말을 듣고 의심하게 된 경우나 마찬가지입니다. 여러분들이 추측하겠지만 그 사건은 수치료를 받게 하는 일반 중풍의 초기 단계였습니다. 이들을 거기서 더 이상 견딜 수 없는 상황에 처하게 해 결국 정신장애를 가지도록 방치했던 것입니다. 초보자들에게 물었던 것이 이 비극적인 결말의 죄이자 원인자였던 것입니다.

새로운 영향을 문제 삼는다면 치료사들도 그런 판단실수로부터 완전히 자유롭지는 못합니다. 저는 상당기간 조증과 울증이 교차하는 삶을 산 한 부인에게 정신치료를 한 적이 있습니다. 저는 우울증 말기에 그녀를 받아들였는데 2주 정도 치료를 했습니다. 2주라는 시간은 정신분석으로 어떤 치료를 수행할 수 없는 시간이었습니다. 하지만 저와 같이 그 환자를 치료한 뛰어난—지금은 작고한—치료사는 그 환자의 '증세 악화'가 분석치료 때문이었다는 것이었습니다. 저는 그 치료사가 다른 치료 조건하에서는 더 비판적이 되었을 수도 있다고 확신합니다.

6) 동료 치료사 여러분, 마지막으로 말씀드리고 싶은 것은 이 치료의 핵심이 무엇이든 그 근거가 무엇인지를 말씀드리지 않고 정신분석 치료가 효과 있다고 주장할 수 없다는 점입니다. 제가 이제 말씀을 정

리해야 하기에 그에 대해 그저 개략적으로 말씀을 드리고자 합니다. 정신분석치료는 무의식적 상상이—좀 더 잘 말하자면 정신과정의 무의식이— 병적 증상의 근인이라는 점을 확신합니다. 그런 확신은 우리 모두와 프랑스 학파[**자네**(Janet)]의 공통된 견해입니다. 간편한 도식으로 말하자면 이 학파는 히스테리 증상을 무의식적 고정관념(idée fixe)에 환원하는 학파입니다.

이와 동시에 우리가 가장 깊은 철학으로 들어가더라도 괘념하지 마시길 바랍니다. 우리의 무의식은 철학자들이 말하는 무의식과 다릅니다. 게다가 '무의식적 정신'에 대해 대부분의 철학자는 아무것도 모릅니다. 여러분들이 우리의 견해를 지지한다면 여러분들은 환자의 정신적 삶에 있는 이 무의식을 의식으로 해석하는 것이 큰 성과를 거둔다는 것을 알게 될 것입니다. 이 해석이란 곧 이들의 일탈한 의식을 교정하고 그들의 삶을 제어하는 강박을 제거하는 것을 말합니다. 그 이유는 의식적 의지가 의식적 정신과정만큼이나 퍼져 있고 개개의 정신적 욕동이 무의식적인 것으로 만들어져 있기 때문입니다. 하여 여러분들은 무의식이 의식의 세계로 편입되면서 겪게 되는 환자의 두려움을 걱정해서는 안 됩니다. 왜냐하면 여러분들은 의식적이 되어버린, 욕동이 발산하는 육체적·정동적 반응은 무의식적 반응만큼 크지 않다는 것을 이론적으로 잘 이해하시고 있기 때문입니다. 우리가 이 모든 반응을 제어할 수 있는 것은 우리의 의식과 최대한 연결된 심적 활동을 그 무의식에서 나온 반응들에 적용할 수 있기 때문입니다.

여러분들은 정신분석치료를 이해하기 위해 다른 관점을 가지셔도 좋습니다. 무의식의 발견과 해석이 환자 측에서 지속적인 **저항**으로 나타납니다. 이런 불쾌감 때문에 무의식적인 것은 거부되곤 합니다. 환자의 정신생활에서 일어나는 이런 갈등상황에서 여러분들은 다음 과 같은 사실을 주목해야 합니다. 환자가 자동적인 불쾌감 발생의 결과 지금까지 거부한(억압한) 것을 더 좋은 생각으로 받아들이도록 환자를 유도하는 것이 가능하다면 여러분들은 그에게서 교육적 작업의 진일보를 한 것입니다. 이것이 교육이라고 말할 수 있는 이유는 아침 일찍 일어나고 싶지 않은 한 인간을 일어나도록 유도한 것이나 마찬 가지기에 그렇습니다.

일반적으로 정신분석치료는 **내적 저항들을 극복하기 위해 그런 식으로 사후 교육**을 하는 것으로 이해하시면 됩니다. 그런 사후 교육이 신경증 환자들의 성생활에 내재한 심적 요소에서보다 더 필요한 곳은 없습니다. 문화와 교육 분야 어디에서도 바로 이 지점에서보다 더 심한 손상이 있는 곳은 없습니다. 여러분들이 경험하듯이 여기서는 치료할 수 있는 신경증의 병인을 찾을 수 있습니다. 다른 병인론적 요소, 즉 이 구성적 기여가 우리에게 분명한 법칙으로 주어져 있습니다. 여기서부터 중요한, 치료사에게 주어지는 요구가 시작됩니다. 치료사는 스스로가 통합적 인격을 가지지 않을 수 있을 뿐 아니라—**프리드리히 테오도르 피셔**의 소설 『또 한 사람』의 주인공이 말하곤 하는 "심적인 것은 저절로 밝혀진다"는 말처럼—한 걸음 더 나아가 개인적 인격에 다른 모든 사람이 성적 문제에 직면하곤 하는 쾌감과 체면의 혼란을 극복하였을 수도 있습니다.

이 지점에서 조금 더 설명해야 할 것이 있습니다. 신경증의 발생에 있어서 성적인 것이 중요하다는 저의 주장이 이미 잘 알려져 있다는 것을 알고 있습니다. 그러나 정신분석치료의 한계점들과 자세한 원칙들이 미미하게 활용된다는 것도 알고 있습니다. 대다수는 기억에 적게 남아 있으며, 어떤 주장의 단순한 핵심만 기억하고 그 결과 눈에 띄는 극단적인 것만 실행합니다. 이것은 상당수 치료사들도 마찬가지여서 제가 신경증을 우선적으로 성적 결핍으로 환원하다는 내용으로만 떠돌아다닙니다.

우리 사회라는 삶의 조건만으로도 제 학설에 충분치 못한 것은 없습니다. 정신치료라는 힘든 우회로를 피하고 직접 치료를 하려고 성적 행위를 치료약으로까지 추천하는 행위는 그런 조건에서 얼마나 쉽게 발생할 수 있는 일인지를 여실히 보여 줍니다. 그런 생각이 옳다면 저는 그것을 누를 아무런 동기를 알 수 없습니다. 하지만 상황은 그것이 아닙니다. 성적 욕구와 결핍은 신경증 기제에 있어서 영향을 미치는 요인 중 하나일 뿐입니다. 그 요인 하나만이 문제된다면 그 결과로 나타나는 것은 병이 아니라 무절제일 것입니다. 우리가 자주 잊곤 하는 다른 요인, 즉 마찬가지로 빼놓을 수 없는 요인은 신경증자들의 성적 거부, 성 불능, 즉 제가 '억압'이라는 말로 표현하는 정신현상입니다. 두 지향점 사이의 갈등이 신경증에서 뚜렷이 드러납니다. 그 때문에 신경증 환자들에게 성행위의 권유는 실제로 좋은상담이라고 할 수 없습니다.

저는 이제 다른 소견으로 말을 맺고자 합니다. 제가 바라옵건대 여러분들은 정신분석치료에 대한 저 적대적 편견으로부터 벗어난 관심을 지원해 주어 중중 신경중 환자의 치료에 있어서 좋은 결과를 가져오도록 해 주시길 바랍니다.

Freud, Sigmund,
Die
therapeutische
Technik

3장

정신분석 치료의
미래 기회들
(1910)

Die Freudsche psychoanalytische Methode 1904

Zur Psychotherapie 1905

Die zukünftigen Chancen der psychoanalytischen
Therapie 1910

Über wilde Psychoanalyse 1910

Zur Dynamik der Übertragung 1912

Ratschläge für den Arzt bei der psychoanalytischen
Behandlung 1912

Zur Einleitung der Behandlung 1913

Erinnern, Wiederholen und Durcharbeiten 1914

Bemerkungen über die Übertragungsliebe 1915

Eine Schwierigkeit der Psychoanalyse 1917

Wege der psychoanalytischen Therapie 1919

Konstruktionen in der Analyse 1937

Die endliche und die unendliche Analyse 1937

Die psychoanalytische Technik 1938 1940

청중 여러분, 오늘 우리가 모두 치료라는 목표를 두고 여기 온 것이기 때문에 저는 치료에 대한 개론을 제 강연의 대상으로 정했습니다. 말하자면 여러분들의 학문적 관심이 아니라 치료사로서의 관심에 부응하는 주제라 할 것입니다. 여러분들이 우리 정신치료의 성과를 어떻게 평가할지 모르겠습니다만 저는 적어도 여러분들 대다수가 입문자의 초기 두 단계를 경험했다고 생각합니다. 그 하나는 분석치료가 지닌 역량의 예상치 못한 강화로 인한 즐거움의 단계, 다른 하나는 우리 노력에 방해되는 어려움의 크기로 인한 우울함의 단계입니다. 여러분들 각자가 이런 발전과정의 어떤 단계에 있을지 모르지만 신경증과의 싸움에 대한 우리의 대책이 결코 중단될 수 없으며, 머지않은 장래에 우리 치료의 미래 기회들을 획기적으로 개선할 수 있다는 것을 보여 주고자 합니다.

다음과 같은 세 가지 측면에서 우리에게 희망이 있습니다.

1) 내적 발전을 통해
2) 권위의 확장을 통해
3) 우리 작업의 대중화를 통해

1)에 대해. **'내적 발전'**이란 개념하에서 (1) 우리의 분석지식, (2) 분석의 기법, 두 가지 측면에서의 발전을 의미합니다.

(1) 분석지식의 발전에 대해: 물론 우리는 환자들에게서 보곤 하는 무의식의 이해에 필요한 모든 것을 아직 다 알지 못합니다. 이제 우리 지식의 모든 발전은 분명 우리의 치료에 대한 영향력이 증가하였다는 것을 의미한다고 할 수 있습니다. 우리가 아무것도 이해하지 못한 만큼, 아무것도 수행할 수 없었습니다. 우리가 많이 배울수록 더 많이 수행할 수 있습니다. 그간은 환자가 모든 것을 스스로 말하고 치료사의 활동은 끊임없이 환자를 몰아붙이는 것이었습니다. 그러나 오늘날은 그보다 좀 더 친절하게 된 것 같습니다. 치료는 치료사가 묻고 환자가 대답하는 두 부분으로 이루어져 있습니다. 다시 말해 치료사가 환자의 편에서 들은 것을 구성하는 것입니다. 우리의 치료 메커니즘은 이해하기 쉽습니다. 이를테면 우리는 환자에게 의식적인 기대표상을 제공합니다. 그러면 환자는 그 유사성에 따라 억압된, 무의식적인 것을 자신에게서 찾아냅니다. 이것은 지적인 도움으로서 환자가 의식적인 것과 무의식적인 것 사이에 있는 저항들을 쉽게 극복하도록 중

재합니다.

이 외에도 저는 그것만이 분석치료에서 사용하는 유일한 메커니즘이 아니라는 점을 말해 두고 싶습니다. 물론 여러분들은 모두 '전이'의 이용에 필요한 아주 강력한 메커니즘을 알 것입니다. 저는 우선 치료를 이해하기 위해 필요한 중요한 상황들을 정신분석의 일반적인 방법론에서 다루기 위해 노력하고 있습니다. 또한 저는 오늘날 치료의 실제에 있어 우리 정신분석의 전제조건들의 정당성을 보여 줄 근거가 불분명하다는 여러분의 이론제기에 이유가 없다고 보지 않습니다. 여러분들은 이 증거들이 다른 데서도 발견될 수 있다는 것과 실제 치료에서는 이론적 연구처럼 수행되지 않는다는 것을 잊어서는 안 됩니다.

저는 이제 우리가 새로운 것을 배우고 실제로 매일 경험하게 되는 몇몇 분야들에 대해 설명하고자 합니다. 그것은 무엇보다도 꿈과 무의식에서의 상징이 될 것입니다. 여러분들도 아시다시피 뜨겁게 논란이 된 주제입니다! 우리 동료 의사인 **빌헬름 슈테켈**이 모든 적대자의 항의에도 개의치 않고 꿈의 상징에 대한 연구를 시작한 것은 절대로 과소평가할 일이 아닙니다. 우리는 여기에서 배울 것이 많습니다. 제가 1899년에 저술한 『꿈의 해석』의 상징 연구 분야를 보완할 중요한 연구들이 나오길 기대합니다.

저는 새로 알게된 이 상징 중의 한 사례에 대해서 여러분들에게 몇 말씀 드릴까 합니다. 얼마 전에 저는 우리와 의견을 달리하는 한 심리학자가 우리 중 한 사람에게 우리 학파가 꿈이 가지고 있는 숨겨진 성적 의미를 과대평가한다고 지적했다는 말을 들었습니다. 그가 자주 꾸는 꿈은 오르막길을 오르는 것이었는데, 그 뒤에 성적인 것이라고 볼 만한 게 아무것도 없다고 말했다는 것입니다. 이런 비판에서 우리는 오르막길, 계단, 사다리가 꿈에 등장하는 것에 주목할 수 있습니다. 즉, 오르막길(그리고 그와 비슷한 것들)은 성행위에 대한 분명한 상징이라는 확신을 가질 수 있습니다. 우리는 유사성의 기초를 어렵지 않게 찾을 수 있습니다. 리듬을 동반한 멈춤들, 점점 증가하는 가쁜 숨소리로 우리는 높은 곳에 올라가고, 몇 발짝 급한 걸음으로 다시 아래로 내려올 수 있습니다. 성관계의 리듬도 이렇게 언덕길을 올라가는 모습에서 재현됩니다. 동시에 우리는 언어 사용과 비교하는 것도 잊어서는 안 됩니다. 언어사용을 살펴보아도 '오르다'(stdigen)라는 단어가 성적 행위의 대체 표현에 사용된다는 것은 언급할 필요조차 없습니다. 우리는 일상에서, 그 남자는 '바람둥이(Steiger)다'(옮긴이 주: Steiger는 자구적으로 오르는 사람이란 뜻), '여자 뒤꽁무니를 쫓아다니다(nachsteigen)'와 같은 말을 사용합니다. 프랑스어에서는 계단의 단계를 (la marche)라고 하는데 'un vieux marcheur'라는 말이 독일어에서 '방탕아(ein alter Steiger)'란 말과 완전히 일치합니다. 새로 알게 된 이 상징들을 만들어 낸 꿈의 소재는 우리가 참여하고 있는 위원회에서 곧 상징에 대한 연구서로 출간될 것입니다.

다음으로 관심을 끄는 상징은 바로 '구조'와 그 의미 변천에 대한 상징인데, 우리 학회의 연보(年譜) 제2권에서 찾아볼 수 있습니다. 그러나 그에 대한 이야기는 여기서 멈추고자 합니다. 그렇지 않으면 다른 주제들에 대한 언급을 이어갈 수 없기 때문입니다.

여러분들 개개인은 새로운 사례에 대해 얼마나 다른 경험을 하는지 확실히 알 것입니다. 그것은 여러분 각자가 몇몇 병증의 전형적 구조를 통찰해 보면 알 수 있을 것입니다. 자, 그럼 한번 생각해 보십시오. 신경증의 다양한 형태들을 구성하면서 규칙적인 것을 비슷한 방식으로 (지금까지 우리가 히스테리의 증상형성을 규명한 것에서처럼) 우리의 진단 평가가 얼마나 확실하게 고정되었는지, 단순한 몇 마디 말로 끝내 버리지나 않았는지 말입니다. 그렇습니다. 산부인과 의사가 태반을 검사하여 그것이 완전히 배출되었는지 아니면 위험한 잔재물이 남아 있는지 확인하듯이, 우리는 치료결과와 환자의 현재 상태와 관계없이 분석치료 작업이 성공했는지, 우리가 재발이나 새로운 발병에 대해 잘 관리하고 있는지 말할 수 있어야 합니다.

(2) 저는 곧장 기법의 영역에서 개선해야 할 점을 말하고자 합니다. 실제로 대부분이 더욱 명확한 확증을 눈앞에 두고 있고 많은 것이 분명해지기 시작합니다. 분석치료의 기법은 지금 두 가지 목표를 두고 있습니다. 그것은 첫째, 치료사의 수고를 덜어 주고 둘째, 환자의 무의식에 이르는 자유로운 접근이 성공적으로 이루어지게 하는 일입니다. 여러분들은 우리의 치료기법에 근본적인 변화가 일어났다는 것을 알고 계십니다. 정화요법 시기에 우리는 증상들을 밝히는 것을 목표로 삼았지만 곧장 증상들의 문제에서 시선을 거두고 콤플렉스들의─융의 매우 중요한 용어입니다─발견을 목표로 삼았습니다. 하지만 이제 우리는 치료 작업의 목표를 곧바로 '저항들'의 발견과 극복에다 두었습니다. 그리고 당당하게 그 콤플렉스들을 힘들이지 않고 드러내고

저항들을 인식하고 제거하는 것이 좋다는 믿음을 갖게 되었습니다. 여러분들 중 많은 분은 그 이후 이런 저항들을 조망하고 분류할 수 있으면 좋겠다는 생각을 가지게 되었습니다. 그렇다면 저는 우선 여러분들이 자료를 보고, 아래의 요약을 확인할 수 있는지 검토해 보라고 요청을 드립니다. 남성 환자의 경우, 치료에 대한 분명한 저항들이 아버지 콤플렉스에서 출발하는지 그리고 아버지에 대한 공포에서 아버지에 대한 반발과 아버지에 대한 불신이 유발되는지를 말입니다.

다른 기법의 개선점들은 치료사의 인격과 관계되는 것입니다. 우리는 '역전이'를 알게 되었습니다. 이것은 환자가 치료사의 무의식적 느낌에 영향을 미칠 때 일어납니다. 그리고 이때 치료사는 자신의 내면에 있는 이 역전이를 인식하고 제어해야 한다는 요구를 받을 것입니다. 수많은 사람에게 분석치료를 시행하고 그들의 경험을 서로 나눈 이후로 우리는 정신분석가가 자신의 콤플렉스들과 내적 저항들이 역전이를 불러일으킨다는 점을 인정하고, 그 때문에 스스로 자기 분석을 시작해야 하며, 환자들을 치료할 때 지속적으로 심화시켜야 한다는 것을 언급했습니다. 그런 자기 분석이 성취되지 않은 사람은 당연히 환자에게 분석치료를 시행하는 것을 중지해야 합니다.

우리는 이제 분석치료의 기법이 병증의 형태나 환자에게 지배적인 욕동들에 따라 약간의 변형이 이루어질 수 있다는 생각을 하게 되었습니다. 전환 히스테리의 치료에서 예를 들겠습니다. 불안 히스테리 (포비아)의 경우 우리는 치료방법을 약간 변경해야 합니다. 말하자면 이 환자들이 공포 조건을 갖춤으로써 보호받는다고 느끼는 한, 공포를 해결하기 위한 재료는 갖고 있지 않습니다. 그들이 치료의 시작부터 보호 장비를 포기하고 불안의 조건들하에서 작업하는 것은 당연히 성공할 수 없습니다. 그러니까 우리는 이 환자들에게 그들의 무의식을 해석해 줌으로써 큰 도움을 줄 수 있습니다. 그래야 이들이 공포의 보호막을 포기하고 가장 온건한 불안에 자신을 내맡길 결심을 하게 됩니다. 여러분들은 이 일을 한 후에야 비로소 자료에 근접할 수 있고 그 자료를 지배하는 것이 공포의 해결에 이르는 길입니다. 제가 아직 분명히 명명할 수 없는 다른 기법의 변용 가능성은 강박 신경증의 치료에서 요구되는 것입니다. 가장 의미 있고 아직 해결되지 않는 질문들이 이런 맥락에서 등장합니다. 우리가 싸워야 할 환자의 욕동에는 치료기간 동안 어느 정도 만족이 허용되는지, 이 욕동들이 능동적(가학증적) 성격이냐 수동적(피학증적) 성격이냐에 따라 어떤 차이가 있는지 하는 질문들입니다.

저는 우리가 지금 이해하는 모든 것을 여러분들이 알게 된다면, 모든 기법적 개선이 이루어져 우리의 환자들에 대한 심층적 경험이 쌓이게 된다면, 우리의 치료 행위가 모든 의료적 특수 분야에서 이루지 못했던 전문성과 확실한 성공을 이루게 되리라는 확신을 얻게 되기를 바랍니다.

2)에 대해. 저는 시간이 흐름에 따라 우리에게 인정되는 더 많은 권위를 기대해야만 했다고 말씀드렸습니다. 권위의 의미에 대해 저는 여러분께 굳이 이야기할 것이 없다고 봅니다. 극소수의 문명인들만이

다른 사람들에게 기대지 않고 존재를 이어 가고 독자적인 판단을 할 수 있습니다. 인간들의 권위 추구와 불안정함을 나쁘게 생각할 필요는 없습니다. 종교가 쇠락하고 난 후 신경증이 급격히 증가한 것은 그에 대한 어떤 판단 기준을 제시해 주는 것 같습니다. 모든 개인의 문화가 요구하는 큰 억압의 비용 때문에 일어나는 자아의 빈곤은 이런 상태가 발생하게 된 가장 강력한 원인 중 하나일지도 모릅니다.

이런 권위와 그 권위에서 나온 거대한 추세는 지금까지 우리에게 저항하고 있습니다. 우리의 모든 치료적 성과는 이런 추세에 대항하여 전개되었습니다. 그러니 그런 상황하에서 우리의 성과가 이루어졌다는 것은 놀랄 만한 일입니다. 저는 그 시대의 편리한 것들에 대해서는 말하고 싶지 않습니다. 그 이유는 이곳이 단지 정신분석에 대해서만 말하는 자리이기 때문입니다.

저는 그 환자들의 고통을 치료하기 위해 그들에게 지속적인 도움을 줄 수 있다는 확신을 심어 줍니다. 하지만 그들은 저의 소박한 치료실을 둘러보고, 저의 작은 명성과 자격을 보고 저를 도박장에 설치된, 언제나 돈을 버는 기계의 주인처럼 보곤 한답니다. 여러분들은 그런 사람이 아니라고 항의하고, 또한 그렇게 하려면 반드시 자신을 다르게 보여야 합니다.

심리적 수술을 진행하는 데 조수의 의무를 다해야 할 동료가 수술공간에 침을 뱉는 것을 즐겼다면, 환자들에게 피가 나거나 불안에 떠는 행위를 보고 가족들이 수술의를 위협했다면 그것은 정녕 편한 일이 아니었을 것입니다. 어떤 수술이든 반응현상이 있습니다. 우리는 이미 오래전부터 외과수술을 통해 그것에 대해 익숙하게 알고 있습니다.

오늘날도 사람들이 우리를 크게 신뢰하지는 않지만 과거의 사람들은 저를 더욱 신뢰하지 않았습니다. 그러한 조건들하에서 여러 가지 치료가 실패할 수밖에 없었습니다. 만약 일반적인 수준의 신뢰라고 우리에게 보여 주었다면 우리 분석치료의 기회가 신장하였을 것인가 하는 의문을 가늠하기 위해 터키와 유럽에서의 산부인과 의사의 지위를 생각해 보길 바랍니다. 터키에서 산부인과 의사가 할 수 있는 것이라곤 그저 벽에 구멍을 내어 그리로 뻗쳐 들어온 손목을 잡고 맥박을 재는 것이 전부입니다. 치료사가 하는 일이 그처럼 치료할 대상에게 접근할 수 없도록 한 것이나 다름없습니다. 유럽에서 우리에게 대항하는 사람들은 우리가 환자의 정신에 대해 그와 비슷한 조처만 할 수 있도록 용인합니다. 사회의 추세가 바뀌어 여성 환자들이 산부인과 의사들을 찾을 수 있게 되자 그 의사들은 이제 여성들의 조력자와 구원자가 되었습니다.

이런 말은 하지 말아 주십시오. 사회의 권위 인정이 우리에게 도움을 주고 우리의 치료적 성과가 높아진다 해도 우리가 이전에 가정했던 것들이 옳다는 것을 증명하는 것이 아니라고 말입니다. 소위 말해 추세라는 것은 모든 것을 바꿀 수 있습니다. 그러나 그렇게 되면 우리의 성과는 정신분석의 성과가 아니라 추세의 성과가 될 것입니다. 이제 사회의 추세는 신경증자들이 수치료, 다이어트 치료, 전기치료로 몰려가고 있습니다. 그러나 이런 방법들로 신경증자들을 고치지는 못합니다. 정신분석치료가 더 많은 일을 할 수 있는 날을 볼 수 있을 것입니다.

그럼에도 저는 이제 여러분들의 기대를 저버리는 일을 다시 해야 하겠습니다. 우리 사회는 우리에게 권위를 인정하려는 일을 서두르지 않을 것입니다. 우리 사회는 우리에게 저항할 것입니다. 왜냐하면 우리가 그 사회에 대항하는 행동을 하기 때문입니다. 우리가 사회에 증명해 보여 줄 것은 사회가 신경증 유발에 큰 몫을 하고 있다는 점입니다. 우리가 개개인들로 하여금 그들 속에 억압된 것들을 발견하게 해 줌으로써 우리의 적을 만드는 것만큼 사회도 그들이 낸 상처와 결핍들을 단호하게 까발리는 것에 대해 동정심을 갖고 받아들이면서 대응하지는 않을 것입니다.

사람들은 우리가 환영들을 파괴하기 때문에 우리가 이상적인 것들을 위험에 처하게 한다고 비난합니다. 그렇기 때문에 제가 기대하는 우리 치료의 미래 기회들의 신장은 결코 일어나지 않을 것입니다. 하지만 우리가 생각하는 것만큼 상황이 그렇게 암울하지만은 않습니다. 인간의 정동과 쾌감이 아무리 강하다 할지라도 지적인 것 또한 하나의 힘입니다. 먼저 인정받은 것은 아니지만 종국적으로는 더 확실해질 것입니다. 확실한 진리는 결국 사람들이 듣게 되고 인정할 것입니다. 그 진리들로 인해 상처받은 쾌감들과 그 진리로 인해 일깨워진 정동들이 가라앉게 되고 난 후에 말입니다. 지금까지 늘 그래 왔습니다. 우리 정신분석치료사들이 세계를 향해 말해야만 하는 불유쾌한 진리들도 그와 같은 운명을 따를 것입니다. 다만 이런 일이 빨리 일어나지는 않습니다. 그러니 우리는 기다릴 수 있어야 합니다.

3)에 대해. 마지막으로 저는 여러분께 제가 우리 치료 작업의 '대중화'라고 말한 것을 설명해야 하겠습니다. 그리고 이러한 대중화에 대한 희망을 품게 된 경위에 대해 말하겠습니다. 여기 아주 특이한 치료적 구도가 있는데 이것은 아마도 같은 방식으로는 어떤 곳에서도 다시 발견하기 쉽지 않은 것입니다. 이 구도는 여러분들이 오래전부터 그 안에서 친숙한 어떤 것을 인식할 때까지는 우선 낯설게 보일 것입니다.

여러분들은 정신 신경증이 충동의 왜곡된 대리만족이라는 점을 잘 알 것입니다. 그러나 우리는 그 존재가 자기 자신 앞에서나 다른 사람들 앞에서 드러나는 것을 필연적으로 거부합니다. 그 정신 신경증의 존재 능력은 바로 이 왜곡과 오인(誤認)의 바탕 위에 근거합니다. 환자로부터 이러한 것들이 제공하는 수수께끼가 해결되고, 이 해결을 인정하는 일이 일어나면 이 병증의 상대들은 존재 능력이 사라집니다. 하지만 의학에는 이와 유사한 상태가 없습니다. 동화를 읽으면서 여러분들은 악령들에 대해 들어 본 적이 있을 것입니다. 그러나 우리가 그 악령들이 비밀로 숨긴 이름들을 알아 맞추면 그들의 힘은 사라집니다.

이제 개개 환자의 자리에 신경증을 앓고 있는 모든 사회, 병든 사람들과 건강한 사람들을 이루고 있는 사회를 대입시켜 보시기 바랍니다. 말하자면 개개 환자가 해결책을 받아들이는 그곳의 어떤 자리에 이 사회의 보편적 인정을 두어 보겠습니다. 그러면 이런 대입을 해도 결과에 아무런 변화가 없다는 것을 금방 알아챌 수 있을 것입니다.

치료를 통해 개개 환자에게서 얻을 수 있는 성과는 대중들에게도 해당됩니다. 신경증자들이 자신들의 내면 과정들을 숨기고 싶은 경우에도 그가 가진 증상들의 의미를 가족들이나 낯선 사람들이 알고, 다른 사람들이 즉각 알아챌 수 있고, 병적 현상에서는 아무것도 생산할 수 없다는 것을 스스로가 아는 경우에도 그들은 자신들의 다양한 신경증들을 알리지 않고 있습니다. 말하자면 증오를 감추고 있는 두려움에 싸인 과도한 애정, 자신들의 실추된 야망을 이야기해 주는 광장 공포증, 그리고 사악한 의도가 있다고 하며 비난하는 사람이나 사악한 의도들을 가진 사람들에 대항하는 보호본능이랄 수 있는 강박행동을 말입니다. 그러나 치료의 영향은 증상들의—덧붙여 말하자면 자주 실행할 수 없는— 은폐에만 제한되지 않습니다. 왜냐하면 이 은폐의 필연성으로 인해 병들어 있음이 쓸모없게 되기 때문입니다. 비밀을 말하는 것은 신경증을 만들어 내는 '병인론적 방정식'의 가장 어려운 부분을 공격한 것입니다. 비밀의 폭로는 질병이득을 기만적인 것으로 만들어 버리기 때문에 치료사의 의심으로 변화된 질병의 상황, 즉 끝이 있는 결과란 곧 질병의 끝 이외의 다른 아무것도 아닙니다.

여러분들에게 이런 희망이 유토피아 같아 보인다면 이것을 생각해 보십시오. 비록 몇몇 사례들에서이긴 하지만 신경증 현상들의 제거가 이러한 방법으로 실제 일어나고 있었다는 것을 말입니다. 옛날에는 성모 마리아에 대한 환각이 농촌 소녀들에게 얼마나 자주 일어났는지 생각해 보십시오. 그런 현상이 수많은 신자를 끌어들여 (가령 순례지에 예배당을 건립하게 하는 계기가 되는 한) 이러한 소녀들의 환각적인 상태는 치료가 손을 댈 수 없는 영역이었습니다. 오늘날은 성직자도 이런 현상에 대한 입장을 바꿨습니다. 경찰과 의사가 그 소녀를 방문하는 것을 허락합니다. 그리고 그다음부터 그들에게 성모에 대한 환각은 아주 드물게 나타납니다.

아니면 제가 미래의 일로 본 과정들을, 유사하나 좀 더 저급한, 그래서 쉽게 조망할 수 있는 사례를 보면서 여러분들과 한번 탐구해 볼까 합니다. 신분이 높은 사회의 신사들과 숙녀들로 구성된 사교클럽이 초원에 지어진 여관에서 만나기로 약속했다고 생각해 봅시다. 이 숙녀들은 그들 중 한 사람이 만약 본능적 욕구를 채우고 싶으면 큰 소리로 '나는 꽃 꺾으러 간다'고 외치자는 약속을 합니다. 그런데 사악한 사람이 이 비밀을 알고 참석자들에게 인쇄되어 배포된 프로그램에 그것을 올렸습니다. 즉, 외도하고 싶은 숙녀들은 '꽃 꺾으러 가는' 것을 좋아할 것입니다라고. 물론 숙녀들 중 아무도 이런 수사법의 내용을 원하지는 않을 것입니다. 그리고 물론 그와 비슷한, 새로 약속한 표현들도 어려워할 것입니다. 과연 결과는 무엇일까요? 숙녀들은 스스럼없이 그들의 자연스러운 욕구를 밝히게 되고 남자들 중 그 누구도 기분 나쁘게 생각하지 않을 것입니다.

다시 더욱 진지한 사례로 돌아가 봅니다. 이렇든 저렇든 많은 사람들이 삶의 갈등 속에 허덕이면서 그것을 해결하기 너무 힘들어서 신경증으로 도망가고, 너무도 분명한, 지속적으로 비용이 너무 많이 드는 질병이득을 겨냥하곤 합니다. 만약 정신분석의 불편한 설명이 그들이 질병으로 도피하는 것을 차단한다면 이 사람들은 도대체 무슨 행동을 해야만 합니까? 그들은 정직해야 하고 꿈틀대는 그들의 욕동들을 인정하고 갈등을 꿋꿋하게 버티고, 싸우고 포기해야 합니다. 그리고 정신분석의 치료를 받으면서 불가피하게 생긴 사회적 관용이 그들에게 도움을 주게 될 것입니다.

기억해야 할 것은 우리가 광적인 위생학자나 치료사로서 삶을 살아갈 수 없다는 점입니다. 동시에 우리는 이러한 이상적인 신경증 예방이 모든 개인에게 이로운 것을 가져오지는 않는다는 점도 인정합니다. 오늘날 질병으로 도망가는 수많은 사람들이 우리가 생각하는 조건들하에서 갈등을 이기려고 하기보다는 급하게 파멸하고 불행을 자초합니다. 그것은 그들의 신경증적 질병보다 더 심각한 것입니다. 신경증들은 그 생물학적인 기능으로 보호기능과 사회적 정당성 기능을 가지고 있습니다. 그들의 '질병이득'은 항상 주관적인 것이 아닙니다. 여러분 중 누가 한 번이라도 이미 신경증 발병의 원인자를 보지 않았겠습니까? 상황이 만드는 온갖 가능성하에서 여러분들은 가장 온건한 길을 선택해야만 했던 것입니다. 세계가 불가피한 불행으로 가득 차 있는데도 정말로 우리가 신경증을 완전히 퇴치하기 위해 그렇게 큰 희생을 해야만 하는가요?

그러니까 우리는 신경증의 비밀스러운 의미에 대해 탐구하려는 우리의 노력이 종국적으로 개인이나 사회의 유지에 위험하기 때문에 포기되어야 합니까? 그런 나머지 학문적 인식에서 나온 지식을 실제에 응용하려는 노력도 포기되어야 합니까? 그렇지 않습니다. 제 생각에 우리의 의미는 다른 방향을 향해 가고 있습니다. 신경증의 질병이득은 전체적으로, 종국에 가서는 개인들뿐 아니라 사회에도 피해를 줍니다. 우리의 분석 작업으로 알 수 있게 된 불행은 모든 개인과 관계됩니다. 진실에 더 충실하고 더 품위 있는 사회상태로의 복귀는 이런 희생으로 크게 비싼 대가를 치르는 것이 아닙니다. 그러나 무엇보다도 오늘날 현실과는 분리된 환상세계를 만들기 위해 신경증적 증상들을 생산하면서 소모시키는 모든 에너지는 비록 삶과 조화를 이루지 못하더라도 우리 문명에서 일어나야 할 저 변화들을 요구하는 외침을 강화하는 데 일조합니다. 우리는 오로지 그 변화들에서만 다음 세대들을 위한 치유를 바라볼 수 있습니다.

그러므로 저는 여러분들이 환자들을 정신분석치료로 다루실 때 단순한 치료 이상의 의미가 있는 의무를 수행한다는 확신을 갖고 말을 맺도록 하겠습니다. 여러분들이 신경증의 비밀들을 경험할 단 한 번의, 다시는 반복하지 않는 기회를 얻는다면 이것은 단순히 학문에만 기여하는 것이 아닙니다. 여러분들은 환자들에게 그들의 고통을 완화해 줄, 오늘날 우리의 기법으로 이룰 수 있는 효과적인 치료만 수행하는 것이 아닙니다. 여러분은 대중의 교육에도 기여하게 됩니다. 여기에서 출발한 우리는 사회적인 권위에 대한 우회로에서 신경증적 질병에 대한 근본적인 예방을 기대할 수 있습니다.

Freud, Sigmund,
Die
therapeutische
Technik

'무분별한'
정신분석에 관하여
(1910)

며칠 전 한 중년 여성이 보호자인 친구의 동반으로 내게 상담을 받으러 와서는 불안상태를 치료해 달라고 말했다. 이 여인은 40대 후반의 나이였는데 외모는 꽤 준수하였고 아직은 폐경 전인 듯했다. 불안상태가 시작된 동기는 전 남편과의 이혼이었다. 그러나 그녀는 불안이 고조된 시기는 자기 동네의 젊은 의사와 상담을 하고 난 이후였다고 말했다. 그 이유는 이 젊은 의사가 상담하면서 그녀의 불안 원인을 두고 성적 결핍 때문이라고 주장했기 때문이다. 남편과의 성관계 없이는 이 상태가 호전되지 않을 것이기에, 세 가지 길만이 건강을 되찾는 길이라고 말해 주었다고 한다. 즉, 전 남편에게 돌아가든지, 애인을 만들든지, 자위행위를 하라는 것이었다. 그때 이후로 그녀는 자신의 병이 나을 수 없다고 확신했다고 한다. 왜냐하면 우선 전 남편에게 돌아갈 마음이 없었고 다른 두 가지 방법은 그녀의 도덕적·종교적 신념에 위배되는 것이었다. 그러나 나한테 상담을 받으러 온 이유는 자기가 말한 것이 새로운 이론이고, 그 이론을 바로 내가 주장했다는 것이다. 더구나 의사는 나로부터 사실이 꼭 그런지 직접 가서 확인해 보라고 말했다는 것이다. 보호자인 그녀의 친구는 그녀보다 더 늙었고 폐경이 지났으며 건강하지 않아 보였는데 자기 친구에게 그 젊은 의사의 진단이 옳지 못했다는 것을 그녀에게 확신시켜 달라고 간청했다. 친구는 오랫동안 과부로 지내면서 품위 있게 살았고 어떤 불안에 대한 고통도 없이 지냈기에 그 말이 진실일 리 없다는 것이었다.

나는 이 방문으로 인해 생긴 이 어려운 상황을 이야기하기보다는 나에게 이 환자를 보낸 동료 의사의 행동을 살펴보려 한다. 먼저 말해 둘 것이 있는데, 이것은 아마도—또는 바라건대—과장되지는 않을 것이다. 오랜 경험으로 내가 알고 있는 것은—물론 어느 누구라도 오랜 경험에서 알 수 있겠지만—환자들이, 특히 신경증 환자들이 자기 치료사에 대해 말하는 것을 곧이곧대로 들어서는 안 된다는 점이다. 신경과 의사는 어떤 종류의 치료를 하든지 쉽게 환자가 온갖 적대감을 갖게 되는 대상이 될 뿐만 아니라, 한걸음 더 나아가 일종의 투사를 통해 신경증 환자가 숨기는 억압된 소원들을 투사하는 위치에 서게 된다. 그런 비방들은 어느 곳에서보다 다른 치료사들한테 특히 잘 하게 된다는 것은 슬픈 일이자 분명히 일어나는 일이다.

나는 이 여성이 그 의사가 말했다고 주장하는 것이 나와의 상담에서 편향적으로 왜곡된 이야기로 변질되었다고 생각해 볼 수도 있고, (더구나 하필이면 내가 이 사건을 '무분별한' 정신분석이라는 비판과 연관시킨다면) 내가 알지도 못하는 이 의사에게 부당한 행위를 한다고 생각해 볼 수도 있다.

그러니까 우선은 그 의사가 이 여성이 말한 대로 그녀에게 말했다고 생각해 보자. 의사가 여성 환자와 성적인 문제를 논의하는 것이 꼭 필요한 것이라고 생각한다면 사람들은 누구나 이 일을 전략과 배려심을 갖고 해야만 한다고 비판할 것이다. 그러나 이런 요구는 정신분석 치료의 **기법적** 규정과 일치한다. 그 외에도 의사가 체계적인 정신분석의 학문적 이론을 모르거나 잘못 이해하고 있거나, 그의 본질과 의도에 대해 얼마나 모르는지를 보여 준다.

후자, 즉 학문적 오류들에 대해 말해 보자. 의사의 충고는 '성생활'이란 말을 어떤 의미에서 사용하는지 분명하게 보여 준다. 일반적인 의미에서 성적 욕구는 성교에 대한 욕구이거나 그와 유사한 오르가슴과 성적 물질을 방출하게 되는 행위 이외에 어떤 다른 것도 의미하지 않는다. 정신분석이 일반적 의미를 훨씬 넘어서는 성개념으로 확장된다는 비난을 받고 있다는 것을 그 의사가 모를 리 없다. 이 사실은 옳다. 그것이 비난받을 일인지는 여기서 논의하지 않는다. 정신분석에서 성적인 것의 개념은 훨씬 넓은 개념이다. 그 개념은 일반적 의미보다 더 깊고 넓다. 이런 확장은 유전학적으로 정당화된다. 또한 우리는 매력적인 느낌의 모든 작동을 '성생활'로 간주한다. 그런 작동들은 원시적 성욕동의 근원으로부터 나온 것이다. 물론 이런 욕동들이 원래 성적인 목표의 억제를 경험했거나 이런 목표가 더 이상 성적인 것이 아닌 다른 것으로 대체되어 있는 경우에도 그렇다. 그 때문에 우리는 **심리적 성**이라는 표현을 선호하고 성생활에서 정신적 요인을 간과하거나 과소평가해서는 안 된다는 것을 중요하게 생각한다.

우리는 '성'이라는 용어를 마치 독일어 단어 '사랑하다'란 말이 일반적으로 사용되는 만큼이나 넓은 의미에서 사용한다. 정상적인 성관계가 부족하지 않은 상태에서도 성적 불만족이 온갖 형태의 문제를 일으키며 존재하는 경우를 우리는 오래전부터 알고 있다. 성적인 것의 대리만족은 우리가 싸우는 신경증 증상의 형태로 나타나기도 하지만, 만족하지 못한 성적 욕구들은 직접적 성교나 유사한 성적 행위들에서 아주 불충분한 정도로만 해소되는 경우가 많다는 점을 우리 치료사는 염두에 두어야 한다.

이런 심리적 성에 동의하지 않는 사람은 성의 병인론적 중요성을 다루는 정신분석의 학설을 자기 주장의 근거로 들 권리가 없다. 그는 성적인 것에서 신체적인 요인들만 강조함으로써 문제를 지나치게 단순화했다. 하지만 그는 자기가 한 과정에 대해 책임을 져야 한다.

그 의사의 충고에는 두 번째 심각한 오해가 있다. 성적 불만족이 신경증 질환들의 원인이라고 정신분석이 주장하는 것은 옳다. 하지만 정신분석은 그보다 더 많은 것을 말하지 않는가? 정신분석은 신경증적 증상들이 두 개의 힘, 즉 대부분 지나치게 과대해진 리비도와 지나치게 엄격한 성적 거부 또는 억압 사이의 갈등에서 생겨난다고 가르치는 것이 너무 복잡하다고 경시하는 것은 아닌가? 이 두 번째 요인을 잊지 않는 사람은(그는 물론 이것을 두 번째 중요한 것이라고 말하지 않겠지만) 성적 만족 자체가 신경증 환자들의 고통을 완화해 줄 일반적이고 신뢰할 만한 치료수단이라고 생각하지는 않을 것이다. 이런 사람들이 그럴 능력이 있었다면, 그들에겐 내적 저항이 없었을 터이고 그렇다면 의사가 가르쳐 주기도 전에 충동의 힘들이 그들에게 만족의 길을 가르쳐 주었을 것이다. 그러니 의사가 그 여성에게 소위 상담했다는 충고는 무슨 소용이 있겠는가?

이 조언이 학문적으로 정당화된다 하더라도 그녀가 실행할 수 있는 것은 아니다. 자위행위나 연애를 거부하는 내적 저항이 없었다면 그녀는 벌써 이런 수단 중 하나를 수행했을 것이다. 그것도 아니라면 설마 의사가 마흔 살을 넘긴 중년 여성이 애인을 만들 수 있다는 것을 모른다고 생각했던 것인가? 아니면 그가 의사의 승인 없이 그녀가 그런 방법을 쓸 수 없을 것이라고 생각할 정도로 자기의 영향력을 과대평가한 것일까?

이 모든 것은 분명해 보이지만 판단을 어렵게 하는 요인이 있다는 것을 시인해야 한다. 전형적인 신경쇠약과 순수한 불안 신경증처럼 소위 **현실 신경증** 같은 신경성 증상들은 분명히 성생활의 신체적 요인과 관련되어 있다. 그에 반해 우리는 아직 그들이 가진 심리적 요인과 억압의 역할에 대해 확실한 그림을 가지고 있지 않다. 그런 사례들에서 의사가 실제 치료, 즉 실제적 성행위의 변화를 먼저 파악하는 것은 자연스럽다. 그리고 그 의사의 진단이 옳다면 당연히 그는 이 일을 해야 한다. 이 의사와 상담했던 부인은 무엇보다 불안상태를 치료해 달라고 했다. 그러자 그 의사는 아마도 부인이 불안 신경증이 있다고 생각했을 것이고, 그 부인에게 실제적인 치료를 권하는 것이 정당하다고 생각했을 것이다. 이것이 쉽게 범할 수 있는 오해다! 불안으로 시달리는 사람이라고 꼭 불안 신경증을 가진 것이 아니다. 이 진단 명은 그 이름 자체에서 나온 것이 아니다. 우리는 어떤 현상들이 불안 신경증을 만드는지 알아야 하고, 다른 병리적 상태들, 특히 불안으로 인해 발현된 병리적 상태들과 구별할 수 있어야 한다. 우리가 지금 언급하는 이 부인은 내가 보기에는 **불안 히스테리**에 시달리고 있고, 그런 병리학적 구별은 다른 병인론을 근거로 다른 치료를 받아야 한다는 데 그 가치를 두어야 한다. 불안 히스테리의 가능성을 파악한 사람이라면 그 의사가 세 가지 제안을 하면서 범했던 정신적 요소를 등한시하지는 않았을 것이다.

매우 이상한 것은 자칭 정신분석가라 하는 그 의사의 치료적 대안에는 정신분석이라고 볼 여지가 없다는 점이다. 의사에 따르면 부인은 그저 전 남편에게 돌아가든가, 아니면 자위행위를 하든가, 아니면 애인과 성적 만족을 취하든가 하면서 자신의 불안을 치료할 수 있을 것이다. 우리가 불안상태의 주요 해결책이라고 보는 분석치료가 들어갈 곳이 어디에 있다는 말인가?

이렇게 하여 앞에서 살펴본 것처럼, 그 의사의 처방에서 볼 수 있는 기법적인 실수가 일어날 것이다. 환자가 어떤 종류의 무지로 인해 고통을 겪을 때, 그에게 그 병과 삶의 인과관계, 유년기 체험에 대한 원인론적 관련성들을 설명해 줌으로써 이 무지를 제거해 준다면, 그 환자가 건강하게 된다는 생각은 오래전에 지나간 생각이고 그저 표면적 현상에 국한된 생각이다. 이 무지 자체가 아니라 먼저 무지 자체를 야기하고 아직도 그것을 지지하는 내적 저항들 안에 있는 무지의 뿌리가 병적 소인이다. 이 저항들과의 싸움이 곧 치료의 과제이다.

억압되어 있기에 환자가 모르는 것을 알려 주는 것은 치료에 필요한 예비적 단계일 뿐이다. 무의식에 대한 지식이 정신분석을 체험하지 못한 사람들이 생각하는 것만큼 환자에게 중요하다면, 환자가 강의를 듣거나 책을 읽는 것만으로도 치료가 충분할 것이다. 그러나 이러한 조처들은 허기에 시달리는 사람에게 음식 대신 메뉴판을 나누어 주고 배고픔을 달래려는 것 정도밖에는 신경증적 증상에 영향을 줄 수 없다. 이 비유는 우선적 조치를 넘어선 의미가 있다. 그것은 환자에게 무의식에 대해 알려 주는 것이 그 환자 내부에 있는 갈등을 부추기고, 그래서 반드시 부담이 증가하는 문제를 야기한다는 점 때문이다.

하지만 다른 한편 정신분석이 이런 것을 알려 주는 일을 배제할 수는 없기에 다음과 같은 두 가지 조건이 충족되기 전에 해서는 안 된다고 규정한다. 첫째, 환자가 예비적 작업을 통해 스스로 자신의 억압된 것 근처에 도달해 있어야 한다. 둘째, 환자가 충분히 의사에게 애착(**전이**)을 형성하여 의사에 대한 감정적 관계가 새로운 도피를 불가능하게 해야 한다.

이러한 조건들이 충족되어야만 비로소 억압과 무지를 만든 저항들을 인식하고 지배하는 것이 가능하다. 그러니까 정신분석적 개입은 오로지 환자와의 오랜 접촉을 통해서만 가능하다. 첫 번째 면담에서 의사가 발견한 비밀들을 무뚝뚝하게 말하는 것으로 환자를 기습적으로 제압하려는 시도는 기법적으로 부적절하다. 그리고 이러한 시도는 치료사를 향한 적개심을 불러일으키고 더 이상 어떤 영향도 받지 않으려고 끊어 버리는 상황을 자초하게 된다.

이것은 우리가 때때로 잘못 추론하고, 나아가 모든 것을 알아맞힐 수도 없다는 것과는 별개의 일이다. 정신분석은 사람들이 특별한 재능이라고 여길 수 있는, 뭐라고 정의하기 힘든 '치료사의 감각'을 이런 기법적인 규칙들로 대체한다.

그러니까 치료사는 정신분석의 몇몇 결과를 아는 것만으로 충분치 않다. 그가 정신분석적 관점에 따라 의료행위를 하려면 반드시 정신분석의 기법에 익숙해져야 한다. 이러한 기법은 오늘날 책에서 보고 익힐 수준이 아니며 절대적인 시간과 노력 그리고 성과의 대가로 얻을 수 있다. 이러한 것들은 다른 의학적 기법들처럼 그 기법을 알고 있는 사람들에게서 배워야 한다. 내가 이야기를 하게 만든 그 사건을 판단하는 데 있어서, 내가 그런 상담을 해 준 치료사를 알지도 못하고 그의 이름을 들어 본 적도 없다는 사실과 아무 관계가 없는 것이 아니다.

그런 식으로 의학적 기법을 독점하는 것은 나와 나의 친구들, 나의 동료들에게 불쾌한 일이다. 그러나 '무분별한' 정신분석이 어떤 치료를 감행하여 환자들이나 정신분석의 본질에 대해 가져올 위험성을 보면서 나는 다른 어떤 길도 생각해 보지 않았다. 그래서 우리는 1910년 초에 국제정신분석협회를 설립했다. 이 협회의 회원들은 그들의 이름을 공표하여 그 소속을 선언했다. 그렇게 함으로써 우리 협회에 소속되지 않으면서 그들의 의학적 처방을 '정신분석'이라고 부르는 모든 사람의 행위에 대한 책임을 거부하게 되었다. 왜냐하면 그런 '무분별한' 정신분석가들은 개별 환자보다 정신분석의 본질에 더 큰 해를 끼칠 수 있기 때문이다. 나는 그런 서투른 조치가 우선 환자의 상태를 악화시킬지라도 결국은 치료로 이어지는 것을 종종 체험했다. 항상 그런 것은 아니지만 자주 보았다. 환자는 충분히 치료사를 비난하고 난 뒤, 그의 영향권에서 멀어졌을 때 그의 증상들이 사라지거나 치료에 이르는 길로 발을 들여놓기로 결심한다. 최종적 회복은 '저절로' 생겨나거나 환자가 나중에 찾아가게 된 치료사의 전혀 무관한 치료 때문에 일어난다. 그 의사에게 불평했다던 부인의 경우, 명망 있는 권위자가 그녀가 앓고 있던 병이 '혈관운동 신경증'이리고 말한 것보다 그 무분별한 정신분석가가 더 잘한 것이라 생각하고 싶다. 이 의사는 그녀의 질병 진짜 원인으로 또는 그 근처로 시선을 돌렸다. 그 때문에 환자의 반발에도 불구하고 그의 개입이 나름대로 좋은 결과를 가져오지 않을 수 없었다. 그러나 그는 자신을 손상시켰고, 선입견을 강화하게 하여 환자에게 나타나는 정상적인 정동 저항으로 인해 정신분석가의 활동에 대해 반감을 가지도록 만들었다. 이것은 피할 수 있는 일이다.

Freud, Sigmund,
Die therapeutische Technik

최근 **빌헬름 슈테켈**은 '전이'라는 무궁무진한 주제에 대해 〈첸트랄블라트〉에서 심리기술적 방식으로 논구하고 있다.[5] 나는 여기서 이 글에 대한 몇 가지 논평을 하려고 하는데, 분석치료가 시행되는 중에 전이가 어떻게 필연적으로 생기고 (그것이 잘 알려진바) 그 역할을 어떻게 수행하는지를 밝히고자 하는 것이다.

모든 인간은 타고난 천성, 유년시절의 환경이 서로 영향을 미침으로써 특정한 성격을 획득하게 된다는 것이 분명하다. 이것은 그가 어떻게 사랑의 삶을 살아가는지에도 그대로 드러나는데, 그가 어떤 사랑의 조건들을 만들고, 사랑할 때 어떤 욕동을 만족시키고, 사랑의 어떤 목표를 설정하는지 하는 것이다.[6] 이것은 말하자면 하나의 원판

---

5   Zentralblatt für Psychoanalyse, Jahrgang II, Nr.II, S. 26(옮긴이 주: 〈정신분석중앙지〉란 뜻).
6   우리가 유아기의 인상들(옮긴이 주: 체험들)을 중요시하기 때문에 타고난(유전적인) 요소

(Klischee) 또는 여러 개의 원판들을 만들어 내어, 외부 환경과 접근하는 사랑의 대상이 가지고 있는 천성이 허용하는 한, 살아가면서 규칙적으로 반복되고, 같은 판을 다시 찍어 낸다. 물론 이 원판이 최근의 경험들을 무시하고 전혀 변하지 않는 것은 아니다. 사랑의 삶을 결정하는 이 충동 중 단지 일부분만 완전한 심리적 발달을 거친다는 것은 우리의 연구가 밝혀낸 점이다. 이 일부분은 현실로 향해 있고 의식적 성격이 마음대로 움직일 수 있으며, 그 성격의 한 단면이기도 하다. 이 리비도 충동의 다른 부분은 발달에서 정체되어 있고, 의식적 인격과 현실로부터 분리되어 있다. 이것은 오로지 환상 속에만 존재하거나 완전히 무의식에만 머물러 있어서, 의식의 인격은 그것을 모른 채로

들의 의미를 부정하고 있다는 부당한 비판에 대해 이 자리를 빌려 방어하고자 한다. 이런 비판은 인간이 가진 모든 것을 인과적으로 보려는 욕구에서 비롯된 것이다. 이 인과성에 대한 욕구는 현실에 대한 일반적인 구성과는 달리 모든 원인이 단 하나만으로 이루어져 있다고 보려는 것이다. 정신분석은 병인론의 우연한 요인들에 대해서는 많이, 유전적인 요인에 대해서는 적게 언급한다. 그러나 그 이유는 전자에 대해서는 새로운 것을 이야기할 수 있으나, 반대로 후자에 대해서는 사람들이 일반적으로 아는 것 이상으로 알지 못하기 때문이기도 하다. 우리는 두 계열의 병인론적 요인들 사이에 근본적인 대립이 있다고 보지 않는다. 그보다 이 두 가지가 관찰된 효과를 드러내는 데 언제나 함께 영향을 미친다고 생각한다. 다이몬과 투케(Δαιμων και Τυχη), 즉 유전과 우연이 한 인간의 운명을 결정한다. 그러나 이런 힘들 중 하나만으로는 드물거나 거의 이루어지지 않는다. 두 요소 사이에 병인론적 영향의 비율은 아주 개인적이고 개개 사건에 따라 결정된다. 두 요소가 조합된 비율의 정도에 따라 극단적인 경우가 생길 수 있다. 우리 인식의 수준에 따라 개개 사건의 유전적 요인이든 후천적 요인이든 그 비율은 사람마다 다르게 추정한다. 그리고 또한 우리의 견해가 바뀜에 따라 우리는 판단을 이렇게 생각하기도 하고 저렇게 생각할 수도 있을 권리가 있다. 그 이외에도 유전이란 것 자체도 끝없이 긴 조상들의 계보에서 우연한 영향들을 미친 것의 결과라고 말할 수도 있다.

살아간다. 사랑의 욕구가 현실에서 완전히 충족되는 경험을 하지 못한 사람은 새로 만나는 사람마다 리비도적 기대표상을 가지고 바라본다. 그의 리비도의 두 부분, 즉 의식으로 표현할 수 있는 부분과 무의식적인 부분이 이 태도에 고스란히 스며 있다는 점은 부정할 수 없다.

따라서 부분적으로 만족을 채우지 못한 사람이 기대에 부푼 채 치료사라는 인격으로 준비된 리비도 집중을 보이는 것은 완전히 정상적이고 이해할 만한 일이다. 우리가 이전에 가정했던 것에 따르면 이 리비도 집중은 현재 관심의 대상이 되는 사람에게 존재하는 모상들을 따를 것이고, 원판 중 하나와 연결될 것이다. 아니면 리비도 집중은 그 의사를 지금까지 자기가 만들어 놓은 심리적 '시리즈들' 중 하나에 조합해 넣는다고 말할 수도 있다. 그리고 이 조합에 아버지-상(Vater-Imago; 융의 탁월한 표현)[7]이 결정적 역할을 한다면, 이것은 의사와의 실제적 관계에 상응한다. 그러나 전이는 이런 모범에만 결부되어 있는 것이 아니라 어머니-상, 오빠-상 등에 따라 일어날 수도 있다. 의사에게 향한 전이의 특수성들로 통하여 전이가 현실적이고 이성적이라고 볼 수 있는 것의 양과 질을 넘어선다. 그렇기 때문에 그 전이의 특수성들은 의식적인 기대표상들뿐 아니라 억제된 또는 무의식적인 기대 표상들이 이 전이를 생산했다는 설명을 가능케 한다.

이런 전이의 태도에 대해 더 이상 이야기할 것도 생각할 것도 없다.

---

7   Symbole und Wandlungen der Libido, Jahrbuch für Psychoanalyse, III, S. 164(옮긴이 주: 「리비도의 상징과 변형」이라는 논문).

다만 정신분석의 큰 관심을 끄는 두 가지 것은 설명할 수 없는 채로 남아 있다는 것만 빼면 말이다. 첫 번째, 우리는 왜 전이가 다른 사람들, 즉 분석을 받지 않은 사람들보다 분석치료를 받는 신경증 환자들에게 더 강하게 나타나는지 이해할 수 없다. 두 번째, 전이가 분석의 밖에서는 치료의 매개물이자 성공적 치료의 조건으로 인정받는 데 반하여 분석치료에서는 왜 **가장 강한 저항**으로 나타나는지 의문으로 남아 있다. 환자의 자유연상이 잘 이루어지지 않을 때,[8] 치료사 개인 또는 그와 관련된 어떤 연상이 그를 지배하고 있다는 것을 확신시켜 줌으로써 이 연상의 중단이 해결될 수 있다는 것은 아무 때나 자주 볼 수 있는 경험이다. 이런 설명을 하자마자 환자는 연상의 막힘이 없어지거나 아니면 연상의 실패 상황을 연상의 침묵 상황으로 변화시킨다.

언뜻 보기에 다른 곳에서는 전이가 성공적 치료를 위한 가장 강력한 지렛대인 데 반하여 정신분석에서는 저항의 가장 강한 수단이 된다는 점이 정신분석 방법의 가장 큰 약점이 아닌가 하는 생각이 들 수 있다. 그러나 자세히 들여다보면 적어도 두 가지 문제 중 첫 번째 것은 제거될 수 있다. 전이가 분석치료를 하는 동안, 밖에서보다 더 강하고 고삐 풀린 것으로 등장한다는 것은 사실이 아니다. 신경성 환자들이 분석치료를 받지 않는 시설들에서도 예속이라고까지 볼 수 있는 전이가 극한적 강도로 일그러진 모습을 보이고, 둘도 없이 명백한 성

---

8 나는 여기서 연상이 정말로 중지되었을 때를 말하는 것이지, 가령 누구나 가지는 불쾌감 때문에 환자가 말하지 않는 경우를 말하는 것이 아니다.

적인 모습을 띤다는 것을 살펴볼 수 있다. 아주 섬세한 관찰자인 **가브리엘레 로이터**(Gabriele Reuter) 같은 작가는 신기하게도 아직 정신분석이 있지도 않은 시기에 그녀의 책에서 신경증의 본질과 생성에 대한 최고의 통찰을 하고 있다.[9] 그러니까 전이의 이런 특성들은 정신분석 치료 때문에 생기는 것이 아니라 신경증 자체에서 발생한 것이다. 두 번째 문제는 아직 다루지 않은 채로 있다.

두 번째 문제, 즉 왜 전이가 우리 정신분석에서 저항으로 등장하는가를 좀 더 면밀히 다루어 보아야 한다. 치료하는 동안 심리적 상황을 떠올려 보자. 언제나 나타나고 절대 빠질 수 없는 정신신경증의 모든 증상의 조건은 융이 리비도의 **내향성**(Introversion)이라고 훌륭하게 이름 붙인 그 과정이다.[10] 이 과정은 의식으로 표현할 수 있는, 현실로 향해 있는 리비도 부분이 감소하고, 현실과는 등진, 무의식적인 리비도, 즉 그 사람의 환상에 아직 영양분을 제공하고 있으나 아직은 무의식에 속해 있는 리비도가 더 많이 증가하는 과정이다. 그 리비도는 (전체적으로든 부분적으로든) 퇴행의 길에 들어서게 되고 유아기적 이미지들이 다시 살아난다.[11]

---

9 『명가 출신(*Aus guter Familie*)』, 1895.

10 융의 몇몇 발언은 마치 그가 이런 내향성에서 가령 조발성 치매로 보는 것 같은 인상을 주지만 다른 신경증들에서는 같은 방법으로 설명하지 않는 듯하다.

11 리비도가 유아기적 '콤플렉스들'을 다시 점령하였다고 말하는 것이 편할 듯하다. 하지만 그것도 옳지 않을지도 모른다. 이런 콤플렉스들의 부분들이라고 하는 것은 정당화할 수 있는 것은 유일한 것이다. — 이 논문에서 다루는 주제가 가지는 특별한 난삽함은 반발을 불러오는 수많은 문제를 다루려는 유혹을 불러일으킨다. 여기서 서술하는 심리적 과정들

리비도를 찾아가는 분석치료는 그 방향으로 리비도를 추적하여 의식이 접근할 수 있게 하고 종국적으로는 현실에 적용될 수 있게 하는 것이다. 분석치료의 탐구로 인해 은신처에 숨어 있는 리비도를 찾았을 땐 투쟁이 일어난다. 리비도의 퇴행을 일어나게 했던 모든 힘은 분석적 작업에 대한 '저항들'로 일어나게 되어 이 새로운 상태가 보존되는 것을 막는다. 말하자면 리비도의 내향성이나 퇴행이 외부세계와의 특정한 관계로 인해(일반적으로는 만족의 거부로 인해) 정당성을 얻고 그 순간에 유용하지도 않았다면 발생할 수도 없었을 것이다. 그러나 이런 계보에서 나온 저항들은 유일하지도 않고 가장 강력한 것은 더더구나 아니다. 성격에 따라 조정되는 리비도는 무의식적 콤플렉스들이(더 정확한 표현은 이런 콤플렉스들의 무의식에 속하는 부분들이) 끄는 매혹의 지배를 받다가 퇴행의 길로 들어서는데 그 이유는 현실의 매혹이 약해졌기 때문이다. 리비도를 자유롭게 하기 위해서는 이 무의식의 매혹이 극복되어야 한다. 다시 말해 그동안 그 개체 안에 자리 잡고 있던 무의식적 욕동과 그 산물의 억압이 없어져야만 한다. 이것이 저항의 크고 광범위한 부분을 만들고, 이 저항이 언제나 병증을 지속시킨다. 그리고 현실과 멀어지게 만든 일시적인 근거가 사라지고 난 이후에도 그 병은 지속된다.

에 대해 분명한 말로 서술할 수 있기 전에 그 문제들에 대해 설명하는 것이 필요하다고 본다. 그런 문제들은 내향성과 퇴행을 서로 구별하는 것, 리비도 이론에 콤플렉스 이론을 도입하는 것, 의식과 무의식, 현실 등과 맺는 환상의 관계 같은 것이다. 내가 그런 유혹에 넘어가지 않는 것에 대해 이해를 구할 필요는 없을 것이다.

분석치료는 이런 두 원천으로부터 나온 저항들과 투쟁해야 한다. 저항은 치료의 매 순간 따라다닌다. 개개의 연상, 환자의 모든 행동은 이런 저항을 고려해야 한다. 동시에 그것들은 회복을 향한 힘들과 앞에서 말한, 그 반대되는 힘들 사이의 타협을 나타낸다.

우리가 병리학적 콤플렉스를 의식에 드러난 그것의 (증상으로 드러난 혹은 잠재된) 대리자로부터 무의식 속에 있는 그 뿌리를 향해 추적하다 보면 어떤 영역으로 들어간다. 그 영역에서는 저항이 매우 우세한 힘을 발휘해서 다음에 오는 연상이 그 저항과 관련되어 있으며, 그 저항의 요구와 치료조사의 요구 사이의 타협으로 나타나게 된다. 여러 경험자의 증언을 들어 보면 여기서 전이가 등장한다. 콤플렉스 자료(콤플렉스의 내용)에서 나온 어떤 것이 치료사의 인격에 전이될 만한 상황이면 전이가 실행되고, 다음 연상을 만들어 내고, 저항의 징후, 가령 막힘을 통해서 자신을 알린다. 이러한 경험으로 우리는 이 전이-생각이 저항까지도 만족시켜 주기 때문에 다른 모든 연상 가능성들 가운데서도 의식으로 밀치고 올라온다고 결론내릴 수 있다. 이러한 과정이 치료의 과정에서 수도 없이 자주 반복한다. 우리가 병리적 콤플렉스에 가까이 접근하면, 거듭해서 전이를 일으키는 콤플렉스 부분이 먼저 의식으로 밀려나고 가장 강한 강도로 방어된다.[12]

---

12 그러나 이런 이유에서 일반적으로 전이-저항을 위해 선택된 요소가 지닌 특별한 병리학적 중요성이 있다고 결론 내려서는 안 된다. 어떤 특정한 작은 교회나 개인농장 하나를 차지하기 위해 치열한 싸움을 벌이는 것이 교회가 국가적 성지이거나 농장이 군수품을 숨기고 있다고 가정해서는 안 된다. 그 대상들의 가치는 그저 전략적인 것일 수 있고, 아마도

이 콤플렉스가 극복된 후 콤플렉스의 다른 부분들을 극복하는 것은 더 이상 큰 어려움이 아니다. 분석치료가 오래 지속되면 될수록, 환자가 병리적 자료의 왜곡만으로는 그 자료가 드러난 것을 막을 방호벽이 될 수 없다는 인식이 분명해질수록, 환자는 시종일관 한 가지 왜곡만 사용하게 된다. 이 왜곡은 그에게 분명 전이를 통한 왜곡이랄 수 있는 가장 큰 이점들을 제공하는 것이다. 이러한 상황들은 결국 모든 갈등이 전이의 영역에서 싸움을 벌여 소멸하게 만드는 장면으로 방향을 틀게 된다.

이렇게 전이는 분석치료에서 저항의 가장 강력한 무기처럼 보인다. 그래서 우리는 전이의 강도와 지속이 저항의 영향이자 표현이라고 결론 내릴 수 있다. 전이의 메커니즘은 유아기의 상상을 보유하고 있는 리비도의 준비상태까지 거슬러 올라감으로써 사라지게 되나, 치료에서 전이의 역할에 대한 각성은 우리가 저항에 대한 전이의 관계를 설명할 때만 이루어진다.

어떻게 전이가 수월한 방법으로 저항의 수단에 적합하게 된 것일까? 이에 대한 대답은 쉬운 것으로 생각해도 무방하다. 금지된 모든 소원충동을 고백하는 것이 그 충동을 만들어 낸 사람 앞에서 이루어진다면 그것은 더욱 어려운 일이 될 것은 두말할 나위가 없다. 이 충동의 풀무질은 현실에서 실행할 수 없는 상황들을 연출한다. 이것이 바로 환자가 자신의 충동 감정의 대상을 치료사와 일치시킬 때 겨냥

오직 이 전투 자체에만 있을 수도 있다.

하는 바로 그것이다. 그러나 좀 더 생각해 본다면 이 외형적인 이득이 문제의 해결에 도움을 줄 수 없다는 것을 말해 준다. 물론 매력적이고 헌신적인 의존의 관계는 고백의 모든 어려움을 넘어설 수 있다. 유사한 현실의 상황에서 사람들은 이렇게 말할 수 있다. "당신 앞에서는 아무런 부끄러움이 없어요. 당신한테 난 모든 것을 털어놓을 수 있어요." 그러므로 의사를 향한 전이는 쉽게 고백을 만들 수 있는데, 이해하지 못할 일은 그 전이가 왜 어려움을 불러일으키느냐는 것이다.

여기서 반복하여 제기되는 질문에 대한 대답은 계속되는 연구로 얻을 수 있는 것이 아니라 치료 시에 우리가 발견하는 개개 전이 저항의 경험으로 알 수 있다. 우리가 '전이'를 단순하게 생각한다면 저항에 대해 전이를 어떻게 사용할 수 있을지 이해할 수 없다.

우리는 우선 '부정적' 전이와 '긍정적' 전이를 구분할 수 있어야 한다. 말하자면 매혹적인 감정들을 적개심으로 가득 차 있는 전이와 구분해야 한다. 그래야 치료사를 향한 두 가지 종류의 전이를 구분하여 치료할 수 있다. 긍정적 전이는 다시 의식적으로 표현될 수 있는 우호적인, 그리고 매혹적인 감정들을 담은 전이와 무의식으로 확대될 수 있는 감정들의 전이로 나눌 수 있다. 정신분석은 후자들로부터 그런 전이들이 언제나 성적인 근원으로 내려간다는 것을 입증해 준다. 이를 통해 우리는 우리의 삶에서 귀중한 동정, 우정, 신뢰와 같은 모든 정서적 연대가 유전적으로 성과 연관되어 있고, 그것이 우리의 의식적인 자기 지각에는 설령 순수하거나 아무런 느낌을 주지 못할지라도, 순수한 성적 욕구들로부터 나온 성적 목표를 완화된 형식으로 발전시킨 점이라는 것을 알 수 있다. 그 전에 우리는 오로지 성적 대상만을 알고 있었다. 그러나 정신분석은 우리 현실에서 만나는, 아무 생각 없이 그냥 아끼는 사람이나 존경하는 사람들도 우리의 무의식에서는 항상 성적 대상일 수 있다는 점을 보여 준다.

그러니까 이 수수께끼의 답은 이렇다. 치료사로 향한 전이가 치료에서 부정적 전이나 억압된 성적 충동에서 나온 긍정적인 전이일 때만 저항에 해당한다는 것이다. 우리가 만약 의식화를 통해서 전이를 '지양한다'면 치료사의 인격에서 감정행위의 이 두 요소만 분리되는 것이다. 의식으로 표현할 수 있고 불쾌한 감정을 유발하지 않는 다른 요소는 유지되고, 다른 치료에서와 마찬가지로 정신분석치료에서도 성공의 매개물이다. 여기까지는 정신분석의 결과가 암시에 근거하고 있다는 것을 기꺼이 인정해야 하는 부분이다. 다만 페렌치가[13] 말했듯이 연상이라는 말을 사용할 때 한 사람에게 영향을 미치는 것은 그의 사례에서 가능한 전이의 현상을 매개로 생긴다는 것과 같은 맥락에서이다. 환자의 종국적인 독립을 위해서 우리는 암시를 사용하는데, 환자의 심리적 상태를 지속적으로 개선하기 위한 정신치료를 수행하도록 하기 위해서이다.

아직도 남아 있는 질문은 전이의 저항현상이 평범한 치료, 예를 들어 시설(정신병원)에서는 나타나지 않는가 하는 것이다. 대답은 그곳

---

13 Ferenczi, Introjektion und Übertragung, Jahrbuch für Psychoanalyse, Bd.I, 1909(옮긴이 주:페렌치, 내사와 전이, 정신분석연감, 1909).

에서도 일어난다는 것이며, 그들이 현상 자체를 잘 살펴보아야만 한다는 것이다. 부정적 전이는 시설에서 오히려 더 자주 일어난다. 환자에게 부정적 전이가 일어나면 아무 치료도 받지 않은 채, 재발한 상태로 병원을 떠난다는 것이다. 성적 전이는 시설에서 그렇게 억제하지 않는데, 그곳에서는 일상에서처럼 그것을 찾아내기보다는 그저 덮고 넘어가기 때문이다. 이런 전이는 아주 분명하게도 회복(병이 낫는 것)에 대한 저항으로 표현되는데, 이것은 환자를 시설에서 내쫓게 하는 것으로 나타나는 것이 아니라 ─오히려 이것은 환자를 병원에 붙잡아 두게 한다─ 대개는 이것이 그 환자를 삶에서 멀리 떨어져 있게 한다는 의미에서 그렇다는 뜻이다. 회복한다는 측면에서는 환자가 이런 저런 불안이나 억제를 그 시설 안에서 극복하는지는 사실상 중요하지 않다. 그보다 훨씬 중요한 것은 환자가 실제 삶에서도 그런 것들로부터 자유롭게 되는가 하는 것이다.

부정적 전이에 대해서는 더 자세하게 논의해야 하지만 이 연구의 범위를 넘어서는 것이기에 할 수 없다. 치료 가능한 정신 신경증의 형식들에서 부정적 전이는 매혹적인 전이와 함께 발견되고, 종종 같은 사람에게 동시에 일어난다. 이런 현상을 두고 **블로일러**(Bleuler)는 **양가성**(Ambivalenz)이라는 훌륭한 용어를 고안해 냈다.[14] 이런 감정들의 양

---

14   E. Bleuler, Dementia praecox oder Gruppe der Schizophrenien in Aschaffenburgs Handbuch der Psychiatrie, 1911. ─ Vortrag über Ambivalenz in Bern 1910, referiert im Zentralblatt f. Psa. I, p. 266. ─ Für die gleichen Phänomene hatte W. Stekel vorher die Bezeichnung "Bipolarität" vorgeschlagen(옮긴이 주: 블로일러, 조발성 치매 또는 아샤펜부르크의 정신병 사전에 나타

가성은 어느 정도까지는 정상적이지만 매우 강한 양가적 감정들은 분명 신경증 환자들의 독특한 특징이다. 강박 신경증에서는 욕동적 삶에서의 '대립자들의 분리'가 일찍 일어나고 그것의 유전적 조건 중 하나로 보인다. 감정 경향성들이 가지는 양가성은 전이를 저항으로 사용할 수 있는 신경증 환자들의 능력에서 가장 잘 드러난다. 피해망상증 환자들의 경우처럼 전이 능력이 근본적으로 부정적으로 나타난 곳에서 치료의 영향이나 회복은 중지한다.

그러나 이 모든 언급에서 우리는 지금까지 전이현상의 한 면만을 탐구해 왔다. 우리는 이제 이 전이의 다른 양상에 주목할 필요가 있다. 피분석자가 압도적인 전이 저항의 지배하에 놓이자마자 그가 의사에 대한 실제적 관계에서 어떻게 뛰쳐나가는지, 마음속에 떠오른 모든 것에 이의를 제기하지 않고 모든 것을 말해야 하는 정신분석의 기본규칙을 어떻게 등한시하는지, 그가 치료를 받게 된 의도들을 어떻게 망각하는지, 조금 전에 큰 영향을 주었던 논리적 과정들과 결론들을 어떻게 아무 의미 없는 것으로 보는지, 이 모든 것에 대해 제대로 관찰한 사람이라면 지금까지 설명한 요인들을 통해서 설명하는 대신 다른 것으로부터 이런 인상을 설명할 필요성을 느낀다. 그리고 그런 것들은 멀리서 찾을 필요가 없다. 그것들은 치료가 환자를 옮겨 놓은 심리적 상황에서 생겨나기 때문이다.

난 조현병, 1911. ─양가성에 대한 강연은 1910년 베른에서 있었고, 정신분석전문지 I, 266쪽에 실렸다. ─같은 현상에 대해 빌헬름 슈테켈은 '양극성'이란 용어를 사용했다).

의식에서 벗어나게 된 리비도를 찾아내는 과정에서 우리는 무의식의 영역을 침범하게 되었다. 우리가 끌어내고자 한 반응들은 이제 꿈의 연구를 통해서 알게 된 무의식적 과정들의 성격 중 많은 것을 드러낸다. 무의식적 충동들은 치료가 원하는 방향대로 기억되기를 바라는 것이 아니라 무의식의 무시간성과 환각능력에 맞게 자신을 재생산하려는 쪽으로 움직인다. 꿈에서처럼 환자는 그가 가진 무의식적 충동들을 일깨운 결과들에 현재성과 실제성을 부여한다. 그는 실제 상황에 대해 아무런 고려도 하지 않은 채, 자신의 정동들을 행위로 옮기려 한다. 이런 감정적 발현들을 치료의 맥락 속으로, 그의 개인사 속으로 편입시키고, 그것들을 성찰적 관찰에 종속시켜 그것들의 심리적 가치에 따라 인식하도록 조작하여야 한다. 의사와 환자 사이에서, 지성과 본능적 삶 사이에서, 인식과 행동욕구 사이에서 벌어지는 이 싸움은 거의 유일하게 전이의 현상에서만 일어난다. 이 전투에서 승리를 거둔 후 승리의 표현이 바로 신경증으로부터의 영원한 회복이다. 전이현상들을 정복하는 것이 분석치료사에게 가장 큰 어려움이라는 점은 부정할 수 없다. 그러나 우리에게 바로 그 전이현상들이 환자의 숨겨진, 그리고 망각한 사랑의 충동들을 즉각적이고 분명하게 하며 귀중한 도움을 준다는 점을 잊어서는 안 된다. 그 이유는 어떤 적도 그 자리에 없거나(in absentia) 그 허수아비인 상태(in effigie)에서는 쳐부술 수 없기 때문이다.

Freud, Sigmund,
Die
therapeutische
Technik

6장

분석치료를 하는
치료사에 대한 조언
(1912)

Die Freudsche psychoanalytische Methode 1904

Zur Psychotherapie 1905

Die zukünftigen Chancen der psychoanalytischen

Therapie 1910

Über wilde Psychoanalyse 1910

Zur Dynamik der Übertragung 1912

Ratschläge für den Arzt bei der psychoanalytischen

Behandlung 1912

Zur Einleitung der Behandlung 1913

Erinnern, Wiederholen und Durcharbeiten 1914

Bemerkungen über die Übertragungsliebe 1915

Eine Schwierigkeit der Psychoanalyse 1917

Wege der psychoanalytischen Therapie 1919

Konstruktionen in der Analyse 1937

Die endliche und die unendliche Analyse 1937

Die psychoanalytische Technik 1938 1940

여기서 내가 제시하는 기법적 규칙들은 (내가 다른 방법을 추구하다가 스스로 판 무덤에서 되돌아온 후) 수년에 걸친 나의 경험에서 나온 것들이다. 독자들은 그 규칙들이, 적어도 그 규칙 중 많은 것들이 단 하나의 지침으로 요약할 수 있다는 것을 알 수 있을 것이다. 내가 이런 규칙들을 제시하는 이유는 분석치료사들이 그 규칙을 살펴봄으로써 치료할 때 헛수고를 하지 않고 제대로 된 규칙들을 간과하는 일이 없기를 바라기 때문이다. 동시에 내가 강조하고 싶은 것은 이 기술이 내가 고안한 나만의 고유한 방법이라는 점이다. 그러므로 나는 완전히 다른 식으로 치료하는 다른 치료사의 개인적 특성이 환자에 따라, 해결해야 할 문제에 따라 다르게 진행될 수도 있다는 점을 부정하고 싶지 않다.

1) 적어도 하루에 한 사람 이상의 환자를 보는 분석치료사가 해결해야 할 첫 과제는 가장 어려운 것이 될 수 있다. 그 과제란 치료과정

에서 발생하는 자료들(많은 사람의 이름, 자료들, 세세하게 기억해야 할 사항, 발작과 병리적 행동들)로서 한 사람당 수개월 또는 수년에 걸쳐 쌓이는 것들을 기억해야 한다는 점이다. 더불어 그 자료들이 다른 환자들 또는 이미 전에 치료받았던 사람들의 유사한 경우와 섞이지 않도록 조심해야 한다. 어쩔 수 없이 하루에 6명, 8명, 경우에 따라 더 많은 환자를 보아야 할 경우, 그런 일을 해내는 치료사의 기억이 외부인의 시각에서는 불신과 경이 또는 안타까움을 유발할 수 있다. 이런 경우, 그런 문제를 해결해 주는 기법에 관심을 가지고 이 기법이 보조수단이 되기를 바랄 수밖에 없다.

그런데 이 기법은 아주 단순하다. 우리가 알고 있는 필기법을 포함한 모든 보조수단들을 거절하고 뭘 특별하게 기억하려고 하지 않고 우리가 듣는 모든 것에 (내가 이미 말한 바 있지만 소위 말하는) '균형을 잡아 가는 주의력(gleichschwebende Aufmerksamkeit)'[15]을 가져야 한다. 이런

---

15 옮긴이 주: 이 말의 번역이 다양함은 독자들 모두 잘 알 것이다. '골고루 떠 있는 주의력'이라는 번역에서부터 '균일하게 유예되어 있는 주의집중'에 이르기까지 다양한 번역이 있다. 하지만 정작 이 번역들은 영어번역(evenly suspended attention, evenly hovering attention)에서 유래한 것이기에 설명이 더 필요하다. 이 상황은 정신분석 임상이나 게슈탈트 슈퍼비전 같은 데서 얼마든지 배울 수 있다. 다만 번역을 어떻게 할 것인가 하는 문제는 좀 다르다. 프로이트는 여기서 치료사가 환자의 진술이나 전이에서 한 발 뒤로 물러나는 태도로 임할 것을 주문한다. 그러면서 하나의 천칭 저울을 비유의 표상으로 가져온 것 같다. 왜냐하면 독일어 gleichschweben은 양쪽의 균형을 맞출 때 까딱까딱하는 천칭 저울의 상태를 의미하기 때문이다. 1840년경 출판된, 아직까지 유효한 그림형제의 사전을 보면 이에 대한 설명이 분명하다. 말하자면 이 단어의 뜻은 '어느 쪽으로도 기울지 않으려고 균형을 잡아 나가는 상태'를 의미한다.

식으로 우리는 애써 주의를 기울이려는 노력을 덜 수 있다. 사실 우리는 하루 종일 환자를 보면서 그런 주의력을 계속 가질 수 없기 때문에 이 기법을 통해 의도적인 주의력에 필수불가결하게 따라붙는 위험성을 피할 수도 있다. 말하자면 우리가 어느 정도까지 집중하면 그와 동시에 우리는 지금 서술한 것 중에서 어떤 것을 선별하기 시작한다. 그러면 우리는 그중 한 가지 일에 집중하게 되고 다른 것은 왜곡한다. 그리고 난 뒤 선택한 것에서 자신의 기대나 자신의 기호(끌림)를 따르게 된다. 이런 일을 해서는 안 된다. 자기가 선택한 것을 따르게 되면 자기가 알고 있는 것 이외의 다른 어떤 것을 발견하지 못할 위험이 있기 때문이다. 그리고 자기가 끌리는 것을 따라가게 되면 거의 십중팔구 가능한 지각을 왜곡할 가능성이 있다. 우리가 잊지 말아야 할 것은 나중에 가서야 그 의미가 밝혀질 것들을 치료 중에 반드시 놓쳐서는 안 된다는 사실이다.

　모든 것을 불편부당하게 받아들이라는 지침은 환자가 자신에게 떠오른 느낌이나 생각들을 비판하거나 선별하지 않고 말하라는 요구에 대한 필연적인 대응책이다. 치료사가 그렇게 행동하지 않으면 그는 환자 측의 '정신분석의 기본원칙'에서 도출되는 소득을 대부분 소멸시키고 만다. 그러니까 치료사에게 요구되는 규칙은 이렇다. 치료사는 자신의 모든 인지력이 의식적으로 영향을 미치지 못하게 하고 완전히 '무의식적인 기억'에 자신을 맡기거나 (순전히 기법적으로 말해서) 환자의 말을 잘 들을 뿐, 그것을 인지하려는 태도를 갖지 않으려고 노력해야 한다.

우리가 이런 방식으로 얻을 수 있는 것은 치료 시에 요구되는 모든 것을 충족한다. 치료사는 나중에 맥락 속에 들어 있는 자료의 모든 내용을 재구성할 수 있다. 그 이외의 것, 이를테면 아직 맥락이 없는 것, 무질서한 것들은 우선 가라앉아 있다가 나중에 환자가 꺼내는 새로운 이야기를 통하여 관련을 맺고 그것에 대해 계속 이야기를 해 나갈 때면 저절로 떠오른다. 치료사가 몇 년 몇 날이 지나고 나서도 기억에 각인하고자 하는 의식적인 생각에서 분명히 사라졌을 것을 기억하면 환자의 "기억력이 좋다고" 칭찬하는 소리를 들으면서 웃게 될 것이다.

이런 기억을 되살리는 과정에서 간혹 오류들이 시간적으로 일어날 수 있거나, 자기 생각 때문에 방해받고 분석가의 이상 뒤에 생각 없이 머물러 있는 곳에서 일어날 수 있다. 다른 환자의 자료와 혼동하는 경우는 거의 일어나지 않는다. 혹 환자와 그 말을 했는지, 했다면 어떻게 했는지에 대해 환자와 다툴 때 대부분 치료사가 옳은 경우가 많다.[16]

2) 나는 회기 중에 환자의 상황, 환자와의 대화를 기록하거나 그런 비슷한 일을 하는 것을 추천하고 싶지 않다. 환자들에게 자주 일어나

---

16 자주 환자는 이전 회기에 이미 어떤 것을 치료사에게 말했다고 주장하지만 치료사는 조용히 그 말을 들어 주면서 그것이 분명 처음이라고 환자에게 확실하게 말해 준다. 그런데 나중에 밝혀진 것에 의하면 이전에 환자가 그것을 말할 생각을 갖고 있었지만 그 당시 생긴 어떤 저항 때문에 그의 생각을 말하는 것이 방해받았던 것이다. 이 생각에 대한 기억과 그것의 실천 기억이 구분되지 않은 것이다.

는 좋지 않은 인상들은 말할 것도 없고, 오히려 우리가 앞서 환자를 대할 때 좋은 방법이라고 권한 것들도 마찬가지다. 우리는 나중에 기록하거나 속기로 기록하는 동안 어쩔 수 없이 그 자료에서 해로운 것을 찾게 되고 그것을 자신의 정신활동에서 나온 것과 엮게 되는데, 해석할 때 들었던 것을 그냥 사용하는 편이 더 낫다. 그러나 이 규칙에 있어서 예외적으로 맥락에서 쉽게 구분할 수 있는, 그 자체로 사례로 들기 적절한 자료라든가 꿈 기록이나 유의할 만한 개개의 체험들은 기록할 수 있다. 그러나 나는 이런 일조차 하지 않는다. 그 대신 나는 작업이 끝나고 난 후 저녁에 기억을 되짚어 그 사례들을 기록한다. 내가 분석하는 꿈 이야기는 환자가 이야기한 직후에 곧바로 기록한다.

3) 환자를 치료하는 회기 중에 기록하는 것은 다루고 있는 사례가 학문적 논문으로 사용될 경우에만 허용될 수 있다. 원칙적으로 이것을 금할 수는 없다. 그러나 우리가 주의해야 할 것은 정신분석의 병력에 대한 정확한 자료가 우리가 기대하는 것만큼 도움이 되지 않는다는 점이다. 엄밀히 말해서 그 기록은 오늘날 정신과에서 눈에 드러나는 증상이라고 말할 때 제시하는 표면적 정확성일 뿐이라 할 수 있다. 이것들은 사실 독자들을 지루하게 하거니와 실제 분석에서 그가 경험할 수 있는 것을 알려 주지도 못한다. 독자가 분석가를 믿을 경우, 그가 읽은 자료를 약간 변형해도 믿는 경우를 본 적이 있다. 만약 독자가 그 분석과 분석가를 크게 괘념하지 않는다면 눈앞에 있는 치료 축어록도 완전히 무시하고 만다. 이것은 정신분석 보고에서 흔히 발견

되는, 증거부족을 해결하는 좋은 방법은 아닌 것 같다.

4) 연구와 치료가 함께 일어난다는 것이 정신분석 작업의 명성이기는 하나 한쪽에 도움이 되는 기법이 다른 쪽에서는 몇 가지 점에서 전혀 도움이 되지 않기도 한다. 치료가 끝나기 전에 한 사례를 학문적으로 작업하는 것, 이를테면 학문적 관심이 늘 요구하듯이 치료의 과정을 구조화하고, 그 과정을 미리 말하고, 가끔 현재의 상태를 기록하는 것은 좋지 않은 일이다. 처음부터 학문적 목적으로 시작하고 그 필요성에 의해 치료하는 사례들은 결과가 좋지 않다. 그에 반해 의도 없이 진행하고 모든 변화를 놀라움으로 바라보고, 거기에 항상 사심 없이 그리고 예측하는 일 없이 대하는 사례들은 가장 좋은 결과를 가져온다. 분석가의 좋은 태도는 치료하는 동안 하나의 심리적 태도가 필요에 따라 다른 태도로 옮겨 가고, 추론하지 않고, 깊이 생각하지 않는 것이며 분석치료가 끝나고 나서야 수집한 자료를 종합적인 사고 작업으로 분석하는 것이다. 무의식의 심리학과 우리가 분석 작업에서 얻을 수 있는 신경증의 구조에 대한 모든 또는 기초적 인식을 가지고 있다면 두 가지 상반되는 심리적 입장은 구별할 필요가 없어진다. 하지만 현재 우리는 이런 목표와는 거리가 먼 것 같다. 그러므로 지금까지 우리가 해 온 것을 다시 살펴보고 그에 대한 새로운 것을 찾아내는 길을 단절해서는 안 된다.

5) 나는 치료사들에게 분석치료를 하는 동안 자신의 모든 감정과

인간적 동정심까지도 물리치고 정신적 힘을 오로지 유일한 목표에만 쏟아내는 외과의사(이들은 가능한 한 기술에만 집중하여 수술을 수행한다)를 모범으로 삼으라고 간곡하게 조언한다. 오늘날 지배적인 분위기에서 정신분석가에게 감정적인 노력은 가장 위험한 것이다. 그것은 자신의 새로운, 그러나 아직은 문제점이 있는 수단으로 다른 사람에게 확실하게 영향을 미치는 치료적 공명심이다. 이렇게 하면 분석 작업에 불리한 정황이 만들어질 뿐만 아니라 치료사가 치료에 우선적으로 중요한 환자의 저항들에 맥없이 나가떨어진다. 알다시피 환자의 회복은 우선적으로 그 힘들의 상호작용에 달려 있다. 분석가에게 요구되는 이런 냉정함을 정당화하는 것은 이것이 양쪽(치료사와 환자) 모두에게 유리한 조건들을 만들어 주기 때문이다. 치료사에게는 자기 감정생활을 보호하여 주고 환자에게는 가능한 최대의 도움이 된다. 중세의 외과의사 앙브로 파레(1510~1590)의 말을 빌려 표현하자면 '내가 그를 치료하지만 그를 낫게 하시는 이는 신이시다(Je le pansai, Dieu le guérit).' 분석가도 이와 비슷한 말에 만족해야 할 것이다.

6) 어떤 목적을 향해 이런 규칙들을 만드는지 말하는 것은 쉬운 일이다. 이 규칙들은 모두 환자들에게 요구했던 '정신분석의 기본원칙'에 대한 대응책들을 치료사들에게도 만들고자 함이다. 피분석자에게 결정하라고 충동질하는 모든 논리적 거부감과 감정적인 거부감을 유지하면서 자기 관찰에서 재빨리 알아채는 것을 말해야 하듯이, 치료사도 환자가 말한 것을 자신의 검열로 대체하지 말고, 자신에게 알려

진 모든 것을 해석하고 숨겨진 무의식을 인식할 목적으로 이것을 하나의 태도로 만들어야 한다. 마치 전화 수화기가 발화자의 송화기에 맞추어져 있듯이 치료사는 제시되는 자신의 무의식을 환자의 무의식에 수신하는 기관으로 활용하여 피분석자에게 맞추어야 한다. 수화기가 음파에 의해 자극된 전기 파장을 다시 음파로 전환하듯이 치료사의 무의식은 그에게 전달된 무의식의 파생물들로부터, 환자의 연상들이 결정했던 무의식을 복원해야 한다.

치료사가 분석에서 그런 식으로 자기 무의식을 이용할 수 있는 상황이 되려면 그는 스스로 한 가지 심리적 조건을 충족시켜야 한다. 치료사는 자신의 무의식 속에서 인식한 것을 의식한 것에서 떼어 놓으려는 어떤 저항들도 용인해서는 안 된다. 그렇지 않으면 다시 그가 선별과 왜곡을 분석에 끌어들이게 되고 그러면 분석은 의식의 주의력이 야기한 것보다 더 해로운 상태가 되어 버린다. 치료사가 스스로 대략의 평범한 사람이 되는 것만으로는 이것을 막을 수 없다. 정신분석의 정화에 자신을 내맡기고, 환자가 말한 것을 파악하는 데 자신이 그런 방향으로 나아가지 않도록 제어하기에 더 적절할지 모를 자신의 콤플렉스들이 작용하고 있다는 사실을 주지하는 것이 필요하다. 치료사들이 갖고 있는 그런 부정적 결함들은 누가 보아도 의심할 여지가 없다. 치료사가 갖고 있는 해결되지 않은 모든 억압은 **빌헬름 슈테켈**의 적확한 지적대로 분석적 지각에서의 '맹점'과 같은 것이다.

몇 년 전 나는 분석가가 어떻게 될 수 있느냐는 질문에 이런 대답을 한 적이 있다. 자기 자신의 꿈을 분석하는 것으로 하라. 분명 이런 준비는 많은 이들에게 충분할 수도 있지만 정신분석을 배우려는 모든 사람에게 충분한 것은 아니다. 자신의 꿈을 다른 사람의 도움 없이 해석하는 것은 성공하기도 어렵다. 취리히 정신분석학파가 정신분석의 조건을 분명히 하고 다른 사람을 분석하려는 자는 사전에 모두 전문가의 도움을 받아야 한다는 요구를 하였다는 점에서 참 많은 성과를 얻게 된 것 같다. 그런 목표를 가진 사람들은 한두 가지 장점 이상을 가진 그 길을 택하길 바란다. 다른 사람에게 자신을 여는 것이 병적인 증상이 아니라면 충분한 보상을 받을 것이다. 자기 개인의 인격 속에 숨겨진 것을 알고자 하는 목표는 짧은 시간에 큰 감정적 부담 없이 달성할 수 있을 뿐 아니라 자신과 관련된 인상과 확신들을 몸으로 직접 체험할 수 있는데, 이를 책과 강의로 얻으려면 헛된 결과만 초래할 뿐이다. 끝으로 분석가와 피분석자 사이에서 발생할 수 있는 지속적인 정신적 접촉에서 나온 소득을 과소평가해서는 안 된다.

생각건대 실제 건강한 사람의 그런 분석이야말로 미완성인 채로 남아 있을 수밖에 없다. 분석을 통해 얻은, 자기 인식과 자기 통제의 고양을 통해 얻은 가치를 아는 자는 자신의 인격에 대한 분석적 연구가 끝난 후에 자기 인식으로 이어갈 수 있다. 그리고 동시에 그는 자기 내부와 외부에서 늘 새로운 것을 찾을 수 있다는 것을 알게 된다. 하지만 분석가로서 자기 분석을 게을리 한 사람은 무능으로 인하여 자기 환자를 잘 분석할 수 없을 뿐 아니라 스스로 위험한 상태에 빠져서 결국 다른 사람이 같은 상태로 빠질 수 있게 한다. 그 사람은 자신의 고유한 인격이 갖는 독특함에 대한 무딘 자기 인식으로 인식한 것을 쉽게 보편적 학문 이론으로 투사하려는 유혹에 빠지게 된다. 그렇게 되면 정신분석을 미더워하지 못하게 만들고 경험이 부족한 수련의들을 오도할 수도 있다.

7) 이제 치료사의 태도에서 피분석자의 치료로 넘어가는 과정이 만들어지는 다른 규칙들에 대해 말하고자 한다.

자신의 개성을 개입시켜 환자가 치료과정을 잘 견디게 하고 환자가 가지고 있던 협소한 성격의 장벽을 넘어 도약하도록 하는 것은 젊고 유능한 분석가에게는 매력적인 일이 될 것이다. 나는 치료사가 자신의 정신적인 결함과 갈등들을 환자에게 보여 주고, 자신의 경험에서 우러나온 개인적인 경험들을 보여 주어 대등한 관계를 만드는 것이 환자에게 일어나는 저항들을 극복하게 하기 위해 매우 적절하고 유용할 것이라고 생각한다. 한 사람이 비밀을 털어놓으면 다른 사람의 비밀도 알 자격이 있다. 누군가 다른 사람에게 친밀함을 요구하는 자는 그 또한 다른 사람에게 친밀함을 보여 주어야 한다.

하지만 정신분석의 과정에서 많은 부분은 의식 심리학이 예견했던 것과는 다른 것들이 발생한다. 내가 경험한 바에 따르면 그런 감정적 기법이 항상 좋은 면만 가진 것은 아니다. 그런 기법을 가지고 정신분석의 원칙을 떠나 암시치료에 가까워지는 것을 어렵잖게 보곤 한다. 그럴 경우 기껏 얻는 점은 환자가 조금 더 일찍, 조금 더 쉽게 자기 스스로 알고 있는 것, 나아가 습관적인 저항 때문에 조금 더 망설였으면 했던 것을 말하곤 하는 것이다. 이 기법은 환자의 무의식을 드러내는 데 아무 도움이 되지 않는다. 오히려 이 기법은 환자가 깊은 저항을 극복하는 데 어려움만 가중할 뿐이다. 이런 기법은 극단적인 사례들에서는 예외 없이 만족하지 못하는 상태로 환자를 자극해 실패하고 만다. 그렇게 되면 환자는 관계를 역전시켜 자신의 분석보다는 치료사의 분석에 더 큰 관심을 보인다. 나아가 치료의 주된 과제인 전이를 해결하지 못할뿐더러 치료사의 친절한 태도 때문에 방해 받아 처음에 얻은 소득도 결국에는 잃게 된다. 그 때문에 나는 이 기법이 잘못된 것이라고 비난하기를 주저하지 않겠다. 치료사는 피분석자에게 불투명해야 하고 거울의 표면같이 비친 것 이상의 것을 보여 줘서는 안 된다. 예를 들어 (실제 임상에서 그럴 수밖에 없겠지만) 짧은 시간에 구체적인 결과를 가져오기 위해 정신분석가가 암시요법을 어느 정도 사용한다면 우리는 그것을 크게 비난할 수 없다. 그러나 우리는 치료사가 자신이 하는 일에 대해 잘 알고 있어야 하며 그의 방법이 올바른 정신분석이 아니라는 것을 주장할 권리가 있다.

8) 다른 유혹은 치료사가 정신분석치료를 할 때 별 의도 없이 우연히 맞닥뜨리는 교육적인 목적의 행위에서 생겨난다. 이는 발달상의 억제가 해결되었을 때 치료사에게 자유롭게 되어 버린 환자들의 경향에 대해 새로운 목표를 제시할 상황이 주어지면 자연스럽게 생겨나는 문제이다. 신경증에서 해방되도록 큰 노력을 기울인 환자일수록 그 환자들이 잘되도록 지켜보고 그들이 가진 소원들이 높은 목표를 향해 나아가도록 애쓴다면 그것은 이해할 만한 치료사의 공명심이라 할 수

있다. 그러나 여기서도 치료사는 자신을 제어할 수 있으며 그것이 자신의 욕구보다는 환자의 능력을 원칙으로 삼아야 한다. 모든 신경증 환자가 자기 승화를 이루지는 못한다. 그들 가운데 많은 이들이 자기 욕동을 승화시킬 수 있었다면 애초에 병에 걸리지 않았을 것이라고 추측한다. 만약 우리가 지나치게 환자를 승화로 몰고 가고, 그들에게 우선 취할 수 있는 안락한 본능의 충족들을 차단할 경우, 치료를 받지 않았을 경우보다 그들의 삶을 더 어렵게 할 수 있다. 치료사로서 우리는 무엇보다 환자들의 약점을 견딜 수 있어야 하고 환자가 어떤 취향이나 능력에서 완전하지 못하다 하더라도 이에 만족해야 한다. 교육적 공명심을 버리고 치료하려는 공명심을 가져야 한다. 그 이외에도 알아두어야 할 것은 환자들의 욕동이 그들의 유기적 구조가 허용하는 범위 이상으로 자신들의 본능을 승화시키려는 시도에 병들어 있다는 점과 이 승화를 받아들일 능력이 있는 사람들에게서도 그 과정은 그들의 억제가 분석을 통하여 극복되고 난 후에서야 성취된다는 사실이다. 그러므로 내 생각에는 분석적 치료를 사용해 본능의 승화를 가져오려는 노력은 항상 칭송할 만한 것이기는 하지만 결코 모든 사례에서 권할 만한 것은 아니다.

9) 치료 시 어느 정도까지 피분석자의 지적 협력이 요구되는 것일까? 이 점에 대해 일반적인 규칙을 이야기하는 것은 어렵지만 무엇보다 환자의 성격이 결정적이다. 하지만 어느 경우에서건 신중함과 절제는 분명히 지켜져야 한다. 피분석자에게 자신의 기억을 떠올리고

자기 생의 특정한 시기에 대해 생각해 보라는 임무를 주는 것은 옳은 일이 아니다. 그보다 피분석자는 누구에게도 쉽지 않은 것, 즉 그런 성찰을 통한 정신적 활동을 통하여서는, 의지력과 주의력을 통하여서는 신경증의 어떤 비밀도 해결되지 않는다는 사실을 배우고 받아들여야 한다. 특히나 치료사가 환자를 다루면서 이 규칙을 따를 때 엄중하게 명심해야 할 것은 치료 시에 환자는 항상 지적인 토론으로 피하려 하고, 나아가 종종 그리고 많이 자신의 상태에 대해 추측하면서 결국 무의식과의 힘든 투쟁을 생략하고 자신을 제어하려고 노력한다는 점이다. 그래서 나는 내 환자들의 경우 분석치료에 대한 저작을 읽어 보라고 권하지 않는다. 그보다는 자신의 인격에 집중하고 그것을 통하여 정신분석에 관한 많은 글을 읽는 것보다 더 많은 것, 더 가치 있는 것을 얻게 된다고 확신시킨다. 하지만 정신병원에 입원한 상황에서 환자들이 분석의 준비과정으로서 그리고 치료의 영향을 준비할 수 있는 수단으로서 읽기를 하는 것은 커다란 이점이 될 수도 있다는 것을 나는 알고 있다.

가장 심각하게 경고하고 싶은 것은 당연하게도 언젠가는 당면할 자기 자녀들에 대한 식구들의 분석치료에 대한 저항감을 미리 제어하기 위해 치료사가 그들에게 정신분석에 대한 개론이나 전문서적을 읽으라고 주는 일이다. 하지만 그렇게 되면 분석치료는 시작도 못 하고 끝나게 된다.

우리가 어떻게 신경증 환자를 의미 있게 치료할 수 있을지 발전된 분석가들의 경험이 그 기법적인 문제에 대해 합의에 이르게 되리라고

희망해 본다. 소위 말하는 그 '가족들'의 치료에 관해서 나는 어떻게
해야 할지 아직 모르겠다는 점을 고백해야겠다. 그리고 그들을 개별
적으로 치료하는 것을 크게 신뢰할 수 없다.

Freud, Sigmund,
Die
therapeutische
Technik

치료의 시작에 대해
(1913)

수준 있는 체스를 책으로 배우려는 사람은 체스의 시작과 마무리에 관한 체계적 설명만 읽으려 해도 지칠 지경인데, 체스의 시작과 더불어 벌어지는 무궁무진한 경우의 수를 보면 그런 체계적 설명이 더 이상 통하지 않는다는 것을 알고 더욱 놀랄 것이다. 체스의 대가들이 벌이는 실제 수 싸움에 대해 연구하는 것만이 그런 책의 빈틈을 메워 줄 것이다. 정신분석치료의 임상에 필요한 규칙들은 이와 비슷한 한계점들을 갖고 있다.

나는 아래에서 치료의 시작에 대한 이러한 몇몇 규칙을 분석의들이 사용할 수 있도록 정리해 보고자 한다. 그 안에는 작아 보이거나, 실제로 작기도 한 규정들이 있다. 이런 규정을 굳이 좋은 쪽으로 변호하자면, 게임의 규칙 중에는 게임의 전반적 맥락에서만 그 의미를 가지는 것이 있다고 설명할 수 있겠다. 하지만 나는 이런 규칙들을 '조언'이라고 부르고 싶지 무조건 그것들을 받아들여야 한다고 주장하지 않는다. 살펴봐야 할 심리적 좌표들의 엄청난 다양성, 모든 정신적 과정의 유동성과 결정요인의 풍성함은 어떤 기법의 메커니즘도 거부한다. 그리고 그런 것들은 보통 정당한 처치인데도 가끔 효과를 보지 못하고 끝나기도 하며 일반적으로 실수라고 보는 것도 어떤 때는 좋은 결과를 만들어 내기도 한다. 그러나 이런 상황들이 치료사가 가져야 할 평균적인 목적에 맞는 행위를 규정하는 것을 막지는 못한다.

나는 환자를 선택할 때 매우 중요한 지표들을 이미 수년 전에 다른 곳에서 말한 적이 있다.[17] 그래서 여기서는 그것을 다시 언급하지 않겠다. 알다시피 이에 대해서는 그동안 다른 치료사들도 일치하는 견해를 보여 주었다. 하지만 내가 덧붙이고 싶은 것은 그간 내가 알지 못하는 환자인 경우, 처음에는 일단 1주에서 2주 동안 임시로 받아들이곤 하였다. 환자가 이 기간에 그만둔다면 우리는 치료가 실패했다는 고통스러운 기억을 남기지 않아도 된다. 치료사는 어떤 케이스인지 알고 또 이것이 정신분석에 적합한지 여부를 결정한 일종의 '상황판단(Sondierung)'을 하는 것이다. 그런 시도 외에는 아직 다른 사전 검사가 없다. 진찰에서 오랫동안 진행해 온 논의나 질문도 좋은 대체 방법이 되지 못한다. 이런 예비적 시도는 이미 정신분석의 시작이고 반드시 정신분석의 규칙을 따라야 한다. 차이점이 있다면 주로 환자가 말하게 두어야 하고 환자가 자신의 이야기를 이어가는 데 절대적으로 필요한 이상의 것을 치료사가 계도할 목적에서 나온 어떤 설명도 하

---

17 Über Psychotherapie, 1905(Ges. Werke Bd. V.). 〈정신치료에 대하여〉, 본문 2장.

지 않는다는 점이다.

이런 식으로 한 두 주의 시험기간을 치료의 시작으로 삼는 것은 그 밖에 진단상의 이유도 있다. 히스테리나 강박 증상을 가진 신경증 환자를 매우 자주 만나면 그 증상이 과도하게 드러나지 않고 비교적 짧은 시간에 이루어졌을 경우 (말하자면 치료에 적합하다고 볼 수 있는 그런 병증들일 경우) 조발성 치매증[블로일러에 따르면 조현병(정신분열증), 나는 망상분열증이라 부른다]으로 부르는 것의 전 단계일 수 있고, 머지않아 그런 정동의 분명한 증상이 드러날 것이다. 이런 구별을 하는 것이 항상 쉽게 이루어질 수 있다고 보지는 않는다. 감별진단에서 망설이지 않는 정신과 의사들이 있다는 것을 알고 있다. 그러나 나는 그들 또한 자주 실수하게 된다는 확신을 갖고 있다. 이 실수는 소위 말하는 임상 정신과 의사보다 정신분석가에게 결정적이다. 왜냐하면 정신과 의사는 어떤 케이스에서 치료사에게 유용한 어떤 것을 찾으려 하지 않는다. 그는 이론이 가질 수 있는 위험을 고려하지 않고 덤비기에 그의 진단도 학문적인 데만 관심을 둔다. 그에 반해 치료사가 좋지 않은 케이스에서 실질적인 실수를 저지른다면 헛되이 써버린 노력과 비용에 책임이 따르고 그의 치료는 신뢰를 상실하게 될 것이다. 환자가 히스테리나 강박 신경증이 아니라 망상분열증을 앓고 있다면 치료사는 자기 약속을 지킬 수 없다. 그래서 치료사는 진단상의 실수를 피하려는 강한 동기를 갖고 있다. 치료사는 몇 주간의 예비치료 시간을 통해 의심스러운 징후를 발견해 더 이상 정신분석을 시행하지 않을 결정을 한다. 나는 유감스럽게도 그런 시도가 항상 확실한 결정을 내릴 수 있

게 한다고 주장하지 않는다. 그것은 단지 하나의 좋은 예방에 불과할 뿐이다.[18]

분석치료를 시작하기 전에 너무 긴 사전 상담과 다양한 치료, 치료사와 피분석자 사이의 사전 친분은 분명히 좋지 않은 결과를 가져오기에 각오하고 있어야 한다. 그렇게 하면 환자는 준비된 전이 태도를 가지고 치료사를 만나게 되고 치료사는 이것을 아주 더디게 발견할 수밖에 없다. 그렇지 않다면 치료사는 전이의 발생과 진행과정을 처음부터 관찰할 기회를 가졌을 것이다. 환자는 이렇게 한동안 치료를 앞질러 가게 되는데 이는 치료사가 치료과정에서 환자에게 바라는 일이 아니다.

치료의 시작을 연기하고자 하는 모든 예비 환자를 믿어서는 안 된다. 내 경험상 이들은 약속한 시각이 지나도 나타나지 않는데, 이 연기의 동기, 다시 말해 그 의도의 합리화가 아무것도 모르는 이 초심자에게 아무런 의심의 여지를 만들지 않을지라도 그렇다.

분석가와 분석을 시작하는 환자와 그들의 가족 사이에 친분이나 사회적 관계가 있을 때 어려움이 발생한다. 친구의 부인이나 아이를 치료해 달라는 부탁을 받은 치료사는 치료가 어떻게 끝나게 되든지 친

---

18 진단의 불확실성에 대해서, 경미한 망상분열증의 치료와 성공 가능성에 대해서, 두 질환 사이의 유사성에 대한 이유에 대해서 말할 것이 많다. 그것을 나는 이 글에서 다 논의할 수 없다. 대신 나는 히스테리와 강박신경증을 '전이신경증'으로, 망상분열증적 질환들을 '내향적 신경증'으로 말한 융의 진단을 같은 것으로 본다. 다만 이런 이름을 사용할 때 (리비도의) '내향성'의 개념이 유일하게 정당한 의미를 박탈하지 않는다면 말이다.

분관계를 희생할 각오를 해야 한다. 그럼에도 자기 대신 치료해 줄 다른 사람을 찾지 못하는 한 그 희생을 감수해야 한다.

정신분석을 암시치료와 쉽게 혼동하는 초보자나 치료사는 환자가 이 새로운 치료법에 거는 기대에 높은 가치를 두곤 한다. 이들은 자주 어떤 환자는 치료하는 데 큰 어려움이 없을 것이라고 본다. 그 이유는 이 환자가 정신분석에 큰 신뢰를 갖고 있고 분석의 진실성과 그 효능을 확신하기 때문일 것이란다. 반면 다른 환자는 어려움이 있을 진대, 이 사람은 회의적인 태도를 보이고 분석의 성공적인 결과를 자신이 직접 체험하기 전에는 믿지 않으려 하기 때문일 것이란다. 그러나 실제로 환자의 이런 태도는 중요한 것이 아니다. 환자가 가지는 일시적 신뢰나 불신은 신경증을 장악하고 있는 내적인 저항에 비하면 아무것도 아니다. 환자가 가진 신뢰의 태도는 그 환자와의 첫 면담을 매우 유쾌하게 해 주지만 그것에 대해 감사를 표하는 순간 그의 우호적 선입견이 분석치료에서 일어나는 첫 번째 어려움 때문에 산산조각이 날 수 있다는 것을 대비시켜야 한다. 우리는 치료에 회의적인 사람에게 정신분석이 믿음을 요구하지 않는다는 것, 그가 바라는 만큼 비관적이거나 회의적인 것일 수도 있다는 것, 치료규칙이 그에게 요구하는 바를 그가 진정성 있게 따라간다면 그의 불신이 그의 다른 증상들과 같은 하나의 증상일 뿐이고 방해가 되지 않을 것을 믿게 해야 한다. 왜냐하면 환자는 이러한 문제들에 대해서 신뢰할 만한 판단을 할 처지에 있지 않기 때문이다. 그리고 그가 치료의 규칙이 그에게 요구하는 바를 진정성 있게 따라간다면, 그의 불신은 그의 다른 증상들과 같은 하나의 증상일 뿐이고 그것은 치료에 방해가 되지 않을 것이다.

다른 사람들에게 분석치료를 잘 시행할 능력이 있는 경우라도 신경증의 본질을 잘 알고 있는 사람은 정신분석 치료의 대상이 되는 즉시 다른 사람과 마찬가지로 행동할 수 있고 강한 저항을 일으키는 상태가 된다는 말을 듣고 놀라지 않을 것이다. 이럴 때 우리는 다시 한번 신경증이 마음 깊은 곳에 자리하고 있다는 생각을 하게 되고 치료사 훈련도 뚫고 들어갈 수 없는 마음 깊은 곳에 뿌리내리고 있다는 것을 알고 놀라지도 않는다.

분석치료를 시작할 때 중요한 것은 시간과 돈에 대한 규정들이다. 시간에 관해서 나는 오로지 시간 단위에 대한 특정한 시간수당의 원칙을 따른다. 개별 환자들은 쓸 수 있는 나의 일과 중 특정한 시간을 할당받는다. 그 시간은 환자의 시간이며 그가 이 시간을 사용하지 않는다 하더라도 그는 이 시간에 대해 돈을 내야 한다. 이런 규정은 우리의 보통 사회에서 음악선생이나 어학선생에게도 당연하게 받아들여지는 것이지만 치료사에게 다소 지나치게 보이거나 그 자체가 신분에 맞지 않는 것으로 보일 수도 있다. 환자가 여러 가지 예상치 못한 일이 있다는 핑계로 매번 같은 시간에 치료사에게 오는 것이 힘들다고 변명하는 경향이 많다. 긴 분석치료 과정에서 일어날 수 있는 수많은 질병 때문에 못 오는 것은 이해해 달라고 요구할 수도 있다. 하지만 이 경우 나의 대답은 '달리 별 도리가 없습니다'일 뿐이다.

분위기가 다소 느슨한 임상일 경우 '드문드문한' 치료 취소가 많아서 치료사가 생계를 위협받을 정도이다. 그에 반해 이 규정을 엄격히 지킬 경우, 치료를 방해할 취소가 전혀 일어나지 않고 중간중간 병이 발생한다 해도 이것은 극히 드물게 일어난다. 치료사는 돈을 받는 사람으로서 미안해 할 정도로 환자가 오지 않아 생기는 여유를 즐길 시간이 거의 없다. 치료사는 아무런 방해 없이 자신의 치료 작업을 계속 진행해야 한다. 그래야 중요한 치료 작업이 그 내용을 풍요롭게 진행할 무렵, 치료사의 책임이 아닌 중단이 발생함으로 인해 생기는 고통스럽고 혼란스러운 경험을 피할 수 있다. 치료사가 시간수당의 원칙을 엄격하게 지키면서 수년간 정신분석을 꾸준히 실천하고 나서야 비로소 일상생활에서의 심리적 요소가 가지는 의미에 대해서, '꾀병'의 빈번함과 우연성의 무가치에 대해서 진정한 확신을 얻을 수 있다. 심리적 요인들을 완전히 배제할 수 없는, 명백한 육체적 질병의 경우에는 치료를 중단하고, 취소된 시간을 다른 데 쓰는 것이 정당하다고 생각하고, 그 환자가 회복하자마자 다른 빈 시간에 그 환자를 받아 치료한다. 나는 매일 일요일과 공휴일을 제외하고, 그러니까 일반적으로 6일 동안 환자를 받는다. 가벼운 병증이나 잘 진행되는 치료의 경우, 주당 3시간이면 충분하다. 그렇지 않으면 시간제한은 치료사에게나 환자 모두에게 이롭지 못하다. 분석의 시작 단계에는 그런 시간제한을 하지 말아야 한다. 잠깐만 중단을 해도 치료 작업은 항상 조금씩 산만하게 된다. 우리는 일요일에 쉬고 난 뒤에 새로 한 주를 시작할 때마다 농담 삼아 '월요병'에 대해 말하기도 한다. 드문드문 치료를 시행하면 치료사가 환자에 대한 실제의 체험과 보조를 맞추지 못하여 치료가 현실성을 잃거나 옆길로 빠져들 위험이 있다. 가끔 우리는 한

시간이라는 중간치보다 더 많은 시간을 할애해야 하는 환자를 만나는데 이는 환자가 마음을 열고, 하여간 치료가 시작될 어떤 이야기를 하도록 시간을 두어야 하기 때문이다.

환자가 치료 시작 전에 치료사에게 하는 달갑지 않은 질문은 '치료는 얼마나 걸립니까?' '제 병을 고치는데 얼마나 시간이 필요하십니까?' 하는 질문들이다. 몇 주간 예비치료를 했다면 이 예비치료 후에 확실한 답을 해 주겠다고 약속하면서 이 질문에 대한 직접적 대답을 회피할 수 있다. 이때 우리는 이솝우화에 나오는 나그네가 여정이 얼마나 걸릴 것이냐고 물을 때 이솝과 비슷하게 대답하면 된다. '일단 걸어 보시오'라고 말하며 그 뒤 나그네의 보폭이 얼마인지 알아야 여정이 얼마나 될지 계산할 것 아니냐는 식으로 설명하는 것과 같다.[19] 이런 식으로 우리는 일단의 어려움을 해결할 수 있다. 하지만 이 이솝의 비유는 적절치 않을지도 모른다. 왜냐하면 신경증 환자가 그의 속도를 쉽게 바꿀 수 있고 가끔은 매우 느리게 진행할 수도 있기 때문이다. 치료 예상 시간에 대한 질문은 사실상 대답할 수 있는 것이 아니다.

---

19 옮긴이 주: 옮긴이는 이 부분을 정확하게 인용하기 위해 이솝우화를 찾아보았으나 확인할 수 없었다. 우연한 기회에 쇼펜하우어의 글을 읽다가 이와 같은 이야기를 발견할 수 있었다. 가끔씩 일어나는 프로이트의 오류이기도 하지만 혹시 그가 틸 오일렌슈피겔의 말을 이솝의 말로 착각한 것은 아닌지 하는 생각이 든다. (아르투어 쇼펜하우어, 쇼펜하우어 문장론, 김욱 옮김, 지훈출판사 2005, 97쪽을 참조하라.) 지난날 오일렌슈피겔은 어떤 사람이 질문도 하기 전에 대답하는 데 얼마나 걸리느냐고 묻자, 그에게 '앞을 향해 걸어 보시오!'라고 명령했다. 이 말의 뜻은 그 사람의 걸음걸이를 확인한 후에야 어느 정도의 속도로 어떤 지점에 언제쯤 도착할 수 있을지 가늠하는 것처럼 질문의 내용을 들어봐야 언제쯤 정확하게 답변해줄 수 있을지를 가늠한다는 의미였다.

환자의 통찰력 부족과 치료사의 불성실함이 겹쳐서 분석에 온갖 불필요한 부하가 걸리고 시간은 아주 빠듯하게 진행되는 결과가 나온다. 예를 들어 며칠 전 러시아의 한 여성으로부터 나에게 온 편지에 들어 있는 다음과 같은 내용을 소개하고자 한다. 그녀의 나이는 53세이고 23년 전부터 병을 앓았고 10년 전부터 더 이상 지속적인 일은 할 수 없었다. "몇몇 신경과 병원들에서의 치료"도 그녀에게 "적극적인 삶"을 가능케 해 주지는 못했다. 그래서 그녀는 책에서 읽은 정신분석을 통해 치유를 받았으면 하는 바람을 갖고 있었다. 그러나 그녀의 가족이 그녀의 치료에 이미 돈을 너무 많이 썼기 때문에 그녀는 빈에서 6주에서 두 달 정도 머물러 있을 처지가 아니었다. 게다가 처음부터 글로써만 자신을 "분명히 밝히고자" 했는데, 그 이유는 콤플렉스로 인해 그녀가 폭발하거나 "잠시 아무 말도 할 수 없게" 되는 것이 큰 어려움이 되기 때문이라는 것이었다. 아무도 우리가 보조의자를 들듯이 무거운 식탁을 두 손가락으로 들어 올리거나, 작은 오두막을 짓듯이 큰 집을 같은 시간 안에 지을 수 있다고 기대하지는 않는다. 하지만 그 당시 인간적 사고 맥락으로 정리가 되지 않은 신경증을 다룰 때는 지적인 사람들조차 시간, 작업과 결과 사이의 필연적 분배를 잊어버리는 경우가 많다. 아마도 이것은 신경증 병인론에 대한 깊은 무지의 결과로서 이해할 만하다. 이런 무지 덕분에 신경증은 그들에게 '멀리서 온 하녀'처럼 보일 것이다. 그녀가 어디서 왔는지도 모르고, 더구나 어느 날 갑자기 그녀가 사라질 것이라 보는 것이다.

신경과 의사들은 이런 믿음의 경향을 부추긴다. 그들 중 지식이 있는 사람조차 자주 신경성 질환들의 실상을 정당하게 평가하지 않는다. 다른 영역에서 수십 년간 학문적 업적을 이루고 난 뒤 정신분석으로 전향한 것을 대단하게 여기는 나의 절친한 동료가 언젠가 내게 이런 편지를 남겼다. "우리가 시급히 해야 할 것은 강박 신경증을 위한 짧고도 편한, 외래환자 치료법입니다." 그러나 나는 그에게 그런 방법은 내가 할 수 있는 일이 아니라고 말했고 나는 그와 말을 섞기가 싫었다. 그래서 나는 내과에서도 결핵이나 암치료에도 이런 장점을 가진 치료법이 있다면 모두 만족해 할 것이라는 논평으로 말을 돌렸다.

단도직입적으로 말하자면 정신분석에서는 항상 환자가 예상했던 것보다 더 긴 시간, 이를테면 반년 또는 1년이란 시간이 걸린다는 점을 유의해야 한다. 그 때문에 환자가 치료를 결정하기 전에 이런 상황을 환자에게 알려 주는 것은 의무에 속한다. 나는 환자가 놀라서 달아나지 않게 하면서도 처음부터 분석치료의 어려움과 희생에 대해 주의를 기울이게 하여, 나중에 자기가 치료기간과 의미를 모르는 어떤 치료에 낚여서 하게 되었다고 주장할 빌미를 차단할 수 있다면 그것은 매우 훌륭하고 합당한 태도라 여긴다. 그런 사전정보 때문에 치료를 받지 않으려는 사람은 결국 치료가 아무 소용이 없게 된다는 것을 알게 된다. 치료를 시작하기 전에 그렇게 선별하는 것은 좋은 일이다. 환자들에게 차츰 정신분석이 괜찮은 것이라는 생각이 많이 퍼지면 처음 받는 치료를 견뎌 내는 사람들의 숫자가 늘어날 것이다.

나는 환자가 일정한 기간 치료를 꾹 참고 견뎌야 한다는 데 반대한다. 누구나 원할 때 치료를 중단하는 것은 허용되어야 한다. 하지만 짧은 작업 후 치료를 중단하면 효과가 없고 마치 수술이 덜 끝난 것처럼 환자를 불만족한 상태로 만들 수 있다는 것을 숨기고 싶지는 않다. 내가 정신분석을 시작했던 초기에는 환자를 계속 머물도록 설득하는 것이 가장 힘들었다. 이런 어려움은 오래전에 변화되었고, 오히려 환자가 분석을 그만두도록 설득하는 데 애를 먹고 있다.

분석치료 기간을 단축하는 것은 정당한 소원이다. 앞으로 보게 되겠지만 그 성취를 위해 다양한 방법들이 강구되었다. 유감스럽게도 아주 중요한 요인이 방해요인으로 작동한다. 그것은 바로 정신의 심층에는 그 변화가 아주 천천히 일어난다는 사실, 궁극적으로는 우리 무의식의 '무시간성' 때문으로 추측된다. 환자들이 분석치료를 받을 때 요구되는 많은 시간 투자에 따른 어려움이 생기면 그들은 종종 어떤 정보수단을 제안하는 경우가 있다. 그들은 자신들의 고통을 분류하여 어떤 것은 견딜 수 있는 것으로, 다른 것은 부수적인 것으로 묘사하여 이렇게 말한다. "선생님이 만약 이 병만(예를 들어 두통만, 어떤 특정한 불안만) 고쳐 주신다면, 다른 것은 살면서 해결할 수 있을 것 같아요." 환자들은 이렇게 말하면서 분석치료의 선택적 힘을 과신한다. 분석치료사는 분명 많은 것을 할 수 있다. 그러나 그가 이룰 수 있는 일을 미리 정확히 규정할 수 없다. 치료사는 현존하는 억압들을 해소하는 과정을 시작하고, 그 과정을 중재하고, 지지하고, 장애들을 제거하고, 그 과정에서 일어나는 많은 것을 고사하게 만든다. 그러나 전체적으로 한번 시작한 과정은 자신의 길을 가게 되고, 예상한 것들의 방향도, 순서도 그대로 계획한 대로 진행되지 않는다. 병증 현상에 대한 분석가의 힘은 남성의 성적 능력과 비교할 수 있다. 건강한 남자는 온전한 한 아이를 생산할 수 있지만, 여성의 유기체 안에서 머리나, 팔, 또는 다리만 만들어 낼 수는 없다. 아이의 성을 고를 수는 더더구나 없다. 이 남자는 아주 복잡한, 태곳적 사건으로 결정된 과정을 시작할 뿐이며, 그것도 엄마의 배에서 아이가 분리되어 나옴으로써 끝을 맺는다. 한 인간의 신경증은 유기체의 성격을 갖고 있고, 그 부분현상들은 서로 독립적인 것이 아니다. 그들은 서로가 조건적이고, 서로 지지한다. 그러기에 우리는 항상 하나의 신경증에 고통받지 여러 신경증에 고통받지 않는다. 이것들은 우연히도 한 개인에게 함께 존재할 뿐이다. 환자의 소원대로 치료사가 견딜 수 없는 증상에서 치료해 주면, 그 환자는 이제 지금까지 미미하게 작용했던 증상들이 견딜 수 없을 정도로 강화된다는 경험을 자주 한다. 암시(이 말은 전이) 요소로 인한 치료성과를 가능한 한 하지 않으려는 치료사는 그가 이루려는 치료결과의 선택적 영향을 행사하는 흔적들을 포기하도록 해야 한다. 분석가에게 가장 좋은 환자들이 있다면 전체건강을 찾게 해 달라고 요청하는 사람들로서 회복의 과정을 위해 시간적 여유를 주는 사람들이다. 물론 그렇게 최적의 조건을 갖춘 환자를 자주 기대하기란 어렵다.

치료를 시작하면서 결정해야 할 다음 사항은 돈, 즉 치료비용이다. 분석가는 무엇보다 돈이 생계유지와 권위획득의 수단이라고 보는 것을 외면해서는 안 된다. 그러나 분석가는 돈에 든 가치 중 강한 성적 요인이 있다는 사실도 강조한다. 문명인들의 돈 문제는 불화, 내숭, 위선과 같은 성적인 문제와 아주 유사한 방식으로 취급된다는 것을 그에 대한 근거로 들 수 있다. 그러므로 치료사는 처음부터 그런 일에 개입하지 않도록 확고한 생각을 하고 있어야 하며, 치료사가 그의 성생활 문제에 대해 말해 주듯이 환자 앞에서 돈 관계는 당당한 원칙을 갖고 다루어야 한다. 치료사는 환자에게 자신의 시간 비용이 얼마나 되는지 알려 줌으로써 자발적으로 잘못된 미안함을 벗어던졌다는 것을 보여 준다. 지혜가 있는 사람은 큰 금액을 한꺼번에 내도록 하지 말 것이며 짧고도 정기적인 기간(이를테면 매달) 치료비를 내라고 말해 두는 것이 좋다. (알려져 있듯이 환자에게 너무 적은 치료비용을 제시하면 치료의 가치를 환자에게 높일 수 없다.) 이것은 우리가 알고 있듯이 유럽사회에서 신경 전문의나 인턴 의사가 일반적으로 하는 관계는 아니다. 그러나 정신분석가는 정해진 시간에 고비용이 요구되는 외과의사의 상태가 되어야 한다. 왜냐하면 그가 치료하는 방법들이 그와 같기 때문이다. 나는 실제적인 치료의 어려움과 그에 따른 비용에 대해 솔직하게 말하는 것이 더 품위 있고 윤리적으로도 신뢰할 만한 일이라 생각한다. 요즘 의사들 가운데는 이익을 추구하지 않는 자선가처럼 행동하다가 뒤에 가선 환자가 생각도 없고 치료사의 지갑을 터는 행위를 한다고 이를 갈거나 큰 소리로 그를 욕하는 경우가 많은데 이것이 그보다는 낫다. 치료비용 청구 시 다른 전문의들만큼 힘들게 일하지만 그만큼 수입이 안 된다는 것을 환자에게 이해시켜야 한다.

같은 이유를 들어 무료로 치료하는 것은 거부할 수 있어야 하고, 그것이 동료들이나 가족들이라 하더라도 예외가 되어서는 안 된다. 이 마지막 요구는 치료사 동료들에 대한 의리에 어긋나는 것처럼 보인

다. 그러나 정신분석가에게는 무료치료가 다른 모든 이보다 의미가
더 크다는 것을 유념해야 한다. 말하자면 생업을 위해 하는 노동시간
의 상당 부분(1/8이나 1/7 정도의)을 여러 달에 걸쳐 빼앗긴다는 이야기
다. 동시에 두 번째 무료치료를 한다면 이미 1/4이나 1/3의 노동력을
빼앗기는 것이고, 이는 심각한 사고로 인해 후유증을 겪는 경우와 같
다고 할 것이다.

환자의 이득이 치료사의 희생을 어느 정도 보상해 주지 않느냐는
질문을 할 수 있다. 나는 감히 그에 대한 나의 판단을 말하고자 하는
데, 내가 10년가량 매일 1시간씩, 잠시기는 하지만 2시간씩이나 무료
치료로 봉사했기 때문이다. 그렇게 한 이유는 신경증을 어떻게 치료
할지 방향을 설정하기 위해 가능한 한 저항이 없는 가운데 작업하고
싶었기 때문이다. 그러나 나는 이렇게 하면서 아무런 이득도 얻지 못
했다. 신경증 환자의 저항 중 많은 것이 무료치료로 인해 엄청나게 강
화되었다. 가령 젊은 여성의 경우, 전이관계에 내재한 유혹이 그랬고,
젊은 남성의 경우 아버지 콤플렉스에서 유래한 반감으로서 고마움을
표시해야 하는 것에 대한 반감으로 나타났다. 이 반감은 치료사가 치
료한 가장 어려운 장애 중 하나가 되었다. 치료사에게 치료비를 지불
함으로써 주어지는 조절기능의 부재가 자신을 아주 고통스럽게 만들
고 있다. 전체 상황은 현실세계와 멀어지고 치료의 종료를 향한 강한
동기가 환자에게 없어진 것이다.

우리가 돈에 대한 금욕적 저주와는 멀리 떨어져 있으나 그것을 유
감스럽게 생각하는 것은 분석치료가 내적·외적 이유로 인해 형편이

좋지 않은 사람들에게 거의 접근이 불가능하다고 생각하기 때문이다. 이것을 넘어설 방법은 거의 없다. 생계가 어려워 힘든 일을 해야 하는 사람은 신경증에 잘 걸리지 않는다는 통설이 옳을지도 모른다. 그러나 가난한 사람이 한번 신경증에 걸리면 그 신경증에서 해방되기가 너무 힘들다는 것 또한 사실이다. 신경증은 이 사람에게 생존경쟁에 좋은 수단을 제공한다. 신경증이 그에게 가져온 이차적 질병이득은 그에게 시사하는 바가 크다. 그는 이제 세상 사람들이 그가 물질적으로 궁핍할 때 베풀기를 거부한 자비심을 신경증이란 이름으로 요구하고, 나아가 자신의 가난한 일로 극복하려는 요구로부터 자신을 해방한다. 그러므로 심리치료를 통해 가난한 사람의 신경증을 심리치료를 통해 다루려는 자는 대부분 이 경우 실질적으로 아주 다른 치료를 해야 한다는 것을 알게 된다. 이 치료는 우리에게 아주 잘 알려졌으며 전설로 전해지는 황제 요제프 2세가 스스로 자주 실행한 것으로 유명하다. 물론 아주 가끔 귀중한, 자신들의 잘못 없이 힘들게 된 사람들도 볼 수 있는데, 이들에게는 무료치료가 앞에서 말한 장애들을 일으키지 않았고 오히려 좋은 결과를 얻어 낼 수 있었다.

겉으로 보기에 중산층에게는 정신분석에 필요한 비용이 과도한 것처럼 보인다. 한편으론 건강과 생활력, 다른 한편으로는 적절한 재정적 지출 사이를 비교하는 것이 불가능하다는 것을 떠나서, 요양원과 의료적 치료에 드는 끝없는 지출을 생각해 보면 성공한 치료 후에 얻는 생활력과 돈 버는 능력은 비교할 수 없을 정도의 가치로서 환자의 이득이 훨씬 크다고 말할 수 있다. 인생에서 어떤 것도 병만큼 돈이 많이 드는 것이 없고 — 어리석음만큼 돈이 많이 드는 것도 없다.

분석치료의 시작에 대한 언급을 끝마치기 전에 치료가 시행되는 장면의 의식(儀式)에 대해 한마디 하고자 한다. 치료사는 환자를 소파에 눕게 하고 치료사는 그가 볼 수 없는 뒤쪽에 자리 잡게 하도록 충고한다. 이런 배치는 역사적 의미가 있는데, 이것은 최면치료의 잔재로서 정신분석이 물려받아 발전시킨 것이다. 하지만 이 배치는 많은 이유들로 인해 고정되어야 한다. 우선은 개인적 이유가 있는데, 이에 대해 다른 사람들도 동의할 것이다. 나는 매일 8시간이나 (또는 그 이상) 다른 사람들이 빤히 바라보는 것을 견딜 수 없다. 내가 환자의 이야기를 듣고 있는 동안 나의 무의식에 자신을 맡기기 때문에 내 표정이 환자의 해석 자료가 되거나 그가 이야기를 하는 데 어떤 영향을 주는 것을 원하지 않는다. 환자는 이런 배치를 하는 것을 일반적으로 불편한 것으로 생각하고 이에 저항한다. 특히나 절시(竊視)충동(관음증)이 그의 신경증에서 중요한 역할을 할 때 더욱 그렇다. 그러나 나는 이 방법을 고집한다. 이것의 의도와 성과는 전이가 환자의 연상들과 슬그머니 섞이는 것을 방지하고, 전이를 분리해 그 전이를 현재 저항과 분명하게 구분하여 분명하게 드러나도록 하는 것이다. 많은 분석치료사가 다르게 한다는 것을 나는 안다. 하지만 그렇게 다르게 하는 것이 다르게 해보자는 갈망 때문인지, 그렇게 하면서 찾은 장점인지 어느 쪽인지 모르겠다.

그런 식으로 치료의 조건들이 만들어지면 이제 어느 시점에서, 어떤 재료로 치료를 시작해야 할지 하는 의문이 생긴다.

어떤 소재로 우리가 치료를 시작할지는 (그것이 환자의 삶의 이야기로 시작하든, 병력으로 시작하든, 유년의 기억으로 시작하든) 대체로 무관하다. 그러나 어떤 경우든 환자가 이야기하게 해야 하고, 그가 어떤 지점에서 시작할지는 자유롭게 선택하게 하도록 해야 한다. 예를 들면 이렇게 말할 수 있다. '내가 당신에게 어떤 것을 말하기 전에 나는 먼저 당신에 대해 알아야 합니다. 그러니 당신이 알고 있는 당신에 대해 말해 주십시오.'

정신분석 기법의 기본 규칙을 말할 때만은 예외로 한다. 이 규칙은 치료사가 먼저 환자에게 알려 준다. "시작하기 전에 한 가지만 더 알려 드립니다. 당신이 이야기하는 것은 한 가지 점에서 일상적인 대화와는 다릅니다. 당신이 일상적인 대화를 할 때는 당연하게도 이야기하시면서 맥락의 고리를 유지하려고 노력하고 다른 연상들이나 부수적인 생각들은 배제할 것입니다. 그렇게 해야 우리가 소위 말하듯, 이야기가 삼천포로 빠지지 않게 되지요. 하지만 여기서는 다르게 하셔야 합니다. 이야기하시면서 여러 가지 생각들이 떠오르실 것입니다. 당신은 이 생각들을 어떤 이의제기로 물리치고 싶으실 것입니다. 그리고 이렇게 말하고 싶은 유혹을 받으실 것입니다. '이것 또는 저것이 이와 관계가 없어, 아니면 그것은 하찮은 것이야, 그것은 터무니없는 이야기야, 그래서 말할 필요가 없어.' 이런 비판에 굴복하지 마십시오. 그런 비판에도 불구하고 그것을 말해야 합니다. 그것은 당신이 그에 대한 반감을 가지고 있는 바로 그 이유 때문입니다. 당신은 이런 규칙에 대한 근거를—실질적으로 당신이 지켜야 할 유일한 규칙입니다—나중에 알게 되거나 통찰하는 법을 배울 것입니다. 그러니 당신의 마음에 떠오르는 모든 것을 말해야 합니다. 예를 들어 이때 당신은 기차의 창 쪽에 앉아 여행하는 사람이 창가에 펼쳐지는 광경을 통로 쪽에 앉아 있는 사람에게 말해 주듯이 행동하십시오. 마지막으로 당신이 전적으로 성실하게 말하겠다는 점을 잊지 마십시오. 어떤 이유에서 이야기하기가 불유쾌하다는 이유로 그것을 빠트려서는 안 됩니다."[20]

---

20 정신분석의 기본원칙[프시 알파 기본원칙($\psi\alpha$ Grundregel)]에 대한 경험에 대해 많은 것을 거론할 수 있다. 나는 가끔씩 이 규칙을 마치 자신들이 만든 것처럼 행동하는 사람들을 만난다. 또 다른 사람들은 시작부터 이런 규칙을 죄악시한다. 그러나 이런 규칙에 대한 안내는 치료의 첫 단계에서 빼놓을 수 없기도 하거니와 유익하기도 하다. 나중에 저항이 강해지고 주도권을 잡으면 환자는 순순히 따르지 않고 언젠가는 이것을 무시하는 때가 온다. 우리는 자기 분석을 통해서 떠오르는 연상들을 피하기 위해 만들어 낸, 여러 가지 비판적 구실들을 따를 수밖에 없게 만드는 이 유혹이 저항할 수 없을 정도로 얼마나 강하게 다가왔는지 잘 생각해 보아야 한다. 정신분석의 기본원칙을 만들어 치료사가 환자와 맺는 계약의 영향이 얼마나 적은지는 우리가 제3의 인물에 대한 비밀이 마음에 떠오를 때면 항상 확신할 수 있다. 환자는 모든 것을 말해야 한다는 것을 알고 있지만 다른 사람에 대한 배려 때문에 다시 주저하게 된다. "제가 모든 것을 다 말해야 하나요? 저는 제 자신과 관계된 것만 말해야 하는 줄 알았지요." 환자가 다른 사람과 맺는 관계와 그 사람들에 대한 생각이 배제된다면 분석치료를 시행하는 것이 당연히 불가능하다. 오믈렛을 만들기 위해서는 먼저 달걀을 깨야 한다(Pour faire une omelette il faut casser des oeufs). 품위 있는 사람은 다른 사람들의 그런 비밀은 알 필요가 없기에 쉬 잊어버린다. 이름을 말하는 것도 배제해서는 안 된다. 그렇지 않으면 환자가 말하는 이야기들은 괴테의 『서녀(庶女, Die natürliche Tochter)』에 나오는 것처럼 어슴푸레한 것이 되어 버리고 이것은 분석치료사의 기억에 남지 않는다. 그리고 말하지 않은 이름들은 온갖 종류의 중요한 관계에 이르는 통로를 덮어 버린다. 피분석자가 치료사와 치료의 과정에 익숙해질 때까지 가령 이름 같은 것은 유보할 수 있다. 그런데 딱 한 군데서 유보가 허용되면 전체 과제가 해결되지 못한다는 점은 주목할 만한 일이다. 하지만 우리에게 망명지[옮긴이 주: 범죄인을 처벌하지 않는 소도(蘇

환자들 가운데 그들의 발병 시기를 특정한 계기에서부터 추정하는 이들이 있는데, 그것은 일반적으로 발병 동기에 집중하는 경우이다. 다른 환자들은 자신의 신경증을 유년기와의 관계에서 인식하고 있는 이들인데, 이들은 종종 자신들의 인생 전체 이야기로 시작한다. 체계적인 이야기는 결코 기대할 수 없으며 그것을 하도록 권유할 필요도 없다. 이야기의 각 부분은 나중에 새로이 이야기해야만 하며 이 이야기들을 반복할 때 환자들이 알지 못하는 중요한 맥락들을 제공하는 추가적 이야기들이 나온다.

첫 회기부터 자기가 이야기할 것들을 세심하게 준비하는 환자들이 있는데, 말로는 치료시간을 더 잘 활용하기 위해서라고 한다. 이렇게 열심히 위장하는 것이 바로 저항이다. 이런 준비는 하지 않도록 말해야 한다. 그 이유는 이런 준비가 원하지 않던 생각이 갑자기 올라오는 것을 막으려는 의도에서 나온 것이기 때문이다.[21] 환자는 분명 그의 훌륭한 의도를 진정으로 믿을 것이지만 저항은 이런 의도적인 준비행위에 개입하고 있으며 가장 중요한 자료는 이야기에서 **빠지도록** 만들 것이다. 우리는 환자가 치료에서 요구하는 것을 **빼돌리기** 위해 다른

塗), 같은 곳]가 있어 예를 들어 우리 도시에 딱 한군데만 만들어진다면 이 도시의 모든 범죄인 쓰레기들이 한곳에 모이는 데 얼마나 걸릴까는 생각해 볼 일이다. 나는 한번 고위 정보원을 치료한 적이 있다. 그런데 그는 국가의 기밀을 누설하지 않겠다는 공무원 선서에 묶여 있는 이 제한으로 인해 그를 치료하는 것이 실패로 돌아갔다. 정신분석치료는 모든 유보사항을 넘어서 시행되어야 하는데, 그 이유는 신경증과 저항이 그런 유보를 하지 않기 때문이다.

21 예외적으로 허용되어야 할 것은 가계도, 병동 체류기간, 수술경력 등과 같은 것이다.

방법들을 고안해 낸다는 것을 곧 알아차릴 것이다. 그는 매일 가까운 친구와 치료에 대해 이야기할 것이고 이 대화에서 치료사와 대면할 때 밀려올 것들에 대한 모든 생각을 나눌 것이다. 그렇게 되면 틈이 생기게 되고 그 틈으로 귀중한 것이 흘러 나간다. 그런 일들이 일어나는 시간이 오면 환자에게 치료를 자신과 치료사 사이의 일로 취급하고 다른 모든 사람들과는 (그들이 친한 사이든가, 궁금해 하든가) 이 일을 알아야 하는 공동체에서 배제할 것을 권고해야 한다. 이후 치료 단계에서는 대체로 환자가 이런 유혹에 넘어가지 않는다.

치료를 비밀로 지키기를 원하는 환자들이 있는데, 이들은 신경증을 비밀로 유지해 왔기 때문에 그들이 원하는 대로 해 준다. 이런 유보로 인해 정말 멋진 몇몇 치료결과가 환자의 주변에 알려지지 않는다 해도 괘념하지 않는다. 비밀을 보장해 달라는 환자의 결정은 당연하게도 이미 그의 비밀스러운 과거의 한 모습을 드러낸 것이다.

치료가 시작될 때 환자들에게 가능한 한 주변에게 자신의 치료에 대해 말하지 말라고 분명히 말하기만 해도 우리는 이 분석치료를 받지 못하게 이간질하는 많은 적대적인 영향들로부터 환자들을 보호할 수 있다. 분석치료를 받지 못하게 하는 이간질이야말로 치료의 시작부터 싹을 잘라 놓아야 한다. 나중에 보면 그런 것들이 대부분 치료와 무관했거나 오히려 자신이 숨기고자 했던 저항들을 전면에 부상하게 하는 데 유용하기도 하다.

환자가 치료 도중에 잠시 동안 다른, 관련된 전문화된 치료가 필요하다면 직접 하는 것보다는 분석치료사가 아닌 다른 치료사에게 위탁

하는 것이 훨씬 도움된다. 강력한 신체적인 반응을 동반한 신경증 증상을 동시에 치료하는 것은 불가능하다. 환자는 치료를 향한 분석치료 이외의 다른 길이 있다는 것을 보고 분석치료에 대한 마음을 거둘 것이다. 가장 좋은 것은 심리치료 이후로 신체치료를 미루는 것이다. 만약 신체치료를 먼저 하면 분석치료는 좋은 결과를 기대할 수 없다.

이제 치료의 시작으로 다시 돌아가 보자. 가끔 우리는 무엇을 이야기해야 할지 아무것도 생각나지 않는다는 환자들을 만난다. 자기 삶의 이야기나 치료 이야기같이 온갖 것들이 아무것도 다루어지지 않고 그대로 열려 있는데도 말이다. 무슨 말을 해야 할지 가르쳐 달라는 부탁에 휘말려서는 안 된다. 그것은 지금도 마찬가지고 다음번에도 마찬가지다. 그런 경우들이 어떤 것과 연관되어 있는지 조심스럽게 생각해야 한다. 강한 저항이 신경증을 방어하기 위해 전면으로 부상한 것이다. 우리는 그 도전을 즉시 받아들여야 하고 그것을 붙들고 싸워야 한다. 처음에 아무 생각도 나지 않는 경우는 없다는 것과 분석치료를 거부하는 저항이 일어나고 있다는 것을 반복적으로 역설하면서 확신시키면, 예측한 대로 곧 그렇다고 시인하거나 그의 콤플렉스 중 첫 부분을 드러내게 된다. 환자가 정신분석의 기본 규칙을 듣고 있는 와중에 이것이나 저것은 자신을 위해 묻어 두겠노라고 유보를 했다고 고백한다면 참 좋지 않은 일이다. 정신분석을 믿지 못하겠노라고 말하거나 정신분석에 대해 끔찍한 말을 들었다고 말하는 것은 그래도 크게 나쁜 것은 아니다. 무엇인가 말 못 할 것이 있는 것 같다고 하면서 환자가 느끼는 이런 일들 또는 이와 비슷한 일들을 말하지 않는다면 좀 압박을 가하여 그에게 마음속에서 고민하는 것을 다 말하지 않았다고 고백하도록 해야 한다. 그는 특정한 것은 아니더라도 치료 자체를 생각하거나, 그가 있는 치료실의 사진이 그의 생각을 사로잡았거나 치료실의 물건들에 대해 생각했거나 그가 긴 치료 소파에 누워 있다는 것을 생각했을 것임이 틀림없다. 그는 이 모든 것을 '아무것도 생각나지 않는다'란 말로 대체한 것이다. 이러한 암시는 충분히 이해할 만하다. 말하자면 현재 상황과 관련된 모든 것은 치료사에 대한 전이와 같은 것인데, 이 전이가 저항으로 적절하게 모습을 드러내는 것이다. 그래서 우리는 이 전이를 드러내는 것으로 치료를 시작할 수밖에 없다. 이 전이를 통해 재빨리 환자의 병리학적 자료에 이르는 길이 드러난다. 과거 삶의 내용이 성적 공격성과 연관이 많았던 여성들, 매우 강한 동성애적 억압을 가진 남성들이 분석의 시작에 연상된 것을 말하길 거부하는 경향이 많다.

환자의 첫 번째 저항처럼 그들의 첫 증상들이나 우연한 행동들은 특별한 관심을 끄는데, 그것들은 환자의 신경증을 지배하는 콤플렉스를 누설할 수 있다. 나는 어떤 풍부한 사상을 소유하고 섬세한 심미적 감수성까지 갖춘 젊은 철학자를 치료한 적이 있는데, 그는 첫 시간에 소파에 눕기 전 바지 주름을 펴느라 허둥댔다. 이 사람은 극도로 섬세한 분변기호벽(Koprophile)을 갖고 있었다. 같은 상황에서 나이 어린 어떤 소녀가 급하게 치맛자락을 끌어 훤히 내보인 무릎을 덮는 경우가 있는데 이 행동으로 그녀는 나중에 시행될 분석치료가 밝히게 될 최선의 것을 보여 준 것이다. 그녀는 자신의 몸이 아름답다는 나르시시즘과 노출증의 경향성을 갖고 있었다.

특히나 많은 환자는 치료사가 그들 뒤쪽의 보이지 않는 곳에 앉아 있음에도 소파에 누우라는 요구에 거부감을 표시하면서 다른 자세로 치료받을 수 있도록 해 달라고 요청하는데, 이는 치료사의 얼굴을 보려는 이유 때문이다. 규칙에 따르면 이것은 허용되지 않는다. 그러나 '회기' 시작 전에 몇 문장의 말을 하거나 그들이 누운 자리에서 몸을 일으킬 때, 그리고 치료가 끝났다고 말을 하고 난 후에 그렇게 하는 것을 막을 수는 없다. 환자들은 이런 식으로 치료를 공식적인 영역과 '쾌적한' 영역으로 나눈다. 공식적인 영역에서 이들은 대부분 억제된 행동을 하며, '쾌적한' 영역에서는 정말로 자유롭게 말하고, 스스로 치료가 아니라고 생각되는 모든 것을 말한다. 치료사는 이 구분을 오래 지속되도록 해서는 안 된다. 그리고 치료사는 회기 전 또는 후에 말한 것에 주목하여야 한다. 다음 기회에 이것에 대해 말하면서 환자가 세운 칸막이벽을 내려야 한다. 이러한 것은 전이 저항의 자료에서 다시 한 번 확인될 것이다.

환자의 이야기와 연상들이 막힘없이 지속되는 한, 치료사는 전이의 주제는 건드리지 않고 그대로 두어야 한다. 또한 모든 과정의 가장 예민한 부분으로서 전이가 저항으로 변할 때까지 기다려야 한다.

우리가 직면하게 되는 다음 질문은 원칙적인 것이다. 그것은 우리가 언제 환자와 이야기를 시작해야 하는가 하는 질문이다. 그리고 어느 때 환자의 연상들이 갖는 비밀스러운 의미를 밝혀서 환자를 분석의 기본원칙과 기법적 절차로 끌어들일 것인가 하는 질문이다.

이에 대한 대답은 다음과 같다. 환자에게 일어나는 실질적인 전이, 그러니까 정식 라포가 생겨나기 전에는 해서는 안 된다. 치료의 첫 목표는 환자가 치료와 치료사의 인격에 애착을 갖도록 하는 것이다. 그렇게 하기 위해 환자에게 시간을 주는 것 이외에는 다른 어떤 것도 할 필요가 없다. 치료사가 환자에게 진지한 관심을 보이며, 처음에 일어난 저항들을 조심스럽게 제거하고 특정한 실수들을 피하면, 환자는 스스로 애착을 보이고 그가 사랑을 받는 데 익숙했던 사람들에게 갖고 있던 이미지들을 치료사와 연결할 것이다. 치료사가 처음부터 공감하는 것과는 다른 태도를 보인다면 (이를테면 훈계하거나 한쪽 편의, 가령 부부 중 한쪽 편을 들거나 대리인이나 변호인처럼 행동한다면) 말할 것도 없이 이 첫 성과를 놓치고 말 것이다.

이 대답은 당연히 환자에게 그의 증상을 설명하는 과정에서 내리는 환자의 증상에 대한 판단을 포함하고 있다. 치료사가 스스로 알아맞혔거나, 심지어 첫 만남에서 환자에게 이 '해답들'을 대놓고 이야기하면서 승리감을 만면에 표현하며 말하는 판단을 말한다. 숙련된 분석가가 환자가 행동을 드러낸 소망을 그의 불평에서, 병력에서 분명하게 알아내는 것은 어렵지 않다. 그러나 처음으로 알게 된 분석치료의 원칙이 무엇인지도 모르는 낯선 사람에게 그 사람이 어머니에게 근친상간적 애착이 있다거나, 그가 사랑한다고 말하는 부인의 죽음을 바라는 소망이 있다거나, 자기 상사를 배신할 의도를 숨기고 있다는 등의 말을 떠벌린다는 것은 이 치료사가 얼마나 자기 도취와 경솔함에 빠져 있는 것인가? 나는 그런 식의 빠른 진단과 고속치료를 자랑으로 여기는 치료사들이 있다는 소리를 들었다. 그러나 나는 그런 사례들을 따라 하는 모든 이에게 경고한다. 이런 행위로 인해 치료사는 (그의 추측이 옳든 그르든 간에) 자신과 자기 일에 대한 신용의 문제를 일으키고 격렬한 반발을 불러일으킬 것이다. 그리고 치료사가 정확하게 맞힐수록 더 격렬한 저항을 불러올 것이다. 이 경우 치료효과는 거의 제로에 가깝고 분석치료에 대한 거부감 때문에 환자가 치료에 대해 기겁을 하고 뒤로 나자빠질 것은 불을 보듯 뻔하다. 치료사는 치료의 후반기에도 조심스럽게 치료를 시행하되 환자가 한발짝만 더 나아가면 스스로 해결책을 찾을 수 있는 힘이 생긴다 하더라도 그때까지는 증상 해결과 소망 해석을 미리 말하지 않도록 해야 한다. 분석치료의 초기에는 나도 치료의 해결책에 대한 때 이른 설명 때문에 갑자기 깨어난 저항과 해결책이 가져온 증상의 호전으로 인하여 치료가 끝나 버린 경우를 자주 경험했었다.

이 점에서 이의를 제기하는 사람이 있을 것이다. 그렇다면 치료를 연장하고 가능한 한 빨리 치료를 끝내지 않는 것이 우리의 과제란 말인가? 환자의 증상은 무지와 이해부족의 결과가 아니던가? 그리고 우리가 그것을 알자마자 가능한 한 한시라도 빨리 알려 주는 것이 우리의 의무가 아닌가?

이 질문에 대한 답을 하기 위해서 우리는 정신분석에서 안다는 것의 의미와 치료의 메커니즘에 대한 작은 외론을 다루고자 한다.

우리는 물론 초기의 분석치료 기법에서 지적 사고의 입장에서 환자가 자신이 잊어버린 것에 대해 알게 되는 것을 높이 평가했다. 이런 과정에서 우리의 지식과 환자의 지식 사이에 큰 구별을 하지 않았다. 만약 우리가 다른 쪽에서부터 (예를 들어 부모나 보모나 가해자로부터 잊어버린 아동기의 외상 등에 대한 이것이 몇몇 사례에서는 가능한 경우도 있었지만) 정보를 얻을 수 있다면 그것은 특별한 행운이라고 여겼다. 그리고 우리는 서둘러 환자에게 그 정보와 증거들이 옳다는 것을 인식시켰는데, 그 이유는 신경증과 치료를 빨리 종결하고자 했기 때문이다. 그러나 기대했던 결과가 없자 크게 실망했다. 도대체 어떻게 외상경험이 있는 환자가 그것에 대해 전보다 더 모르는 것처럼 행동할 수 있단 말인가? 억압된 트라우마에 대해 말하고 서술했건만 그에 대한 기억조차 떠오르지 않았다.

어떤 사건 때문에 나에게 온 히스테리 증상을 가진 소녀의 어머니가 딸이 동성애적 체험을 했노라고 몰래 알려 주었다. 이 동성애 체험은 소녀의 히스테리 증상을 고착시키는 데 큰 영향을 미쳤다. 엄마는 그 장면을 직접 목격하였지만 딸은 이 사건이 사춘기에 들어간 이후에 일어난 일인데도 이 장면을 완전히 망각하고 있었다. 나는 매우 유익한 경험을 할 수 있었다. 내가 그녀의 어머니가 한 말을 반복할 때마다 그녀는 히스테리 증상으로 반응했고 그러고 난 뒤 그녀는 그 이야기를 잊어버렸다. 그 환자가 자신에게 강제적으로 주입된 지식에 강한 저항을 표현했다는 것은 의심의 여지가 없다. 그녀는 결국 지적 장애인이나 완전히 기억을 상실한 것처럼 행동했다. 이것은 그녀가 내가 말한 것들로부터 자신을 보호하기 위해서였다. 그 이후 나는 안다는 것 자체에 부여하였던 중요한 의미를 중단하고 저항들에 중점을 두게 되었다. 이 저항들은 그 당시의 무지를 초래하였고, 지금도 여전히 그 상태를 방어할 준비를 하고 있다. 하지만 의식적 지식은 저항에 대해, 그것이 축출되지 않은 상태라 하더라도 무기력할 뿐이다.

의식적인 지식과 무지를 연합할 줄 아는 환자들의 이상한 행동은 소위 말하는 정상심리학으로는 설명이 불가능하다. 무의식을 인정하는 정신분석으로서는 이것을 이해하는 데 큰 어려움이 없다. 그러나 앞에서 설명한 현상은 정신적 과정들이 유형학적으로 구분하여 설명하려는 관점에 가장 좋은 본보기가 된다. 환자는 의식적인 사고에서 억압된 체험에 대해 알고 있다. 그러나 이 사고에는 억압된 기억을 어떤 식으로든 포함하고 있을 그 자리와 연결하는 고리가 없다.

변화가 일어나려면 의식적인 사고과정이 이 자리까지 잠입하여 거기서 억압의 저항들을 극복하고 나서야 가능하다. 이것은 마치 청소년 범죄의 경우 법무부에서 어느 정도 관대한 형량이 내려져야 한다는 취지의 법령이 공포된 경우와 같다. 이 법령은 각 지방법원에서 인지하지 않는 한, 지방 판사가 이 법령을 따를 의향이 없는 한, 나아가 자기 뜻대로 판결하고자 하는 한, 청소년 범죄자들에 대한 처우에는 변화가 없다. 정확하게 말하기 위해 덧붙이자면 환자에게 억압된 것을 의식적으로 말하는 것이 전혀 효과가 없는 것이 아니다. 이 판단(옮긴이 주: 의식적으로 말하는 것)은 바라던 결과인 증상들을 종식시키는 것이 아니라 다른 결과들을 가져온다. 우선 그 판단은 저항들을 불러일으키고, 그 저항이 극복될 때만 사고의 과정이 자극되어 진행과정에서 기대한 대로 무의식적 기억의 영향이 발생하게 된다.

이제 우리가 치료를 통해서 작동시킨 힘들의 작용에 관해 개관할 차례이다. 치료의 다음 동력은 환자의 고통과 그 고통에서 벗어나길 원하는 치료욕구이다. 이러한 추진력의 크기는 치료의 과정에서 비로소 밝혀지는 다양한 것들에 의해, 무엇보다 이차적인 질병이득에 의해 약화된다. 그러나 추진력 자체는 치료의 종결까지 지속되어야 한다. 그러나 치료가 되면 될수록 추진력은 감소한다. 이 추진력은 자체로는 병을 제거할 능력이 없다. 그것은 그 추진력에 두 가지가 결여되었기 때문이다. 이 추진력은 종결에 이르는 길들을 알지 못한다. 그리고 그 추진력은 저항들을 감당하기 위한 필수불가결한 에너지원을 조달하지 못한다. 분석치료가 이 두 가지 취약성을 감당할 수 있다. 분석치료는 전이를 위해 준비되어 있던 에너지를 활성화함으로써 저항을 극복하기 위해 필요한 정동들을 감당한다. 적절한 시기에 환자에게 이야기해 줌으로써 이러한 에너지를 써야 할 길을 제시한다. 전이는 혼자서도 자주 병증을 제거할 수 있지만 자기 몫을 가지고 지속되는 한 일시적이다. 이럴 경우 그것은 암시치료이지 분석치료가 아니다. 치료가 정신분석이라는 이름을 얻으려면 전이가 그 힘을 저항 극복에 사용될 경우만 국한된다. 그렇게 될 때만이 병들어 있는 것이 불가능해진다. 전이라는 말이 규정하고 있듯이 이것은 그 전이가 다시 생기게 되는 경우에도 마찬가지다.

　치료의 과정에서 도움이 될 만한 다른 요인이 있는데 그것은 바로 환자의 지적인 관심과 이해이다. 이것만으로는 서로 싸우는 다른 힘들에 필적할 만한 것이라고 할 수 없다. 저항에서 나오는 판단의 혼

탁함으로 인해 끊임없는 가치 상실이 우려되기 때문이다. 이렇게 되면 환자가 치료사에게 얻은 힘의 원천으로 (정보를 알려 줌을 통한) 전이와 지시만 남게 된다. 그러나 환자는 전이를 통해서 마음이 움직일 때만 그 지시를 따르게 된다. 그 때문에 첫 번째 정보를 알려 주려면 강한 전이가 일어날 때까지 기다려야 한다. 덧붙이자면 잇따라 등장하는 전이 저항들을 통한 전이의 장애가 제거될 때까지 기다려야 한다.

8장

기억하기, 반복하기 그리고 훈습하기

(1914)

reud, Sigmund,
ie
herapeutische
echnik

e Freudsche psychoanalytische Methode 1904
Psychotherapie 1905
e zukünftigen Chancen der psychoanalytischen
erapie 1910
wilde Psychoanalyse 1910
r Dynamik der Übertragung 1912
tschläge für den Arzt bei der psychoanalytischen
handlung 1912
r Einleitung der Behandlung 1913
nnern, Wiederholen und Durcharbeiten 1914
merkungen über die Übertragungsliebe 1915
e Schwierigkeit der Psychoanalyse 1917
ge der psychanalytischen Therapie 1919
onstruktionen in der Analyse 1937
e endliche und die unendliche Analyse 1937
e psychoanalytische Technik 1938 1940

내가 정신분석을 배우는 사람들에게 정신분석이 시작된 이후 기법에 어떤 근본적인 변화가 있었는지를 강조하는 것이 지나친 일은 아니라고 생각한다. 먼저 요세프 브로이어가 정화요법으로 치료할 때는 증상형성의 순간을 직접 제시하고, 그때의 심리과정을 재현하는 철저한 노력 끝에 의식적인 활동과정을 거치도록 하는 일이었다. 그 당시에는 최면치료를 통해 기억하고 그것을 소산(消散)시키는 것이 치료의 목표였다. 그렇게 최면치료가 포기되고 난 후, 환자가 자유연상을 통해 어떤 기억을 떠올릴 수 없었는지를 알아내야 할 새로운 과제가 생겨났다. 해석 작업을 하고 환자에게 그 해석 작업을 알려 줌으로써 저항을 피해 가야만 했다. 증상형성의 상황들과 발병의 순간들에 숨겨져 있던 다른 것들이 다시 문제가 되었고, 소산은 뒤로 물러났으며, 환자가 연상에 대한 자기 비판을 극복하는 과정에서 [프시 알파 기본규칙(ψα Grundregel)을 따르면서] 극복해야 했던 힘든 작업으로 바뀌게 되었다. 마침내 오늘날 우리가 사용하게 된 기법이 개발되었다. 이 기법으로 치료사들은 어떤 특정한 순간이나 문제에 초점을 맞추는 것을 포기하고 그 당시 환자의 심적 표면에 있는 것을 탐구하고, 오로지 현재 발생되고 있는 저항을 인식하고 환자에게 그것을 의식하게 하는 데 해석의 기술을 집중하게 되었다. 그 후 새로운 성격의 분야가 등장하였는데 치료사는 환자가 모르는 저항들을 밝혀내고, 이것들을 환자가 이겨 낸다면 힘들이지 않고 망각한 상황과 맥락들을 종종 이야기하게 된다. 이 기법의 목표는 물론 예전과 동일하다. 서술적으로 말하자면 기억의 빈자리들이 보충되고, 역동적으로 설명하자면 억압으로 인한 저항들이 극복되는 것이다.

우리가 최면치료 기법에 빚을 지고 있는 점은 바로 최면치료가 개개의 분리된 또는 어떤 도식적 형식 속에서 우리에게 정신분석의 심리적 과정들을 보여 준다는 점이다. 이 최면치료 덕분에 우리는 분석치료에서 일어나는 복잡한 상황들을 만들고 그것을 명료하게 할 수 있는 용기를 얻었다.

기억하기는 최면치료에서 아주 단순한 형태를 취하고 있었다. 환자는 현재와 결코 혼동하지 않을 이전의 상황으로 되돌아가 그 기억이 훼손되지 않고 유지되는 한, 그 시기의 정신과정들을 이야기하게 되고, 그 당시에 무의식적인 과정들을 의식적인 과정들로 옮기면서 발생할 수 있는 것들을 그 이야기에 추가하였다.

내가 여기서 몇 가지 언급해 두어야 할 것은 모든 분석가가 자기의 임상경험에서 확인한 것들이다. 인상들, 장면들, 체험들을 망각하는 것은 대부분 그런 인상들, 장면들, 체험들에 대한 '방호벽' 때문에 생기는 것들이다. 환자가 이 '망각'에 대해 이야기할 때 그는 망설이지 않고 이렇게 말한다. "나는 그것을 항상 알고 있었어요. 다만 그에 대해 생각을 하지 않았을 뿐이에요." 그리고 환자는 어떤 일들이 한번 떠오른 이후 그가 그에 대해 다시 생각하지 않아 '망각한 것'으로 보는 것들이 떠올려 보려 하지만 떠오르지 않는 것에 대해 자주 실망감을 피력한다. 그러나 이런 갈망은 특히 전환 히스테리일 경우 충족된다. 그 '망각'은 일반적으로 존재하는 은폐기억들을 잘 살펴보면 더욱 한정된다. 대부분의 경우 내가 받은 인상은 (우리가 잘 알고 있듯이) 우리에게 이론상으로 매우 중요한 유년기 망각이 은폐기억을 통해 보상되고 있다는 것이다. 이 은폐기억에 어린 시절 이룬 삶의 어떤 본질적인 것이 아니라 실제 유년기 삶의 모든 본질적인 것이 보존되어 있다. 그기억들의 분석을 통해서 본질적인 것을 추출할 수 있도록 해야 한다. 그 은폐기억들은 마치 명시적 꿈의 내용이 꿈-사고를 충분히 재현하듯이 망각한 유년시절을 재현한다.

우리가 소위 순수한 내적 활동들로서 인상들과 체험들에 대조되는 다른 심리과정의 그룹은 (이를테면 환상들, 조회과정들, 감정반응들, 맥락들은) 망각과 기억에 대한 그들의 관계에서 구분해서 파악해야 한다. 여기서는 한 번도 주목하지 않았고 의식하지도 않았으며 결코 '망각될' 수 없는 것이 '기억나는' 일이 종종 벌어진다. 그 외에도 그런 '사고의 맥락'이 의식되었는지, 그리고 난 뒤 망각되었는지 아니면 그것이 한 번도 의식에 들어오지 않았는지 하는 심리과정은 무관한 듯 보인다.

환자가 분석의 과정에서 얻는 확신은 그런 회상기억과는 전혀 무관하다.

특히 망각은 강박 신경증의 다양한 형태에서 대부분 사고 맥락의 해체, 사건 순서의 착각, 개별 기억들의 격리에 한정되어 있다.

유년초기에 얻었던, 그리고 그 시기에는 이해되지도 않았던 **사후에**[nachträglich(옮긴이 주: 시간적인 이후라는 뜻과 사후에 만들어진 이라는 뜻)] 이해되고 해석되었던 아주 중요한 형식의 체험들에 대한 기억은 떠오르지 않는다. 우리는 꿈을 통해서 그것을 알거나, 신경증의 조직에서 나온 가장 설득력 있는 계기를 통해 그 기억이 있다고 믿게 된다. 그리고 환자가 자신의 저항을 극복하고 난 뒤에 그 기억을 인정하는 것을 거부하기 위한 근거로 기억감정(인지감정)이 없다는 말을 하지 않는다는 점을 확인할 수 있다. 이런 생각은 아주 조심해서 다루어야 하지만 새로움과 기이함을 가져오기도 하여 나중에 내가 특별한 기회에 적절한 자료를 가지고 다룰 것이다.

새로운 기법을 사용하면 이런 매끄러운 논지의 진행에서 남은 것이라곤 매우 적거나, 때에 따라서는 전혀 없는 경우도 있다. 어떤 것들은 어느 정도까지는 최면치료처럼 진행되다가 나중에 가서 더 이상 진행되지 않는 사례들도 있다. 이 다른 사례들은 처음부터 다르게 진행된다. 나중의 유형에 대해 분명하게 구별 지어 보자면, 우리는 환자가 망각하고 억압한 것 중 어떤 것도 기억하지 못하고 그것을 행동으로 시연한다 할 것이다. 그는 그것을 기억으로서가 아니라 행위로서 재현한다. 그는 그것을 반복하지만 당연하게도 자신이 반복하고 있다는 것을 알지 못한다.

예를 들면, 환자는 자기가 부모의 권위에 대항해서 거역하고 버릇 없었다는 점을 기억하고 있다고 말하지 않는다. 그 대신 그는 치료사에게 그런 식으로 행동한다. 이 환자는 자신의 유아기 성적 탐구에 있어서 어떻게 할 줄도 모르고 아무런 도움도 얻지 못한 채 정체되었는지 기억하지 못한다. 그 대신 그는 혼란스러운 꿈과 연상들을 생산해내고 어떤 것도 성공하지 못한다고 불평한다. 결국은 그가 착수한 것을 결코 완수할 수 없는 것이 그의 운명이라고 치부한다. 그 환자는 어떤 성적인 행동에 심각한 수치심을 느꼈고 그것이 발각될까 두려워했다는 것을 기억하지 못한다. 하지만 그는 지금 받고 있는 치료를 수치스럽게 생각하고, 모든 사람에게 이 사실을 비밀로 지키려는 등의 행동을 하려고 애쓴다.

무엇보다 이 환자는 이런 종류의 반복으로 치료를 시작한다. 우리가 환자와 다양한 삶의 역경을 이야기하고 오랜 기간 치료 이야기를 나눌 때 그에게 정신분석의 원칙에 대해 말하고, 무슨 기억이 떠오르고 무슨 느낌과 생각이 떠오르느냐고 물으면 말을 줄줄이 쏟아 낼 것이라고 예상할 것이다. 그러나 정작 그는 아무 할 말이 없다고 말하며 침묵하고 아무런 생각이 떠오르지 않는다고 말한다. 이것은 말할 것도 없이 기억하려는 어떤 것에 대한 저항으로 나타나는 동성애적 태도의 반복일 뿐이다. 그가 치료 안에 있는 한 이 반복충동으로부터 한 걸음도 빠져나오지 못할 것이다. 이제야 드디어 우리는 이것이야말로 그가 기억하는 방식이라는 것을 이해하게 된다.

우리는 당연히 이 반복의 강박과 전이와 저항이 어떤 관계를 맺고 있는지 우선적으로 관심을 두게 된다. 우리는 곧 전이 자체가 반복의 일환일 뿐이고 반복이 망각한 과거를 치료사뿐 아니라 현 상황의 다른 모든 영역에 전이하는 것에 불과하다는 것을 알게 된다. 또한 피분석자가 반복하려는 강박에 집착하는데, 이것이 기억하고자 하는 욕동을 대체한다는 점을 알 수 있다. 이것은 치료사에 대한 개인적 관계에서뿐만 아니라 자기 삶의 다른 모든 활동영역과 인간관계에 걸쳐서 일어난다. 예를 들어 치료 중에 사랑의 대상을 찾을 때, 어떤 과제를 떠맡거나, 사업을 하려 할 때 그렇다. 저항의 역할도 쉽게 인지할 수 있다. 저항이 크면 클수록, 행동하기(반복하기)가 기억하기를 더 풍부하게 대체할 것이다. 망각한 것에 대한 이상적 기억하기는 최면치료에서처럼 저항을 완전히 제거한 것과 같은 상태와 같다. 치료가 부드럽고 표현되지 않은 긍정적인 전이의 분위기에서 시작된다면, 그 전이가 최면에서처럼 기억하기의 한가운데로 빠져들게 한다. 물론 이런 기간 동안에 병리적 증상은 나타나지 않는다. 하지만 치료가 진행되면서 전이가 적대적이거나 지나치게 강하게 되어서 억압이 발생된다면, 즉시 기억하기가 행동하기에 자리를 내주고 만다. 이때부터 저항이 반복해야 할 것들의 순서를 결정한다. 환자는 과거의 병기고에서 무기들을 꺼내 그것으로 치료의 진전으로부터 자신을 방어하고, 이때 우리는 그에게서 그 무기를 하나씩 빼앗아야만 한다.

우리는 환자가 기억하는 대신 반복한다는 것과 저항의 조건들 하에서 반복한다는 것을 알게 되었다. 이제 우리가 의문을 가지는 점은 환자가 실제로 무엇을 반복하거나 행동으로 옮기느냐는 것이다. 그에 대한 대답은 환자가 억압된 것의 근원들로부터 나와 이미 환자 자신의 성격으로 드러나는 모든 것에서 반복한다는 것이다. 이를테면 그의 억제, 부적절한 태도, 그리고 병리적 성격 특성 모두가 그렇다. 환자는 치료가 진행되는 동안에도 그의 모든 증상을 반복한다. 이제 우리는 반복충동을 강조함으로써 어떤 새로운 사건을 파악한 것이 아니라 그저 전보다 더 통일된 견해를 얻었다는 것을 알게 되었다. 우리는 이제 환자의 병든 상태가 분석의 시작과 더불어 끝나는 것이 아니고, 그의 병을 과거의 사건이 아니라 현재 발생하고 있는 힘으로 취급해야 한다는 점을 분명히 알 수 있다. 이제 우리는 이 질병을 하나씩 치료의 지평과 효능 영역으로 끌어 들여온다. 그리고 환자가 그것을 현재 일어나고 있는 것으로 체험하는 동안 우리는 그 체험 가운데서 대부분 과거의 것으로 구성된 치료적 작업을 수행할 수 있다.

최면상태에서 기억을 떠오르게 하는 것은 실험실에서 실행되는 실험 같다는 인상을 준다. 분석치료를 하는 동안 새로운 기법에 따라 반복하도록 하는 것은 실제 삶의 한 부분을 불러오는 것, 그런 이유 때문에 여러 사례에서 문제성이 없거나 의심할 수 없는 것은 아니다. 종종 피할 수 없는 '치료에서의 악화'라는 전체 문제가 여기에 따라온다.

무엇보다도 치료의 시작이 환자가 병에 대한 의식적 태도 변화를 가져온다. 환자는 평소에는 병에 대해 불평하고, 그것을 무의미하다고 경멸하고, 그 중요성을 과소평가하는 것으로 만족했었다. 그러나 그 외에는 억압하는 행동, 즉 환자가 병의 원인에 대해 언젠가 취했던 미봉책이라 할 행동을 자신의 말에 담아 계속하는 것이다. 이렇게 되면 환자가 자신의 공포가 어떻게 생겨났는지 제대로 알지 못하거나, 그의 강박 관념의 바른 의미를 정확히 듣지 않거나, 자신의 강박욕동의 실제적 목적을 파악하지 못하는 경우가 발생할 수 있다. 물론 이것은 치료에 도움이 되지 않는다. 환자는 자신의 질병현상들에 대한 관심을 가질 용기를 가져야 한다. 정신 병리는 그 자체가 경멸할 것이 아니라 괜찮은 적대자, 즉 중요한 동기를 지지하는 자신의 일부분으로서 그것에서부터 자신의 그다음 삶에 대한 소중한 것을 얻어야만 한다는 점을 알아야 한다.

이렇게 증상에서 표현되는 억압된 자료와의 화해를 위한 길은 처음부터 놓이게 된 것이고, 병든 상태에 대한 어느 정도의 관용에 대한 여지가 생긴 것이다. 치료 이전에는 불분명하던 질병에 대한 이 새로운 태도가 갈등을 강화하고 증상들을 풀무질한다 하더라도 치료사는 그 환자에게 이것은 치료에서 어쩔 수 없이 맞닥뜨려야 하는 것으로서 일시적인 악화일 뿐이라고 안심시켜야 한다. 그리고 누구도 지금 여기 없거나 가까운 거리에 있지 않은 적을 죽일 수는 없다고 언급함으로써 위로해 줄 수 있다. 하지만 저항은 자신의 의도를 펼 장을 빼앗아 가고 아플 권리를 남용하게 한다. 저항은 이런 시위를 하려는 것처럼 보인다. "내가 정말로 이런 일들을 따르게 되었을 때 거기서 어떤 일이 일어나는지 좀 보시오. 그것들을 억압에 맡기는 것이 옳았던 것이 아닙니까?" 특히 사춘기적이거나 유아기적인 사람들은 치료에서 요구되는 그들의 병에 대한 주의를 자신의 증상들을 탐닉하기 위한 수단으로 이용하곤 한다.

치료가 진행되면서 새로 발견된, 그때까지 드러나지 않았던 욕동들이 반복되면서 다른 위험들이 발생한다. 결국 전이의 바깥에 있는 환자의 행동들은 일시적으로 일상적 삶에 손상을 끼치거나 그것을 선택하여 그 행동들이 도달하고자 하는 회복의 상태를 영구적으로 무가치하게 만든다.

이 경우에 취할 치료사의 전략은 이런 식으로 정당화될 수 있다. 치료사에게는 옛 방식대로 기억하기, 즉 심리적인 영역에서의 재생산이 목표가 되는데, 그는 이것이 이 새로운 기법에서는 이를 수 없다는 것을 알고 있음에도 이것을 붙들고 있다. 치료사는 환자가 신체운동까지 동반할지도 모르는, 심리적인 영역에서의 모든 충동을 제어하기 위하여 환자와 계속해서 투쟁하여야 한다. 혹시라도 치료사가 기억하기 작업을 통하여 환자가 행동으로 소산하고자 하는 어떤 것을 기억하기 작업을 통하여 해결하는 데 성공한다면 치료의 성공이라고 환호할 것이다.

전이를 통한 애착이 치료에 도움이 될 만큼 자랐을 경우, 치료는 환자가 좀 더 중요한 반복적 행위들을 실행하는 것을 저지할 수 있고, 그렇게 하려는 당시의 의도를 치료 작업의 소재로 활용할 수 있다. 환자가 충동을 실행하다가 일어나는 손상을 막기 위해 우리는 환자에게 치료 당시 어떤 삶의 중요한 일, 이를테면 직업이나 결혼 등과 같은 일이 일어나지 않는 시기를 선택하도록 하고 치료가 완전히 이루어지는 시기를 기다려 이 모든 것을 행해야 한다.

우리가 배려해야 할 것은 설령 환자의 의도가 어리석은 일일지라도 환자의 개인적 자유와 이런 규제들이 양립할 수 있도록 그것을 실행하지 못하게 해서는 안 된다는 점이다. 그리고 인간은 실제로 손해나 개인적인 고통을 통해서 어른이 된다는 것을 잠시도 잊어서는 안 된다. 치료기간에 어떤 바람직하지 않은 일에 뛰어드는 것을 피할 수 없고 나중에 가서야 느슨해져서 분석 작업을 시작할 수 있는 사례도 종종 있다. 환자가 보이는 야성적 욕동에 전이의 고삐를 채울 수 없는 경우도 종종 있으며, 환자가 치료사와 맺고 있는 끈을 반복충동으로 끊어 버리는 경우도 있다. 내가 그에 대한 극단적 예를 들 한 부인이 있다. 그 여인은 날이 어두워지기만 하면 집과 남편을 떠나 어디론가 사라지는데 '도주하는' 이유에 대해 스스로 아무런 이유도 알 수 없는 경우였다. 이 여인이 처음에 내 치료실에 왔을 때는 아주 교양 있고 세련된 전이의 모습을 보여 주고 있었다. 그러나 너무나도 빨리, 그녀가 온 지 며칠 만에 전이가 발동해, 내가 그녀에게 이 반복충동을 막는 방법을 알려 줄 시간을 채 가지기도 전에, 치료하던 주말에 나로부터 '도주해' 버렸다.

환자의 반복하려는 충동을 억제하기 위한, 그 충동을 기억하기 위한 동기로 바꿀 가장 좋은 방법은 전이를 이용하는 것이다. 우리는 그 반복충동을 그대로 실행하도록 허용함으로써 그 충동에 손상을 입히지 않고 오히려 그것을 이용하여 어떤 영역에서 그것이 실행되도록 버려둘 수 있다. 우리는 그 반복충동에 전이를 놀이터로 만들어 줄 수 있다. 그러면 이 충동은 그 전이라는 놀이터에서 맘껏 놀 수 있다. 다시 말해 환자의 정신적 삶에서 생긴 병리적인 충동에 숨어 있는 모든 것을 보여 줄 수 있게 만드는 것이다. 환자가 치료의 현재 조건들을 존중하는 태도를 보인다면 우리는 꾸준히 질병의 모든 증상에 새로운 전이적 의미를 부여할 수 있다. 말하자면 일상적 신경증을 전이 신경증으로 대체하여 환자는 치료 작업을 통해 치유될 수 있을 것이다. 이렇게 보면 전이는 질병과 삶의 중간영역을 창조하는데, 이 영역을 통해 질병에서 삶으로 전환하는 것이 가능해진다. 이 새로운 상태가 그 질병의 모든 특징을 인계받는다. 그러나 이것은 우리가 어디서든 접근할 수 있는 인공적인 병의 상태다. 그리고 그것은 실제적인 체험의 한 부분이기도 하다. 오히려 이런 작업은 아주 접근하기 좋은 조건들을 만들기도 하는데, 말하자면 임시적인 성질을 지니고 있다. 전이에서 찾아볼 수 있는 반복적인 반응들에서 과거의 기억을 일깨우는 익숙한 길들을 찾아낼 수 있고, 저항이 극복된 후 어렵지 않게 그 길들은 모습을 드러낸다.

이 시점에서 논문을 끝낼 수 있겠지만 제목에서 밝힌 바대로 나는 분석기법에 대한 그 이상의 것을 논의해야 할 것이다. 알고 있다시피 저항의 극복은 환자가 결코 인식하지 못한 저항을 치료사가 발견하여 환자가 익숙하게 함에 의해서다. 분석의 초보자들은 이런 도입 단계를 전체 분석 작업의 구성으로 보려는 경향이 있다. 나는 자주 이런 질문을 받곤 하였다. 치료사가 환자에게 저항이 있다고 말하였음에도 불구하고 아무런 변화가 없고 오히려 저항이 커지거나 상황이 불투명하게 진행되는 경우가 있었노라고 어려움을 토로하는 경우였다. 말하자면 더 이상 치료가 진행될 수 없다는 뜻이었다. 이런 불길한 추측은 잘못된 것이 분명하다. 치료는 오히려 원칙적으로 잘 진행되어 나간 것이다. 단지 치료사가 저항을 이름 짓는 것으로 직접적인 종식을 가져오지 않는다는 사실을 잊어버리고 있었을 뿐이다. 치료사는 어떤 일이 있어도 환자에게 분석치료의 원칙에 따라 계속 치료를 시행하는 가운데 환자에게 시간을 주어서 자신에게 존재하는 알 수 없는 저항을 깊이 느끼고 그것을 **훈습하여** 극복하도록 해야 한다. 치료사는 저항의 정점에서 비로소 환자와 공동 작업으로 저항을 유발하고 그런 체험으로 그 존재와 강렬함을 확인하게 되는 억압된 충동을 찾아낼 수 있다. 이런 과정에서 치료사는 기다리고 그런 과정이 진행되도록 지켜보며 회피하지도 말고 너무 서두르지도 않도록 해야 한다. 치료사가 이런 생각만 가지고 있으면서 치료를 원칙에 따라 수행하는 한, 실패했을지도 모른다는 실망감을 느끼지 않아도 좋다.

저항에 대한 이런 훈습은 환자의 실제 치료에 있어서 귀찮은 일이 될 수도 있고 치료사에게는 인내심을 요구하는 일이 될 수 있다. 하지만 이 일은 환자를 변화시키는 굉장히 중요한 작업의 일환이다. 이 작업은 분석치료를 암시에 의한 다른 어떤 치료와 구별해 준다. 이론적으로 우리는 이것을 억압으로 인해 꽉 막힌 정동의 '소산(das Abreagieren)'과 같은 것으로 볼 수 있다. 이 정동의 소산이 없다면 최면 치료는 효과 없이 끝났을 것이다.

Freud, Sigmund,
Die
therapeutische
Technik

9장

전이사랑에
대한 관찰
(1915)

환자에게 일어나는 연상들의 의미를 말해 주고 억압의 재생산 과제를 준비하는 것에 분석치료에 대한 문외한이라면 누구나 어려움을 겪고 우선 당황할 것이다. 그러나 곧 이런 어려움을 시시한 것으로 생각하고 그 대신 정말로 심각한 어려움은 전이를 다루는 데 있다는 확신으로 마음을 바꿀 것이다.

나는 여기서 발생하는 상황 중 하나를 아주 명확하게 규정하려고 한다. 그 이유는 이런 상황이 자주 발생하고 실제로 중요할 뿐만 아니라 그것이 이론 면에서도 관심을 끌기 때문이다. 내가 말하는 상황이란 여성 환자가 분명한 징후들을 통해 그렇게 생각하도록 만들거나, 직접적으로 그녀가 다른 보통의 여자처럼 자기를 치료하는 치료사와 사랑에 빠졌다는 것을 선언하는 사례이다. 이 상황은 아주 곤란하거나 우스운 측면들뿐만 아니라 진지한 측면들도 가지고 있다. 이 상황은 복잡하게 꼬여 있고, 여러 가지 이유로 생기고, 피할 수도 없으며 해결하기도 힘들다. 그래서 그에 대한 논의는 오래전부터 분석치료 기법의 긴요한 욕구를 채워 줄 만한 것으로 기대되는 일이었다. 다른 사람의 실수를 조롱하는 우리로서도 자유롭지 못하기에 아직도 이 문제에 대해 각별히 신경을 쓰지 못한 것 같다. 우리는 여기서 항상 치료사의 비밀유지 의무와 맞닥뜨리게 된다. 이것은 실생활에서 없어서는 안 되지만 학문에서 필요한 것은 아니다. 분석치료에 관한 논문이 실제 삶에도 속하기 때문에 여기서 명백히 해결할 수 없는 모순이 발생한다. 나는 최근에 어떤 논문에서 이 비밀유지를 벗어나, 소위 그 전이의 상황(옮긴이 주: 전이사랑을 의미함)이 초기 10년간 정신분석치료의 발전을 방해했다고 쓴 적이 있다.[22]

잘 교육받은 초보자에게―그런 사람이란 정신분석에 대해 이상적 교양인을 생각해 볼 수 있다―사랑의 일들은 다른 모든 것과 비교할 수 없다. 이런 일들은 흡사 다른 아무것도 쓰이지 않은 특별한 종이 위에 있는 것 같다. 만약 여성 환자가 치료사를 사랑한다고 말한다면, 치료사는 두 가지 결과가 있을 것이라고 생각할 것이다. 거의 드문 경우지만 하나는 모든 상황이 좋게 되어 두 사람이 합법적으로 영구히 결합하는 것이다. 다른 하나는 자주 일어나는 것으로 치료사와 환자가 갈라서고 치료를 포기하는 것이다. 이 치료는 그녀를 회복하게 도와주려 하였으나 어떤 근본적인 사건으로 이제 포기되어야 하는 것

---

22 「정신분석운동의 역사에 대해」(1914). 옮긴이 주: 프로이트는 이 글에서 브로이어의 전이 사랑에 대한 추측을 말하고 있다.

이다. 물론 세 번째 결과도 생각해 볼 수 있다. 이 길은 치료와 병행해서 진행할 수 있지만 불륜관계, 즉 영원을 약속할 수 없는 사랑의 관계다. 그러나 이런 사랑은 시민사회의 도덕과 치료사의 윤리로 인해 불가능하다. 그럼에도 초보자는 치료사가 이 제3의 결과를 배제할 분명한 확언으로 안심하게 해 달라고 부탁한다.

　정신분석가의 입장은 다른 것임이 분명하다. 예를 들어 여성 환자가 치료사와 사랑에 빠지고 난 뒤, 두 사람이 헤어지고 치료를 포기한 두 번째 결과의 경우를 생각해 보자. 그러나 이 경우 여성 환자는 곧 다른 치료사에게 두 번째 분석치료를 받게 되어 있다. 그 여성 환자는 이 두 번째 치료사와도 사랑에 빠지게 되지만 다시 전과 마찬가지로 이 사랑은 깨지고 새로 시작하고, 세 번째 치료사를 사랑하는 등의 일이 반복된다. 이런 일은 항상 발생하게 되어 있다. 알다시피 이것이 정신분석 이론의 기초 중 하나인데, 이것은 두 가지 평가가 가능하다. 하나는 분석치료사에 대한 것이고, 다른 하나는 분석치료를 받아야 할 여성 환자에 관한 것이다.

　치료사에게 이 사랑은 귀중한 깨달음을 주고 자기 마음에 이미 존재하고 있는 역전이에 대해 좋은 경고가 될 것이다. 치료사는 여성 환자의 사랑이 분석치료의 상황에서 유발된 것이지 자신의 인격적 매력 때문에 일어난 것이 아니라는 것을 반드시 인식해야 한다. 말하자면 우리가 치료의 밖에서 일상적으로 '정복'이라 말하는 것에 자랑스러워할 아무런 이유가 없다는 뜻이다. 항상 이것을 기억하는 것이 좋다. 하지만 그 여성 환자에게는 하나의 대안이 있는데, 그것은 분석치료

를 접든가 치료사와의 사랑을 피할 수 없는 운명으로 받아들이는 것이다.[23]

아마도 환자의 가족들은 단호하게 두 가지 대안 중 첫 번째 것을 선호하겠지만 치료사는 두 번째 것을 선호한다는 것에 의심의 여지가 없다. 그러나 나는 이 사건의 경우 애정 어린 (아니면 오히려 이기적이고 질투심에 섞인) 가족들의 걱정에 그 결정을 맡겨서는 안 된다고 생각한다. 오로지 환자가 원하는 것이 기준이 되어야 한다. 가족의 사랑은 그녀의 신경증을 치료할 수 없다. 치료사는 급할 일이 없다. 그러나 필요한 결과를 위해 자신이 없어서는 안 된다는 입장을 정할 수도 있다. 이 문제에 대해 가족으로서 톨스토이의 입장을 자신의 입장으로 대신할 생각을 견지하는 사람은 (그의 부인과 딸이 자신의 흔들림 없는 소유라고 생각할지도 모르고) 딸 혹은 아내가 신경증을 갖고 있으며, 그 신경증과 결부된 사랑의 장애를 갖고 있다는 것을 견뎌 내야 한다. 결국 이는 산부인과치료와 비슷한 상황이 된다. 게다가 질투심이 많은 아버지 혹은 남편은 큰 실수로, 이 환자(아내 혹은 딸)가 치료사를 사랑하는 것을 막기 위해 신경증과 싸울 정신분석 이외의 다른 종류의 치료로 보내 버리면 되지 않겠느냐고 생각할지도 모른다. 다른 점이라곤 표현되지도 정신분석으로 치료되지도 않았을 이 사랑은 분석치료로 성공할 수도 있었던 환자를 회복할 수 없게 한다는 사실 뿐이다.

---

23 우리는 전이가 다른 감정으로, 약한 매력적 감정으로 표현될 수 있다는 것을 알지만 여기서는 다루지 않을 것이다.

분석치료를 하는 어떤 치료사들은 환자들에게 자주 전이사랑이 일어나도록 유도하고, 나아가 '치료의 진전을 위해 치료사와 사랑에 빠지라'고 주문한다는 소리를 들었다. 이것보다 더 어처구니없는 기법을 나는 생각해 볼 수 없다. 이렇게 되면 치료사가 이 현상에서 매우 설득력 있는 자발성의 성격을 빼앗는 것이고, 자기 자신에게도 제거하기 어려운 장애를 만드는 것이다.

우선 전이사랑에서는 치료를 위한 어떤 도움될 만한 것도 일어날 것처럼 보이지 않는다. 지금까지 유순하였던 환자는 갑자기 치료에 대한 이해와 관심을 상실하고 그녀의 사랑과 거기에 대한 반응 이외에는 듣거나 말하려고 하지 않을 것이다. 그녀는 자신의 증상들을 포기하거나 그것들에 주의를 기울이려 하지 않는다. 심지어 자신이 다나았다고 선언한다. 국면은 완전히 변했다. 갑자기 들이닥친 현실로인해 보고 있던 연극이 중단되듯이, 연극 상연 중에 화재경보기가 울리듯이 새로운 국면이 발생한다. 이것을 치료사로서 처음 경험하는사람은 이 분석치료 상황을 이해하고, 치료가 종료되었다는 이 거짓말 같은 가상을 멀리하기 쉽지 않다.

조금만 생각해 보면 자신을 제대로 가늠할 수 있다. 무엇보다도 치료의 연장을 방해하는 모든 것이 저항의 표현일 수도 있다는 것을 의심해 봐야 한다. 폭풍과 같은 사랑의 요구가 시작되는 것에 저항이 큰역할을 하고 있다는 것은 의심할 여지가 없다. 치료사는 이미 오래전에 여성 환자에게서 매력적인 전이의 징후를 간파했을 것이다. 치료과정에서 보여 주는 그녀의 순종적인 태도, 분석치료의 설명에 대한 수용적 태도, 대단한 명민함, 높은 지성은 모두 치료사에 대한 태도에서 나온 것이라고 생각했을 것이다. 하지만 이 모든 것이 휩쓸려 지나갔다. 환자는 아무런 생각이 없어졌고, 단지 사랑에만 집착하는 것처럼 보인다. 이런 변화는 일정한 시점에 언제나 어김없이 등장하는데, 그것은 그녀의 인생사에서 아주 고통스럽거나 심하게 억압된 부분을 고백해야 하거나 기억해 보라고 요청하는 시점이다. 그녀는 이미 오래전부터 사랑에 빠져 있었고, 지금은 그 단계를 넘어 저항이 그녀를 이용하기 시작한 것이다. 이는 치료가 지속되는 것을 방해하고 치료 작업의 관심에서 시선을 돌리게 하고 분석치료사를 아주 당황스럽게 만드는 것이다.

자세히 들여다보면 이 상황에 매우 복잡한 요인들이 영향을 미친다는 사실을 알 수 있다. 부분적으로 사랑과 관계된 것이 있고, 부분적으로 저항의 특별한 표현들이 있다. 첫 번째 방식은 여성 환자가 자신의 매력을 확실히 보여 주고, 치료사를 애인의 위치로 끌어내림으로 그의 권위를 파괴하고, 그 이외에 사랑의 만족에 따르는 부수적 이득을 얻으려는 노력을 볼 수 있다. 저항이라는 측면에서 우리는 저항이 가끔 사랑의 고백을 이용하여 준엄한 치료사를 시험한다는 것을 추측해 볼 수 있다. 이렇게 되어 그가 순순히 그 사랑을 따랐을 경우 그에 대한 대가를 지불해야 한다는 것을 알아야 한다. 우리는 무엇보다도 이 저항이 아장프로보카퇴르(agent provocateur, 공작원)로서 사랑에 더욱 깊이 빠지게 하고, 성적으로 항복할 준비를 하도록 과도하게 몰고 가고, 그래서 그런 불륜의 위험함을 말해 주면서도 억압의 작용을 더 강하게 정당화하려고 하는 점을 알고 있다. **알프레트 아들러**가 지적한 바와 같이 좀 더 순수한 사례들에서는 나타나지 않는 이런 모든 부수적 행위는 전체과정에서 근본적인 것으로 볼 수 있게 되었다.

사랑의 전이에도 불구하고 치료가 확고하게 지속되어야 한다고 생각한다면, 치료 중 좌초되지 않기 위해서 치료사는 어떻게 행동해야 할까?

나는 보편적으로 적용되는 도덕을 지키라고 거듭 강조하면서 치료사는 결코 자기에게 다가온 매력의 감정을 받아들이지 말고 거절해야 한다고 간단히 말하고 싶다. 그는 오히려 도덕적 요구와 사랑을 느끼는 여성 앞에서 포기가 필연적임을 보여 줄 계기가 온 것으로 여겨야 한다. 그리고 그런 태도가 여성에게 전달되어서 그녀가 사랑의 요구를 단념하고 그녀의 자아에 있는 동물적인 면을 극복하고 분석치료를 계속하도록 해야 한다.

하지만 나는 이런 기대를 충족시키지 않는다. 첫 번째, 두 번째 기대도 모두. 첫 번째 기대를 충족시키지 않는 이유는 내가 환자를 위해 글을 쓰는 것이 아니라 심각한 어려움과 씨름하는 치료사들을 위해 글을 쓰기 때문이다. 또 다른 이유는 이것 이외에도 여기서 도덕적 규준을 그것의 원천, 즉 목적에까지 거슬러 올라갈 수 있기 때문이다. 다행히 나는 도덕적 제한을 결과의 변화 없이 분석치료 기법의 고려로 대체할 수 있는 상태에 있다.

나는 앞에서 말한 기대의 두 번째 부분들을 더욱 단호하게 충족시키지 않는다. 여성 혼자가 그녀의 사랑 전이를 고백하는 순간, 충동을 억압하고, 포기하고, 승화하라고 요구하는 것은 분석치료로 다루는 것이 아니라 무의미하게 다루는 것이다. 이것은 마치 우리가 정교한 주문으로 귀신을 저승에서 불러오고는 그 귀신에게 아무것도 물어보지 않고 저승으로 다시 돌려보내는 것과 다를 것이 없다. 그렇게 되면 우리가 억압된 것을 의식으로 불러 놓고는 다시 화들짝 놀라게 해 그것을 다시 억압하는 것이나 다름없다. 그런 치료 절차가 성공했다고 속여서는 안 된다. 우리가 아무리 고상한 연설을 해봤자 느낌을 막지는 못한다. 그 여성 환자는 수치심만을 느끼게 될 것이고 반드시 복수하게 될 것이다.

　나는 어떤 중립적인 길도 권하지 않는데 많은 이에게 이 길은 특별히 괜찮은 것으로 추천되곤 한다. 그것은 여성 환자의 매력적 느낌을 받아 주되 이런 매력적인 느낌 중 신체적인 접촉은 둘 사이의 관계가 차분한 길에 들어서고, 동시에 좀 더 승화된 단계로 올라설 때까지 가급적 피하라는 것이다. 나는 이러한 방책에 대해서도 반대하는데, 그 이유는 정신분석치료가 정직성 위에 세워진 것이기 때문이다. 그 정직성 안에 상당한 정도로 정신분석의 교육적 기능과 윤리적 가치가 들어 있다. 그 기본을 떠나는 것은 위험하다. 분석기법을 깊이 체험한 사람은 그렇지 않은 치료사들이 항상 동반하는 거짓과 가식을 전혀 찾아볼 수 없으며, 만약 그가 그런 일을 한다면 설령 최선의 의도라 하더라도 자신을 배반하는 것이다. 우리가 환자에게 엄격한 진실함을 요구하기 때문에 스스로 환자에 대해 진리와 어긋난 일을 할 때 자기 권위를 위태롭게 하는 행위가 된다. 이외에도 치료사가 환자의 매력적인 감정에 조금 빠져들어 가려는 시도가 위험이 전혀 없는 것도 아니다. 그리고 우리가 자신을 잘 다스려 자신이 의도 했던 것보다 갑자기 더 멀리가지 않도록 할 수 있는 것도 아니다. 그러므로 내가 말하고자 하는 것은 역전이를 억제함으로써 얻은 무관심[Indifferenz(옮긴이 주: 이것을 "균형을 잡아가는 주의력"이라고 표현한 적이 있다)]을 부정해서는 안 된다.

나는 분석기법이 치료사에게 요구하는 것은 사랑에 목마른 여성 환자의 만족을 거부해야 한다는 점을 이미 말한 바 있다. 치료는 절제 속에서 수행되어야 한다. 육체적 절제만을 의미하지는 않는다. 그렇다고 인간이 욕망하는 모든 것을 절제해야 한다는 것은 아니다. 그렇게 되면 어떤 환자도 치료를 견딜 수 없을 것이다. 그 대신 나는 근본적 원칙을 설정하고자 한다. 그것은 그 여성 환자에게 치료 작업과 변화를 추동하는 힘들로서의 욕구와 갈망이 유지되어야 하고, 이러한 힘들을 대리수단들로 달래려 해서는 안 된다는 원칙이다. 다른 것을 대리수단으로 제공할 수 없는 이유는 그녀의 상태로 인해 그 여성 환자는 억압이 제거되지 않는 한, 실제적인 만족을 얻기 힘든 상태이기 때문이다.

분석치료가 절제된 상태에서 수행되어야 한다는 기본원칙은 여기서 든 사례를 넘어, 그것의 적용 한계를 설정해야 할 상세한 토론이 필요한 것으로 인정된다. 하지만 우리는 이 문제를 여기서 다룰 수 없고 가능한 한 우리가 시작했던 그 상황에 집중하고자 한다. 만약 치료사가 다르게 행동한다면, 즉 양쪽 모두에게 주어진 자유를 충분히 활용하여 그 여성 환자의 사랑도 받아 주고 매력 어필에 대한 욕구를 충족시킨다면 무슨 일이 벌어질까?

만약 치료사가 여성의 제안을 받아들여 그 환자에 대한 지배력을 보장하고 그녀를 움직여 치료의 과제를 해결하여 신경증에서 그녀를 자유롭게 해 주려고 계산했다면 좋지 않은 경험 이후에야 잘못 판단했다는 것을 알게 될 것이다. 그 여성 환자는 자기의 목표를 이룰 수 있지만 치료사는 이룰 수 없다. 치료사와 여성 환자 사이에는 어떤 목사와 보험설계사 사이에서 있었다는 에피소드가 다시 벌어진 것처럼 보인다. 불신자이자 중병을 앓고 있는 보험설계사에게 가족들의 권유로 목사님 한 분이 오게 되었다. 죽기 전에 믿음을 갖게 해 달라는 부탁이었다. 대화가 길어지자 기다리던 식구들은 희망을 품기 시작했다. 드디어 병실의 문이 열렸다. 불신자는 믿음을 가지지 못하였지만 목사는 보험 가입을 한 채 자리를 떠났다고 한다.

환자의 사랑이 받아들여졌다면 그 여성 환자에게 이것은 승리이지만, 치료에는 완벽한 패배이다. 그 여성 환자는 모든 환자가 분석치료에서 얻으려고 하는 것을 얻었다고 생각할지도 모른다. 어떤 행동을 하고, 다른 환자들이 그저 기억만 해내고, 심리적 자료로 재생산하고, 심리적 영역에서 거둘 수밖에 없는 것을 삶에서 반복하는 것에 성공했다고 생각할지 모른다.[24] 그러나 그녀는 계속된 사랑의 관계에서 자기 성애의 모든 억제와 병리적 반응을 드러내지만, 그것을 바로잡을

---

24 8장인 〈기억하기, 반복하기, 훈습하기〉를 참조하라.

기회는 없다. 그리고 이 고통스러운 체험은 회한과 그녀의 억압 경향성을 더욱 강화하는 것으로 끝을 맺을 것이다. 이런 사랑관계는 분석치료로 인한 치료효과를 끝내 버린다. 그러니 사랑도 하고 치료도 한다는 것은 난센스이다.

분석치료에서 환자의 사랑 요구를 들어준다는 것은 그것을 억누르는 것만큼이나 치명적이다. 치료사의 길은 이와는 다른 길로서, 실제의 삶이 아무런 모범을 제시할 수 없는 그런 길이다. 전이사랑으로부터 눈길을 돌리거나, 그것을 없애 버리려고 하거나 환자에게 고통을 주지 않도록 주의해야 한다. 그리고 항상 전이사랑에 대한 어떤 응대도 거부해야 한다. 전이사랑을 꽉 잡고 있어야 하되, 그것을 비현실적인 어떤 것으로 다루어야 한다. 다시 말해 우리는 그것을 치료 안에서 이루어지는, 무의식적 원천으로 되돌리는 상황으로 다루어야 한다. 그리고 환자의 성적 삶에 숨어 있는 것을 의식으로 가져와서 그것을 스스로 통제하에 두도록 치료가 이루어져야 한다. 치료사가 어떤 유혹에도 저항할 수 있다는 인상을 많이 남기면 남길수록 그는 그 상황에서 분석 내용을 더 빨리 얻어 낼 수 있을 것이다. 성적 억압이 완전히 극복되지 않은 채 그것을 배경으로 밀쳐놓은 상태의 여성 환자는 모든 사랑의 조건들, 즉 그녀의 성적 동경에서 나온 환상들, 사랑에 빠졌을 때의 세세한 특성들을 드러낼 수 있을 만큼 충분히 안전하다고 느끼게 될 것이다. 그리고 그녀는 그러한 조건들로부터 그녀의 사랑의 유아기적 토대로 나가는 길을 열게 될 것이다.

어떤 계층의 여성들은 분석치료에서 실제적 만족감을 얻지 않고 사랑의 전이를 유지하려고 애써 보지만 그것을 이룰 수 없다. 그런 유의 여성들은 원초적인 열정을 가지고 있어서 어떤 대체물로도 만족하지 못한다. 그리고 그들은 본성의 자식들로서 물질적인 것 대신 심리적인 것을 취하길 거부한다. 한 시인의 말을 빌리자면 그들은 '논리는 국물처럼 많지만 근거라곤 국물 속의 건더기밖에 없을(Suppenlogik mit Knödelargumenten)'[25] 사람들이다. 이러한 사람들은 선택의 기로에 서는데, 사랑을 받아들이든지 업신여김을 받은 여성의 극에 달한 적대감을 몸으로 받아 내든지 둘 중 하나다. 두 경우 어느 곳에서도 치료에 대한 관심은 찾아볼 수 없다. 치료사는 아무 성과 없이 물러설 것이고, 신경증에 대한 능력이 그렇게 꺾이지 않는 사랑의 욕구와 연합하는지 하는 문제를 두고두고 곱씹을 것이다.

우리가 다른 여성들, 즉 사랑이 덜 격렬한 여성들을 점진적으로 분석치료에 적응시키는 방식은 많은 분석가에게도 같은 방식으로 수행되었을 것이다. 우리는 무엇보다도 이 '사랑'에 나타난 저항의 분명한 특성을 강조한다. 실제에서 사랑은 그 여성 환자를 고분고분하게 만들고 문제들을 풀어 갈 마음의 준비를 단단하게 할 수도 있다. 그 이유는 사랑하는 사람이 그것을 요구하기 때문이다. 그런 사랑은 치료의 완성을 향해 가는 길을 기꺼이 선택할 것이다. 그 이유는 자신을

---

25 옮긴이 주: 이 말은 원래 시인 하인리히 하이네(Heinrich Heine, 1797~1856)가 한 말을 인용한 것이다. 원문에는 "Suppenlogik mit Knödelgründen"이라고 표현되어 있으나 뜻에는 큰 차이가 없다. 「정치적 보유(Politische Nachlese)」에서 언급한 말이다.

치료사에게 가치 있게 보이게 하고, 실제를 준비하기 위해서이며, 그 안에서 사랑의 감정이 그 자리를 차지할 수 있게 하기 위해서이다. 그러나 그녀는 그 대신 고집을 피우고 반항하고, 치료에 대한 관심을 모두 던져 버리고, 깊은 근거로부터 나온 치료사의 확신을 전혀 존중하지 않는다. 따라서 그 환자는 사랑이라는 외적 모습에서 저항을 만들어 내고 있는 것이다. 그 이외에도 그녀는 치료사를 궁지에 몰아넣는다는 사실을 전혀 생각하지 않는다. 왜냐하면 만약 그의 의무와 학자적 양심이 자신을 다그침으로써 그 사랑을 거절하게 된다면, 그녀는 마치 멸시받은 사람처럼 행동할 것이고, 복수심과 원망의 마음으로 그가 하는 치료로부터 도망가게 되고 그것은 외형적 사랑 때문이다.

이 사랑의 진정성에 대한 두 번째 주장으로서 우리는 다음과 같이 주장할 수 있다. 이 사랑은 현재 상황에서 떠오른 유일한, 새로운 모습을 보여 주는 것이 아니라 완전히 이전의, 유년의 반응들에 대한 반복들과 복제들로 구성되어 있다. 우리는 기꺼이 그 환자의 사랑의 태도를 자세히 분석함으로써 이것을 증명하고자 한다.

우리가 이 주장들에 요청되는 인내의 기준을 부가한다면 그 어려운 상황을 극복하고, 완화되었거나 '엎어진' 사랑으로 작업을 계속하는 것이 대부분 가능하다. 그렇다면 그 목표는 유아기적 대상 선택과 그것 주위에 펼쳐 놓은 환상들을 발견하는 일이다. 그러나 나는 언급한 논거들을 비판적으로 살펴보고자 한다. 그리고 우리가 이 논거들을 가지고 환자에게 진실을 말해야 하는 것이 옳은가 아니면 은폐된 것들과 왜곡된 것들을 향한 우리의 절박함에서 피난처를 구하는 것이 옳은가 묻고 싶다. 바꿔 말하면 치료에서 드러나게 되는 사랑이 정말로 실제적 사랑이 아니란 말인가?

내 말은 우리가 환자에게 진실을 말했지만 결과에 상관없는 전체의 진실을 말한 것은 아니라는 점이다. 우리의 두 주장 중 첫 번째 것이 더 강한 것이다. 전이사랑에서 저항의 역할은 논란거리가 못 되고 매우 주목할 만한 것이다. 그럼에도 저항은 이 사랑을 만든 것이 아니라 그냥 발견한 것이며 그것을 사용하고 그 사랑의 표현을 과장한다. 현상의 진실이 저항으로 인해 부정되는 것도 아니다. 우리의 두 번째 주장은 훨씬 약한 것이다. 이 사랑은 새로 찍어 낸 옛사랑으로 만들어져 있고, 유아기적 반응들을 반복한다는 것은 사실이다. 그러나 이것은 모든 사랑의 근본적 성격이기도 하다. 어떤 사랑도 유아기의 모범을 반복하지 않는다. 그 사랑의 강박적·병리적인 것을 기억하게 하는 성격을 만들어 낸 그것이 바로 그 사랑의 유아기적·결정적 요인으로부터 나온 것이다. 다만 전이사랑은 삶에서 일어나고, 정상적이라고 부르는 사랑에 비해 어느 정도 자유가 적다. 그리고 그것은 유아기적 원판에 대한 종속이 더 분명하게 나타나고, 적응력이 부족하며 수정 능력이 부족하다. 그러나 그것뿐이지 그렇다고 그것이 근본적인 것은 아니다.

그렇다면 어디에서 사랑의 진실을 찾을 수 있는 것인가? 사랑의 목표를 달성하는 데서 그 사랑의 효율성과 유용성에서 찾을 것인가? 이런 점에서라면 전이사랑이 다른 어떤 사랑에도 뒤지지 않는 것처럼 보인다. 우리는 이 사랑에서부터 모든 것을 이룰 수 있을 것 같은 인상을 받는다.

자, 이제 정리해 보자. 우리는 분석치료에서 일어나는 전이사랑의 과정 중 '진정한' 사랑의 성격을 반박할 수 없다. 그 사랑이 정상적이지 않더라도, 분석치료 밖에서 일어나는 그 이외의 사랑도 정상적인 정신현상이라기보다는 비정상적인 현상에 더 가깝다는 사실을 보면 충분히 설명된다. 어떻든 전이사랑은 몇 가지 특성들로 인해, 그것을 특별하게 생각하게 만드는 점들이 있다. 첫째, 이것은 분석치료의 상황에서 유발된다. 둘째, 이것은 그 상황을 지배하는 저항에 의해 고조된다. 셋째, 이것은 상당한 정도로 현실에 대한 배려가 빠져 있다. 이 사랑은 그것이 낳을 결과에 대해 생각해 보지 않고 큰 걱정을 하지 않는다. 사랑받는 사람에 대한 존중에 있어서 우리가 정상적인 사랑을 할 때 인정하는 것보다 더 맹목적이다. 하지만 우리는 바로 이 규범에 어긋나는 특성들이 사랑의 본질을 구성하고 있다는 사실을 잊어서는 안 된다.

치료사의 행동을 위해서는 전이사랑에 대해 언급한 세 가지 중 첫 번째가 가장 중요하다. 치료사는 분석치료를 시작함으로써 신경증을 치료하기 위해 이 사랑을 불러내었다. 이것은 치료 상황에서 피할 수 없는 결과다. 이것은 몸을 노출하거나 삶의 중요한 비밀을 털어놓는 것과 비슷하다. 그러므로 치료사는 분명히 이것으로부터 개인적인 이득을 보려고 해서는 안 된다. 환자가 자발적으로 한다 해서 변할 것은 없다. 모든 것이 그저 치료사 자신의 책임일 뿐이다. 분석가가 알아야 할 것은 그 여성 환자가 어떤 다른 치료기제에 대해서도 준비한 적이 없다는 점이다. 모든 장애를 성공적으로 극복하고 난 후, 그녀는 종종 치료 시에 그녀에게 떠올랐던 것, 즉 자신이 용기 있게 행동한다면 그녀가 결국 치료사의 애정을 얻을 수 있을 것이라는 기대와 환상을 가지고 있었노라 고백한다.

치료사에게 윤리적 동기들은 기법적인 동기들과 결부되어 환자에 대한 사랑의 응대를 자제하게 한다. 치료사가 분명히 알아야 할 것은 고착으로 인해 자신의 사랑의 능력에 장애를 갖게 된 여성에게 더없이 중요한 사랑의 기능을 그녀가 자유의지로 펼칠 수 있게 하는 것이다. 그리고 그녀가 이 기능을 치료에서 소진할 것이 아니라 치료가 끝난 후 그런 요구가 있을 때, 즉 그녀의 진짜 삶을 위해 준비하도록 하는 것이다. 치료사는 소시지 꾸러미가 상품으로 주어지는 개 경주대회에서, 한 익살꾼이 나타나 트랙에 소시지 하나를 던져 경주를 망치는 것과 같은 일을 여성 환자에게 해서는 안 된다. 개들은 그 소시지에 달려들 것이고, 달리기를 잊을 것이고 멀리서 유혹하는 승리의 꾸러미를 잊을 것이다.

나는 치료사가 그에게 주어진 윤리와 기법에 대해 규정한 제한점들을 지키는 것이 항상 쉬운 일이라고 주장하지는 않는다. 아직 젊고 일에 확실히 적응하지 못한 젊은 치료사는 이 과제를 어려운 과제로 느낄 것이다. 말할 것도 없이 성적인 사랑은 인생의 주요 과제 중 하나이고 사랑의 행위에서 얻는 육체적·정신적 만족의 결합은 그 정점에 있는 것 중 하나이다. 몇몇 괴팍한 광신자에 이르기까지 모든 인간은 이 사실을 알고 그들의 삶을 여기에 맞춘다. 단지 학문만이 고상한 척하고 이것을 인정하지 않는다. 다른 한편으로 한 남자에게 어떤 여자가 사랑을 고백하는데 물리치고 거부한다는 것은 힘든 일일 것이다. 신경증과 저항이 있지만 사랑의 열정을 고백하는 고상한 여인에게는 비교할 수 없는 사랑의 매혹이 있다. 여성 환자의 노골적인 성적 요구는 유혹이 아니다. 이것은 오히려 혐오감을 불러일으키며, 모든 관용을 동원하여 그것을 자연적 현상으로 보려고 한다. 오히려 위험을 불러일으키는 것은 섬세하고 방향을 잃은 것 같은 소망들일 것이다. 이것이 기법과 치료사로서의 당연한 임무를 잊어버리게 한다.

그럼에도 치료사는 잠시라도 경계를 늦춰선 안 된다. 치료사가 사랑을 높이 평가한다 하더라도 그는 그의 환자가 자기 삶을 결정적 단계로 끌어올릴 기회를 더 높이 평가해야 한다. 그 환자야말로 치료사에게서 쾌감원칙을 넘어서는 법을 배워야 한다. 다시 말해 가까이 있지만 사회적으로 받아들여지지 않는 만족을 더 멀리 떨어진, 아마도 불안전할지 모르는, 그러나 심리적으로나 사회적으로 비난받지 않을 것을 위하여 포기하는 것이다. 이러한 극복을 위해 그녀는 정신적 발달의 유년기를 반복하고 의식적인 것을—체계적인 의미에서—무의식적인 것으로부터 구별시켜 주는 정신적 자유 이상의 것을 얻어야 한다.

정신분석치료사는 삼중의 싸움을 준비해야 한다. 그의 내면에서는 분석치료의 장에서 그를 끌어내리려는 힘들과 싸워야 하고, 분석치료의 밖에서는 성적 충동의 의미에 반론을 제기하면서 이 충동을 학문적 기법으로 사용하려는 것을 저해하는 적들과 싸워야 한다. 그리고 분석치료의 안에서는 그의 환자들과 싸워야 한다. 이들은 처음에는 적대자처럼 행동하다가 다음에는 그들을 지배하는 성생활에 대한 과대평가를 보여 주며, 사회적으로 길들지 않은 정열적인 감정으로 치료사를 포획하려 한다.

내가 이 글의 처음에서 정신분석의 태도에 대해 언급하였던 그 초보자들은 전이사랑에 대한 이 글을 읽고 분명히 이 치료의 위험성을 알려 세상의 이목을 집중시키려고 할 것이다. 그러나 분석치료사는 폭발적인 힘들을 작업해 내고, 화학자 같은 조심성과 지식을 필요하다는 것을 알고 있다. 하지만 언제 폭발물을 만드는 데 필수불가결한 폭발 물질의 위험성 때문에 화학자가 폭발물들을 다루는 것을 금지하였던가? 다른 의학적 행위들에는 이미 오래전부터 허용되어 왔던 모든 자격을 정신분석이 새롭게 얻어 내야만 한다는 것은 이상한 일이다. 나는 해롭지 않은 치료방법들을 포기해야 한다는 의견에 동의하지 않는다. 이것들은 오히려 많은 경우에 효과적이다. 필경 인간의 사회는 다른 광신을 싫어하는 만큼 치료에 대한 광기(furor sanadi)도 싫어한다. 하지만 우리가 이런 정신 신경증들이 무해한 수단을 가진 수술에 의해 정복될 수 있다고 믿는다면, 정신 신경증을 그 기원과 그것들의 실용적인 의미에서 악의적으로 과소평가하는 것이다. 그것은 아니다. 의학적 시술에서는 의약(medicina) 외에도 칼(ferrum)과 불(ignis)에 대한 가능성이 항상 있다.[26] 이와 마찬가지로 환자의 건강을 위해서 극

---

26 옮긴이 주: 히포크라테스의 잠언 7번은 이렇게 말한다. "의약이 치료하지 못하는 것은 칼

도로 위험한 정신적 충동들을 다루는 기법을 배우고 그것들을 통제하는 것을 마다치 않는 꿋꿋한 정신분석을 규칙에 따라 시행하는 것이 배제되어서는 안 된다.

(ferrum: 철)이 치료한다. (외과의사의) 칼이 치료하지 못하는 것은 불(ignis: 태움)이 치료한다." 라틴어로 "quae vero ignis non sanat, insanabilia reputari oportet"로 표현된 이 말은 독일의 극작가 프리드리히 실러 Friedrich Schiller(1759-1805)가 『도적떼들』 *Die Räuber*의 제일 앞장에 인용한 문구로 유명하다.

Freud, Sigmund,
Die
therapeutische
Technik

10장

정신분석치료의
난점
(1917)

Die Freudsche psychoanalytische Methode 1904

Zur Psychotherapie 1905

Die zukünftigen Chancen der psychoanalytischen
Therapie 1910

Über wilde Psychoanalyse 1910

Zur Dynamik der Übertragung 1912

Ratschläge für den Arzt bei der psychoanalytischen
Behandlung 1912

Zur Einleitung der Behandlung 1913

Erinnern, Wiederholen und Durcharbeiten 1914

Bemerkungen über die Übertragungsliebe 1915

Eine Schwierigkeit der Psychoanalyse 1917

Wege der psychanalytischen Therapie 1919

Konstruktionen in der Analyse 1937

Die endliche und die unendliche Analyse 1937

Die psychoanalytische Technik 1938 1940

글을 시작하면서 곧장 말하고 싶은 것은 내가 난점(難點)이라고 말하는 것이 수용자(청자 또는 독자)에게 정신분석치료가 이해하기 어렵다는 것은 아니라는 점이다. 그보다는 정신분석치료가 수용자의 감정과는 동떨어져 수용자가 정신분석에 관심을 잃고 신뢰하게 되지 못하게 하는 분위기를 만든다는 의미의 정동적인 난점에 대해 말하려고 한다. 우리가 알다시피 같은 것에 두 가지 난점이 생긴다. 한 가지 사실에 충분히 공감하지 못하는 사람은 그 사실을 쉽게 이해할 수도 없다.

편파적인 생각을 전혀 하지 않는 독자를 고려하여 약간 광범위하게 설명해야 하겠다. 정신분석치료에는 수많은 개별적 관찰과 인상들에서 리비도 이론이라는 이름으로 알려진 이론 같은 어떤 것이 형성되었다. 알려진 대로 정신분석치료는 소위 말하는 신경증적 장애들의 원인을 밝히고 그것을 제거하는 일을 한다. 이 문제를 위하여 한 공격지점이 발견되었다. 그리고 사람들은 정신의 충동적 삶에서 그 지점을 찾기로 하였다. 말하자면 인간들의 충동적 삶에 대한 가정들이 신경증에 대한 우리의 이론적 기초이다.

우리 학파에서 가르치는 심리학은 우리가 정신생활의 문제들에 대해 질문할 경우 만족할 만한 대답을 내놓지 못하고 있다. 그러나 어떤 영역도 욕동의 영역만큼 그 방책들이 옹색한 곳은 없다.

우리가 어떻게 이 영역에서 첫 번째 방향설정을 하느냐 하는 것은 우리에게 맡겨져 있다. 일반적으로 사람들은 식욕과 욕동의 대표자로서의 성욕을 구별한다. 이들은 대체로 개체를 유지하려고 하는 것과 그 개체를 번식하려고 애쓰는 것들이다. 우리가 수긍이 가는 이 구별을 받아들이는 것처럼 정신분석에서도 자기 보존을 위한 자아욕동을 성욕과 구별한다. 그리고 우리는 정신생활에서 성욕을 만드는 힘을 리비도(성적 요구)라 칭하는데 이것은 어떤 식욕, 힘 의지 등과 같은 자아욕동에 있는 것과 비슷한 것을 말한다.

이제 우리는 이 가설의 토대 위에서 의미 있는 첫 발견을 한다. 우리는 신경증적 질병들을 이해하기 위해 성욕에 큰 의미가 부여된다는 것을 알게 되었다. 그리고 신경증들이란 말하자면 성적 기능과 관련된 특별한 질병이라는 것, 과연 한 인간에게 신경증이 있느냐 하는 문제는 리비도의 질과 그 리비도를 만족시키고 만족으로 해소할 가능성에 달려 있다는 것, 신경증의 형식이 개인이 성기능의 발전경로를 어떻게 퇴행시키느냐에 따라 규정되거나 (우리가 말하는 대로 하자면) 개인의 리비도가 그 리비도의 발달과정에서 체험한 고착으로 규정된다는 것, 우리가 어떤 특정하거나 그리 단순하지만은 않은 정신 중재의 기법에서 어떤 수단을 갖고 신경증자들의 많은 집단을 동시에 계도하고 회복시킨다는 것이다. 그렇다면 자아욕동과 성욕 사이의 갈등에서 나온 신경증의 특정한 종류에 대한 우리의 치료적 노력은 가장 큰 성공이다. 인간에게는 개개 존재의 특성을 훨씬 넘어서는 성욕의 요구가 자아에 위험한 것으로 등장하여 자아의 자기 보존과 자존감을 위협하는 경우가 일어난다. 그러면 자아는 방어하게 되고 성적 욕동이 원하던 만족을 거부하고 그 성욕을 대체만족이라는 우회로를 택하라고 강제하는데, 이 대리만족이 신경증적 증상으로 나타난다.

그렇게 되자 정신분석치료는 억압과정을 재검토하고 갈등은 더 나은 건강과 양립할 수 있는 대책으로 인도하는 방법을 찾았다. 몰상식한 반대편들은 우리가 성욕을 중요시한다는 점을 일방적이라고 비난하였다. 인간은 성적인 것 말고 다른 관심들도 많다고. 우리 또한 그 점에 대해 잠시도 망각하거나 부인한 적이 없다. 우리의 일방성은 화학자의 그것과 같은데, 화학자는 모든 화합물을 화학적 친화력의 힘에 환원한다. 그 때문에 화학자는 중력 같은 것을 무시한다. 그는 이 연구를 물리학자에게 양도한다.

치료 작업을 진행하는 동안 우리는 환자에게서 리비도의 분배에 대해 신경을 써야 한다. 우리는 환자의 리비도가 어떤 대상표상과 연결되어 있는지 탐구하여, 자아가 그 리비도를 마음대로 조절할 수 있도록 그 리비도를 해방한다. 이렇게 하면서 우리는 인간에게서 시작기의 리비도, 즉 리비도의 원 분배에 대한 특이한 상을 얻는 데 이른 것이다. 우리는 개인발달의 초기에 모든 리비도가(모든 성적 노력, 능력이)

개인의 성격에 달려 있다는, 즉 우리의 전문용어로 "고유한 자아를 장악한다(옮긴이 주: 집중한다)"는 결론을 얻게 되었다. 나중에서야 큰 삶의 욕구에 기대어 리비도가 자아로부터 외부 대상으로 나가는 일이 일어난다. 이를 통해 비로소 우리는 리비도적 욕동 자체에 대해 인식하고 그것을 자아욕동들과 구별하게 되었다. 이런 대상들로부터 리비도는 다시 분리되어 자아로 숨게 된다.

자아가 리비도를 품고 있는 상황을 우리는 나르시시즘이라고 부르는데, 이것은 그리스 신화에서 나온 청년 나르키소스에서 따온 것이다. 이 청년은 물 위에 비친 자기 모습을 보고 사랑에 빠졌다.

우리는 개인의 발전은 나르시시즘이 대상사랑으로 넘어가면서 이루어진 것으로 본다. 그러나 그때마다 자아가 가진 전체 리비도가 대상으로 넘어가는 것은 아니다. 일정량의 리비도는 항상 자아에 머물러 있고 고도로 발달한 대상사랑에도 불구하고 일정량의 나르시시즘도 자아에 그대로 존속한다. 자아는 큰 비축고다. 거기에서 대상을 향해 규정된 리비도가 흘러나오고, 대상들로부터 나온 리비도가 다시 거기로 흘러 들어간다. 대상 리비도는 처음에는 자아 리비도였다. 그러므로 이제 다시 자아 리비도로 바뀔 수 있다. 아주 건강한 사람은 그들의 리비도가 최대한의 활력을 잃지 않는 것이 중요하다. 이런 관계를 감각적으로 이해하기 위해 우리는 원생동물을 생각해 볼 수 있다. 그 세포막이 위족을 내밀어 몸통을 뻗어 새로운 덩어리를 만들어 내고 언제나 돌아와서 원생물체의 형태가 다시 만들어진다.

내가 이런 해석들을 통해 기술하고자 한 것은 신경중에 대한 리비도 이론인데, 여기에 이런 병적인 상황의 본질에 대한 우리의 모든 이론과 그에 대한 치료적 중재가 기초한다. 리비도 이론의 전제조건들이 정상인들의 태도에도 그대로 적용되는 것은 당연한 일이다. 우리는 아동의 나르시시즘에 대해 언급하면서 그것이 원시인의 강력한 나르시시즘에서 전해졌음을 알 수 있다. 그 원시인은 생각의 전능함을 믿기 때문에 외부세계에서 일어나는 사건들의 운명을 마법을 통해 바꾸려고 한다.

들어가는 말에 이어 나는 인간의 자기애인 일반적 나르시시즘이 지금까지 학문적 연구에 의하면 세 가지 중증 질환을 일으킨다는 것을 설명하고자 한다.

1) 인간은 자기 탐구의 초기에 자기의 거주지인 지구가 세계의 중심에 조용히 서 있고 태양과 달, 항성들이 지구 주위를 돌고 있다고 믿었다. 인간은 아주 순진하게도 감각적 지각이 주는 인상을 따랐다. 왜냐하면 그가 자기를 둘러볼 수 있는 곳에서 외부세계를 포함하고 있는 어떤 원운동의 중심에 있어 지구가 움직이는 것을 느끼지 못했기 때문이다. 그러나 지구가 중심에 위치한다는 믿음은 인간에게 자신이 우주에서 중심이라는 것에 대한 보증이 되었다. 그리고 그것은 자기를 이 세계의 중심으로 느낄 수 있는 그의 경향성과도 아주 일치하는 것처럼 보였다.

우리가 보기에 이런 나르시스트적 환영의 파괴는 16세기 니콜라우스 코페르니쿠스의 이름과 저작에 연결된다. 그보다 훨씬 일찍 피타

고라스학파들이 지구가 중심이라는 설에 회의적이었으며, 사모스의 아리스타르코스는 기원전 3세기에 지구가 태양보다 훨씬 작으며 이 천구의 중심 주위를 돈다고 말했다. 말하자면 코페르니쿠스의 위대한 발견 또한 그 앞 시대에 이미 발견한 것이다. 그러나 그것이 일반적으로 받아들여졌을 때 인간의 자기애가 그것의 첫 번째, 즉 우주론적 질병을 경험한 것이다.

2) 인간은 그의 문명적 발달과정에서 같은 동물인 다른 피조물을 지배하는 주인의 자리를 차지하였다. 그러나 이런 지배권으로 만족하지 못하고 자기 본질과 동물의 본질 사이에 큰 심연을 만들기 시작했다. 인간은 동물에게 이성이 없다고 하고 자신에게는 불멸의 혼이 있다고 보고 높은 신적인 기원을 주장하였다. 이것을 토대로 동물세계와의 공동체 굴레를 파괴해 버렸다. 이상한 점은 이런 신적인 자리로의 상승이 어린아이나 인류의 조상인 원시인과는 너무나 거리가 멀다는 점이다. 그러니까 이것은 후기의 고상한 발전의 결과이다. 원시인은 토테미즘의 단계에서 그의 종족이 동물적인 조상에 거슬러 올라간다는 점을 기분 나쁘게 생각하지 않았다. 그 옛날 사고방식의 기록을 포함하고 있는 신화에서 신들은 동물의 형상을 하고 있고, 초기의 예술 작품에서는 신들을 동물의 머리로 만들고 있다. 어린아이는 자기의 본질과 동물의 본질 사이에 아무런 차이를 감지하지 못한다. 아이들은 동물들이 동화에 등장하여 생각하고 말하지만 놀라지 않는다. 아이는 아버지에 해당하는 불안효과를 개나 말에 치환하지만 그로 인

해 아버지를 조금도 깎아내리지 않는다. 아이가 성장하고 나서야 자신이 동물과 너무 멀다는 것을 느끼고 오히려 동물의 이름으로 사람을 욕할 수 있다.

찰스 다윈과 그의 동료, 선배의 연구는 불과 50년이 더 지난 시점에 이런 인간의 지배적 위치에 종말을 고하였다. 인간은 다르지도 더 낮지도 않은 동물이라고 하고, 인간은 자체가 동물의 계열에서 나온 것이고 어떤 종류들과는 비슷하게 어떤 종들과는 아주 달리 친척관계에 있다고 지적했다. 인간이 나중에 이룬 업적들이 있기는 하나 그것으로 그의 신체구조나 정신적인 기질에 주어진 동물의 증거들을 없앨 수는 없었다. 그러나 이 점이 인간적 나르시시즘의 두 번째 생물학적 질병이다.

3) 가장 민감한 것은 분명 심리적 성격을 가진 세 번째 질병이다. 인간은 외부에서 굴욕을 당하더라도 자기의 고유한 정신에서는 주권을 가지고 있다. 자아의 핵심 어디에선가 검열기관을 만들어 그의 충동과 행동이 자아의 요구에 부합하는지 감시한다. 그들이 그렇게 하지 않는다면 충동과 행동은 가차 없이 억제되거나 취소당한다. 자아의 내적인 지각인 의식은 정신 작동에서 모든 의미 있는 과정들에 대한 지식을 자아에 보내 준다. 그리고 이런 소식들에 유연한 의지가 자아가 질서 지우는 것을 수행하고 스스로 수행하고자 하는 것을 변경한다. 왜냐하면 이 정신은 단순한 것이 아니라 위아래로 질서 지워진 심급들, 혼란한 추동들의 위계질서이기 때문이다. 이것들은 서로 독립

적으로 욕동의 복수성과 외부 세계와의 관계의 복수성에 상응하게 욕동수행을 풀무질하며, 그중 많은 것은 서로 충돌하고 서로 용납하지 않는다. 이것이 기능하기 위해서는 준비되는 모든 지식을 최상위의 심급이 가지고 있고, 그 심급의 의지는 지식이 영향을 미치도록 도처에 간섭할 수 있어야 한다는 점이 요구된다. 그러나 자아는 정보의 완전성과 신뢰성뿐 아니라 명령을 내리는 소통에 대해서도 확신을 가지고 있다.

어떤 질병들에서는, 말할 것도 없이 특히나 우리가 연구한 신경증에서는 상황이 다르다. 자아는 불쾌하게 느끼고 자기 집에서 자기의 힘, 즉 정신의 한계에 저항한다. 여기서 갑자기 우리가 그것이 어디서 오는지 알지 못할 생각들이 떠오른다. 우리는 그런 생각들을 추방할 아무런 대책도 없다. 이 낯선 손님들은 자아에 종속된 것들보다 더욱 강력한 것처럼 보인다. 일반적으로 모든 의지는 시도한 힘의 수단들에 저항하는데, 이 생각들은 논리적 반박에도 흔들리지 않고 존재하며 현실이라는 반대 의견에도 영향을 받지 않는다. 아니면 낯선 것의 추동 같은 것들이 오게 되고 자아는 그 힘들을 부정하지만, 그 힘들을 두려워하고 그에 대해 조심한다. 자아는 속으로 '이것은 병이다', '낯선 이의 침범이다'라고 말한다. 그러면서 자아는 영향력을 발휘하지만 왜 이런 이상한 방식으로 마비가 되는지 이해할 수 없다.

정신병원에서는 악령들이나 낯선 귀신들이 정신생활에 들어온 사건들에 대해 논쟁하지만 그 외에는 어깨만 들썩이며 말할 것이다. '퇴행이네', '유전적 형질이네', '체질적 열성이네!' 정신분석은 이 무시무시한 질병의 발발에 대해 해석하고, 세심하고 끈기 있게 탐구하고 보조 개념을 만들고, 학문적 구성을 하고, 마지막에 자아에게 이렇게 말할 수 있다.

"너에게 낯선 것이 온 게 아니야, 너의 고유한 정신생활의 일부분이 너의 지식과 의지의 지배를 벗어난 것일 뿐이지. 그 때문에 너는 방어가 취약한 것일 뿐이야. 너는 네 힘의 한 부분으로 다른 부분에 대항해 싸우는 거라고. 그러니 당연히 다른 외부의 적을 대항할 때처럼 너의 모든 힘을 모을 수가 없어. 그러나 그것이 너의 정신적 힘이 가진 가장 나쁘고 중요하지 않은 힘이라곤 말할 수 없지. 그러므로 이것은 너를 대항해 그렇게 나온 것도 아니고 너에게서 독립된 힘도 아니야. 감히 말하건대 잘못은 너 자신에게 있어. 네가 원하는 것을 너의 성적 충동으로 처리할 수 있을 거라고, 그리고 그 충동의 의도들에 대해서는 아무 고려도 할 필요가 없을 거라고 믿었다면 너는 너의 힘을 과신한 거지. 그 충동들이 이제 화가 났어. 그리고 속박을 피하기 위해 그들만의 어두운 길을 가기 때문에 너한테는 정당하지 못한 방식으로 행할 권리를 찾은 거야. 너는 그 충동들이 그것을 어떻게 행동으로 옮기고 어떤 길들을 걸어왔는지 경험하지 못했어. 네가 고통으로 느끼는 이 작업의 결과, 즉 증상만이 너의 지식이 된 거야. 너는 이제 그것을 너 자신의 저항 충동들이 만든 파생물이라는 것을 인식하지 못하고 그것이 대체만족이라는 것을 알지도 못해.

그러나 전체과정은 네가 실수를 할 때처럼 다른 중요한 지점에 있다는 단 하나의 상황만으로도 가능해. 너는 그것이 중요한 한, 너의 영혼에서 일어나는 모든 것을 경험한다고 믿고 있지. 이유는 너의 의식이 그것을 너에게 알려 주기 때문이야. 네가 너의 정신에서 어떤 정보도 듣지 못했다면 그것이 너의 영혼에 포함되지 않았다고 굳게 믿는 거야. 그렇지. 심지어 너는 '정신적인'이라는 말을 '의식적인'이라는 말과 동일한 것으로 생각해. 말하자면 외적인 증거에도 불구하고 네가 알고 있는 것은 너의 의식세계에 알려진 것보다 너의 정신생활에서 언제나 더 많은 것이 일어난다는 점이야. 이 점을 충분히 숙지하라고! 너에게 있는 정신적인 것은 네가 의식하고 있는 것과 같지 않아. 너의 정신에서 일어난다는 것과 네가 그것을 체험한다는 것은 서로 다른 것이야. 내가 인정하는 것은 너의 의식으로 향한 정보 전달자가 일반적으로는 너의 욕구를 위해 충분하다는 것이지. 너는 환영 속에 누워 더 중요한 모든 것을 체험하게 되지. 그러나 많은 경우, 예를 들어 그런 욕동갈등의 경우엔 그렇게 되지 않아. 그러면 너의 의지는 너의 지식보다 멀리 나가진 못하지. 모든 경우에 너의 의식의 이 정보들은 완전하지 못하고 자주 믿을 수 없어. 너는 사건들로부터 이 사건들이 완성된 후 그것을 더 이상 바꿀 수 없을 때 처음으로 지식을 얻게 되는 일이 종종 발생하지. 네가 만약 아프기라도 하다면 너의 영혼에서 추동하는 것을 누가 알 수 있을까? 그에 대해 너는 아무 것도 알지 못하고 그게 뭔지 거짓 정보만 받게 돼. 이제 너는 절대 군주가 되어 최고위급 신하들에게서 나온 정보들만으로 만족해야지 백성들에게 내려가 그들의 목소리를 들을 수는 없는 거야. 너에게로 들어가. 너의 마음의 심층으로 들어가서 너 자신을 알라고. 그러면 네가 아플 수밖에 없는 이유를 알게 돼. 아마 운이 좋으면 아프게 되는 것을 피할 수도 있어."

이와 같이 정신분석치료는 자아를 교육하고 싶어 한다. 그러나 두 개의 교육, 즉 우리 안의 성욕동의 삶을 완전히 구속할 수 없다는 것, 정신적 과정들이 그 자체로 무의식적이고 오로지 불완전하고 신뢰할 수 없는 인지를 통해 자아에 접근할 수 있고 그의 명령을 따른다는 것은 결국 **그 자신이 세운 집에서도 주인이 아니라**는 주장과 같다. 이 두 개의 교육은 내가 심리적인 것이라고 명명하는 자기애의 세 번째 질병을 묘사한다. 그 때문에 자아가 정신분석에 특혜를 줄 수 없고 그것을 믿기를 아주 완고하게 거절한다.

소수의 사람만이 무의식적 정신과정들이 학문과 삶에서 하나의 중요한 발걸음을 뗐다는 것을 알았을 것이다. (정신분석은 이런 발걸음을 처음으로 한 것이 아니라는 점을 주저 없이 첨언해야겠다.) 저명한 철학자들을 선구자로 들 수 있는데 누구보다도 사상가 쇼펜하우어를 언급하지 않을 수 없다. 그의 무의식적 '의지'는 정신분석에서 말하는 정신적 욕동과 같은 것이다. 그 이외에도 이 사상가는 불멸의 인상을 남긴 말들을 통해 인간들에게 예나 지금이나 성적 욕구의 의미를 과소평가하지 말라고 경고했다. 정신분석은 하나만을 전제로 하고 있다. 그것은 나르시시즘에 아주 치명적인 두 개의 명제, 즉 성에 대한 정신적 의미와 정신생활의 무의식적 특성에 대해 추상적으로 주장하는 것이 아니라, 모든 개별자들에게 구체적으로 일어나고 이런 문제들에 대한 입장을 강요하는 자료를 두고 입증해 나간다. 그러나 바로 그 이유 때문에 정신분석은 혐오와 저항을 받을 수밖에 없으며, 철학자의 이름을 가급적이면 피하게 한다.

Freud, Sigmund,
Die
therapeutische
Technik

11장

정신분석적
정신치료의 여러 길
(1919)

동료 여러분! 알다시피 우리는 우리의 지식과 능력이 완전하고 체계적인 점에 대해 한 번도 긍지를 가져 본 적이 없습니다. 예나 지금이나 우리는 우리가 가진 인식의 불완전성을 시인하고, 추가로 새로운 것을 배우고, 우리의 방법에서 굴절시키고 그것을 더 나은 것으로 대체할 준비가 되어 있습니다.

오랫동안 너무 힘들었던 결별 후에 우리가 다시 한 번 만났기 때문에 우리 치료의 상태를 점검해 봐야겠다는 생각이 저를 자극합니다. 이 상태로 인하여 우리는 인간들의 사회에서 우리의 위치를 점할 수 있고 어떤 새로운 방향으로 그 위치가 발전할 수 있을지 바라볼 수 있게 되었습니다.

우리는 치료사의 과제를 신경증 환자가 그에게 내재하는 무의식적·억압적 충동을 알게 하고, 이런 목적을 수행하는 동안 환자의 내면에서 그런 자신에 대한 앎의 확립과정에서 생기는 저항들을 발견하게 하는 것이라고 말합니다. 이런 저항들의 발견과 함께 그 저항들의 극복도 보증될까요? 분명 늘 그렇지는 않습니다. 그러나 우리 치료사는 환자가 치료사의 인격에 전이하는 것을 이용하여, 환자가 유년시절에 일어난 억압들이 가지는 무목적성과 쾌감원칙에 따라 삶을 영위할 수 없다는 치료사의 확신을 환자의 확신으로 변화시킵니다. 이런 과정을 통해 치료 목표에 이르기를 바랍니다. 우리가 환자를 치료할 때 이용하기도 하지만, 환자가 유년기 질병갈등의 자리에 만드는 새로운 갈등의 역동적 상황들은 내가 다른 논문에서 상세히 설명하였습니다. 그 점에 대해서는 아직 변경된 것이 없습니다.

우리는 환자의 억압된 정신(옮긴이 주: 심혼)을 의식으로 변화시키는 작업을 정신분석이라 합니다. 왜 '분석'이라고 합니까? 분석은 분해하고, 해체한다는 뜻을 가지고 있습니다. 그리고 이것은 자연에서 발견하여 자기 실험실로 가져온 물질들을 다루는 화학자의 작업과 유사합니다. 그런 유사성은 실제로 중요한 지점에 있기 때문에 적용하는 것입니다. 환자의 증상들과 병적인 표출들은 자연을 고도로 결합한 환자의 정신적 활동과 유사합니다. 이런 결합의 요소들은 그 최종적 밑바닥에 있는 동기와 충동들입니다. 그러나 환자는 이런 기초적인 동기들에 대해 모르거나 매우 불충분한 것만을 알고 있습니다. 우리는 환자들에게 아주 복잡한 정신적 형성들의 결합체를 알게 합니다. 그리고 화학자처럼 증상들을 다른 물질과 결합하여 화학적 요소가 더 이상 무엇인지 모르게 된 소금에서 기초물질인 화학적 요소를 분리하듯, 그것들을 일으키게 하는 충동들에 환원시키고, 환자가 지금까지 모르는 욕동의 동기들을 증상에서 확인시킵니다.

우리는 인간의 성적 요구 또한 그 요소들을 분해하면서 설명하였습니다. 이를 위해 꿈을 해석할 때 그 꿈을 전체로 보는 것을 등한시하고 연상을 개별적 요소들과 연결하는 일을 합니다.

치료사의 정신분석적 활동을 화학자의 작업과 비교하는 것은 당연한 것으로 우리 치료의 새로운 방향을 일깨우는 자극제가 될 수 있습니다. 우리가 환자를 **분석해 왔다**는 것은 정신활동을 근본적인 구성소들로 분해하고 이 충동의 요소들을 그 환자에게서 개별적으로 격리하여 보여 주었다는 뜻입니다. 이것이 우리가 그 구성소들을 새롭고 더 좋게 결합하면서 환자를 치료한다는 것과 무엇이 다르단 말입니까? 여러분들은 다음과 같은 요구가 있었다는 것을 알고 있을 것입니다. "병적 정신생활을 분석한 이후에는 그것을 다시 통합하는 것이 뒤따라야 한다!" 이 말과 함께 우리가 분석은 너무 많이 하고 통합은 너무 적게 한다는 걱정이 따라왔습니다. 이는 통합에 대한 분석치료의 영향에 중점을 두는 것, 흡사 생체해부에 의해 파괴된 것을 재건하는 데 영향을 두는 노력이 부족하다는 뜻으로 들립니다.

신사 여러분, 저는 이런 심리적 통합에서 새로운 과제가 발생하리라는 것을 믿을 수 없습니다. 제가 정직하게, 좀 거칠게 말해도 된다면 저는 그것이 아무 생각 없는 상투어일 뿐이라고 말하고 싶습니다. 제가 감히 말씀드리고 싶은 점은 그것이 그저 어떤 비교를 위한 내용 없는 과장일 뿐이거나, 다른 말로 하자면 부적절한 이름 붙이기 식의 횡포라 하겠습니다. 그러나 이름이라는 것은 다른 것, 비슷한 것과 구별하기 위한 하나의 표시로 프로그램도 아니고 내용도 아니며 정의도 아닙니다. 그리고 하나의 비교는 단지 한 지점에서만 접근할 비교 대상을 필요로 합니다. 다른 모든 지점에서는 그것과 너무 멀리 떨어져 있습니다. 심리적인 것은 어떤 유일한 특수자입니다. 그래서 어떤 단독의 비교도 그 본성을 재현할 수 없습니다. 분석치료 작업은 화학적 분석과의 유사성을 보여 줍니다만, 마찬가지로 외과의사의 수술과도 유사하고 정형외과의의 일 또는 교육자의 교육과도 유사합니다. 화학적 분석과의 비교는 우리가 정신생활에서 규격화와 요약의 강박에 지배받는 충동들과 관계한다는 점에서 한계가 있습니다. 증상을 분해하는 것, 즉 충동을 인과관계에서 해방하는 것이 성공한다면 그 충동은 고립되지 않고 새로운 인과관계로 들어갑니다.[27]

그렇습니다. 정반대입니다! 신경증 환자는 우리에게 분열된, 저항들로 인해 균열된 정신생활을 가져옵니다. 그리고 우리가 그에 대해 분석하고, 저항을 제거하는 동안 이 정신생활은 같이 성장하고 우리가 그의 자아라고 말하는 큰 단위가 지금까지 그 자아에서 분열되고 떨어져 구속된 모든 충동을 불러옵니다. 이렇게 피분석자에게는 정신통합이 우리의 치료 없이도 자동적으로 그리고 불가피하게 성취됩니다. 증상들의 해체와 저항들의 제거를 통하여 우리는 정신통합의 조건들을 만듭니다. 환자에게 있는 어떤 것이 그의 구성요소로 분해되

---

27 화학적 분석에서도 어떤 아주 유사한 것이 일어난다. 화학자가 강요하는 고립들과 동시에 자유롭게 되어 버린 친화력과 소재의 친화력 덕택에 원하지 않는 통합이 성취된다.

어 이제 조용히 그것이 어떤 식으로든 다시 결합할 때까지 기다린다는 것은 사실이 아닙니다.

이렇게 우리 치료의 발전은 다른 길들로 접어든 것 같습니다. 무엇보다 최근에 페렌치가 『히스테리 분석의 기법적 난점들(*Technische Schwierigkeiten einer Hysterieanalyse*)』(1919)이라는 논문에서 분석가의 "**활동**"이라고 표현한 것이 그렇습니다.

"활동"이 무엇인지 우리 급하게 결론을 내봅시다. 우리는 우리의 치료적 과제를 두 가지 내용으로 명확히 규정해 두었습니다. 그것은 다름 아닌 억압된 것의 의식화와 저항들의 발견입니다. 이때 우리는 능동적으로 이 일을 합니다. 그러나 이 작업을 할 때 우리나 그에게서 보인 저항들을 혼자서 해결하라고 놔두어야 합니까? 우리는 전이의 작동으로 그가 스스로 이것을 체험하는 것 외에 환자에게 아무런 도움을 줄 수 없습니까? 그보다는 오히려 우리가 원하는 갈등의 해결을 위해 가장 적절한 심리적 상황으로 그를 인도해 그를 도와 주는 것이 바른 일이 아닐까요? 환자의 능력은 아직 외부적으로 주어진 수많은 상황에 종속되어 있습니다. 우리의 중재로 이 상황들이 적절하게 바뀐다면 어떨까 하고 생각해 보아야 하지 않을까요? 저로서는 분석적으로 치료하는 치료사의 그런 활동이 당연하고 완전히 정당한 것이라는 생각이 듭니다.

여러분들은 여기서 분석치료 기법의 새로운 영역이 열린다는 것을 알 것입니다. 그 장을 열기 위해서는 세심한 노력과 분명한 규칙을 만들어야 합니다. 저는 오늘 여기서 여러분들에게 진화하고 있는 기법을 보여 주지는 않겠습니다. 그 대신 정신분석치료 기법의 영역에서 지배적인 것이 될 기본원칙을 강조하는 것으로 만족하려고 합니다. **그 기본원칙은 분석치료가 가능한 한 배제에서 ─즉 절제에서─ 이루어져야 한다는 원칙입니다.**

이것을 확정하는 것이 가능한지는 상세한 토론을 거칠 필요가 있습니다. 그러나 절제란 말에서 항상 일어나는 만족의 배제를 뜻하는 것은 아닙니다. 그것은 당연히 실행할 수 없습니다. 우리가 그 말을 가령 성관계를 중지하듯 하는 대중적 의미로서 이해하는 것도 아닙니다. 그보다는 다른 어떤 것, 차라리 병증과 회복의 역동과 더 많이 관계되는 것입니다.

여러분들은 환자를 병들게 한 것이 거절이었다는 것, 그의 증상들이 그에게 대리만족을 수행하고 있다는 것을 기억하실 것입니다. 여러분들은 치료가 진행되는 동안 환자의 병증 개선이 완전한 회복의 속도를 늦추고, 치료를 재촉하는 충동의 힘이 감소한다는 것을 관찰할 수 있습니다. 그러나 우리가 이 충동의 힘을 포기할 수는 없습니다. 그런 힘의 감소는 우리의 치료 목표를 위험하게 할 수 있습니다. 그렇다면 어떤 결과가 물리칠 수 없을 정도로 과도하게 우리를 몰아붙이는가요? 기괴하게 들릴지 모르지만 우리는 환자의 고통을 어떤 영향력이 있는 정도로 너무 빨리 끝나지 않게 조심해야 합니다. 증상들을 분해하고 무가치하게 만듦으로써 상태가 좋아진다면 감정적 배제를 통해 그 고통을 어딘가 다른 곳에서 다시 구성해야 합니다. 그렇지 않으면 우리는 위험해져서 결코 소박한 치료 이상의 것, 견고하지 않은 개선 이상의 것에 이르지 못할 것입니다.

제가 아는 한, 위험은 특히 두 가지 측면에서 나옵니다. 한편으로 분석치료로 자기 질병의 동요를 겪은 환자는 그의 증상 자리에 이제 고통의 성격이 사라진 새로운 대리만족을 만들기 위해 부단히 노력합니다. 부분적으로 자유롭게 된 리비도의 엄청난 치환에 기대어 다양한 활동들, 애호활동, 습관들 같은 것에 집중합니다. 그리고 전에 이미 극복했던 것들을 리비도 에너지로 되가져 와서 대리만족합니다. 환자는 항상 새로운 관심사를 찾아서 그것을 통해 치료에 들었던 에너지를 소진하고 그것들을 비밀스럽게 할 줄 압니다. 치료사는 앞에 했던 이런 만족을 주는 활동이 그 자체로 해롭지 않게 보일지라도 이러한 샛길을 감지하여 매번 그에게 중지를 요구하여야 합니다. 반쯤 치료받은 환자는 그보다 적지만 해로운 길로 접어들 수 있는데, 예를 들어 그가 남자일 경우, 성급하게 여자 친구를 만드는 경우입니다. 그 이외에도 이혼이나 신체적인 질병이 가장 흔한 신경증의 도피수단입니다. 이들은 특히 죄의식(처벌욕구)을 통해 만족감을 얻기도 하는데, 이것이 많은 환자로 하여금 그들의 신경증을 집요하게 붙들고 있게 합니다. 서투른 결혼을 함으로써 그들을 스스로 처벌합니다. 그들은 만성 신체 질병도 운명의 처벌이라고 받아들입니다. 이렇게 신경증의 지속을 포기하는 경우가 많습니다.

치료사의 활동은 그런 모든 상황에서 성급한 대리만족에 열정적으로 대응하느냐 하는 것으로 이루어져야 합니다. 그러나 그에게는 두 번째 대리만족에 대한 보존이 과소평가하지 말아야 할 위험이 되기 더 쉽습니다. 이것은 분석치료의 동력을 위협합니다. 환자는 치료 시에 대리만족을 무엇보다 치료사와의 전이관계에서 찾습니다. 게다가 이러한 과정에서 이런 길이 아니면 그에게 부담이 되었을 단념들을 보상받으려고 합니다. 몇 가지는 다소간 환자에게 허용되어야 하는데, 그것은 그 사건의 성격이나 환자의 특성에 따라 다릅니다. 그러나 그것이 너무 많으면 좋지 않습니다. 가령 치료사로서 항상 배려하는 마음으로 가득 차 환자에게 모든 것을 해 주게 되면 분석치료를 하지 않은 신경과 의사가 비난하는 것 같은 경제적 실수를 범하게 되는 것입니다. 이들은 환자를 가능한 기분 좋게 하는 것 이외에 다른 것은 하지 않습니다. 그렇게 되면 환자가 거기서 좋은 감정을 갖고 기꺼이 다시 인생의 어려움에서 벗어나 피난처를 찾게 됩니다. 이런 식으로 치료사들은 환자가 자기 삶에 좀 더 강하고 자기 원래의 과제를 더 능률적으로 수행하는 것을 포기하게 만듭니다. 분석치료 임상에서는 그런 모든 악습을 피해야 합니다. 환자에게는 그가 맺는 치료사와의 관계에 관한 한, 충족되지 않은 소원들이 충분히 남아 있게 두어야 합니다. 환자가 가장 강도 높게 그리고 가장 갈급하게 표현하는 욕구들을 충족시키지 않는 것이 치료의 목적에 부합하는 것입니다.

치료사가 원하는 활동의 한계를 '치료에서 배제가 제대로 이루어졌다'는 말로 충분히 수행했다고 믿지는 않습니다. 여러분들이 기억하시겠지만 분석치료 활동의 다른 방향은 우리와 스위스 학파 사이에 이미 한번 벌어진 논쟁거리였습니다. 우리는 우리에게 도움을 요청하는 환자를 우리의 소유물로 만드는 것과 그의 운명을 그가 원하는 대로 두고 그에게 우리의 이상을 심어 주고 그를 창조주의 뜻처럼, 우리가 쾌적함을 느낄 수 있는, 우리의 모습 그대로 만드는 것을 분명히 거절했습니다. 저는 오늘날까지도 이런 거부 입장에는 변함이 없습니다. 그리고 여기는 치료사의 비밀유지를 위한 자리고 그에 대해 우리는 다른 관계들 가운데서 문제 삼지 않으려 합니다.

또한 우리는 환자에 반하는 그런 지나친 활동이 치료 목적을 위해 요구되지 않는다는 것을 경험했습니다. 왜냐하면 저는 저와 종족이나 교육, 사회적 위치, 세계관에 있어서 아무 공통성도 없는 사람들을, 그들의 특성을 해치지 않고 도울 수 있었기 때문입니다. 논쟁이 벌어졌을 당시 저는 우리 대표의 이의제기가―그것은 무엇보다 어니스트 존스였다고 생각합니다― 너무 비판적이고 어떠한 경우에도 지나쳤다는 인상을 받았습니다. 우리는 치료하기 힘들고 살아가기 힘든 환자들에게서도 우리가 분석치료의 중재와 교육적 중재를 결합시킬 수 있어야 한다는 것을 피해서는 안 된다고 봅니다. 나아가 대부분의 다른 사람에게도 여기저기서 치료사가 교육자와 상담자의 역할을 함께 하는 기회가 있다고 봅니다. 그러나 이것은 아주 주의 깊게 이루어져야 한다고 봅니다. 그리고 환자는 우리와 비슷한 사람이 아니라 자기 고유의 존재를 해방하고 완성하는 방식으로 교육되어야 한다고 봅니다.

지금 우리에게 아주 적대적인 미국에 있는 우리의 존경하는 친구인 **퍼트넘**에게 부탁하고 싶은 것은 우리가 그의 요구를 받아들일 수 없는 것을 이해해 달라는 것입니다. 정신분석이 특정한 철학적 세계관을 받아들여야 하고 이 세계관은 환자를 고상하게 만들기 위해 사용되어야 한다는 주장은 받아들일 수 없습니다. 저는 그것이 고상한 의도로 포장된 것일 뿐 사실상 폭력이라고 생각합니다.

완전히 성질을 달리하는 마지막 '활동'은 점차 부상하는 통찰로서, 우리가 치료하는 다양한 병의 형태들이 소위 말하는 기법으로는 치료될 수 없다는 점입니다. 여기에 대해 상세히 말하는 것은 아직은 이른 감이 있습니다만, 두 가지 사례에서 어느 정도로 새로운 활동이 고려 대상에 있을지 설명하겠습니다. 우리의 기법은 히스테리치료에서 발전한 것으로서 아직도 그 질병을 치료하고 있습니다. 그러나 포비아의 경우 우리의 기존 치료법을 넘어서야 한다는 압박을 받고 있습니다. 우리는 환자가 분석치료를 통하여 그것을 포기할 때까지는 아직 포비아를 지배했다고 볼 수 없습니다. 그러면 환자는 포비아에 대한 확실한 해결책에 필수불가결한 자료를 분석치료에 제시할 수 없습니다. 우리는 다른 방법을 써야 합니다. 예를 들어 광장공포증을 보십시오. 그것은 경증과 중증 두 가지로 나뉩니다. 어떤 사람들은 거리로 나갈 때면 매번 불안에 시달리기는 하나 그 때문에 혼자 가는 것을 포기하지 않습니다. 다른 사람들은 혼자 나가는 것을 포기하여 불안감에 자신을 지킵니다. 후자의 경우는 분석치료를 통해 그들이 일등급의 포비아 환자들처럼 행동하도록 해야 성과를 얻을 수 있습니다. 말하자면 거리로 나가는 것, 이것을 시도하는 동안 불안과 싸우는 것입니다. 그다음 우리는 포비아를 가능한 한 잠재우고, 이것이 치료사의 요구로 성공했으며 환자는 포비아의 해결을 가능하게 하는 그런 연상들이나 기억들에 더 이상 예민하지 않게 됩니다.

중중의 강박행동 환자들이 보여 주는, 그저 말없이 수동적으로 기다리는 것에 대한 보고는 아직 많이 보이지 않습니다. 이 사례들은 일반적으로 '잘 해결되지 않는' 치료과정, 즉 끝없는 치료시간을 필요로 하는데, 그 분석치료는 아주 많은 것을 공개하지만 아무것도 변하지 않을 위험이 있습니다. 이에 대한 바른 기법은 임상이 직접 강박이 될 때까지, 그런 후에 이 반대 강박이 질병의 강박을 힘으로 누를 때까지 기다린다는 점에 큰 이의가 없습니다. 그러나 여러분은 제가 이 두 가지 사례를 우리 치료가 직면한 새로운 발전에 대한 시도로서 보여 준다고 이해해 주십시오.

　이제 저는 마지막으로 미래에 올, 여러분들에게 환상적으로 보일, 그럼에도 매우 유익한, 준비해야 할 하나의 상황을 보여 드리고자 합니다. 여러분들은 우리의 치료적 효과가 그렇게 강도 높은 것이 아니라고 알고 있을 것입니다. 우리는 많은 환자를 보지만 우리 각자는 아무리 열심히 환자를 봐도 일 년이라 해봐야 그저 소수의 환자만 치료할 수밖에 없습니다. 이 세상에 있는, 아마도 있을 필요가 없는, 밀려드는 신경증 질환에 비해 우리가 그중에서 치료할 수 있는 숫자는 전혀 고려되지 않고 있습니다. 이 외에도 우리의 치료는 우리 존재의 조건들을 통해서 잘 사는 상위계층에만 제한되어 있습니다. 그런데 이들은 치료사를 직접 고르고 고를 때 정신분석에 대한 선입견을 가지고 고르고 있습니다. 말할 수 없을 정도로 어렵게 신경증의 고통을 겪는 넓은 서민계층을 위해서는 아직 우리가 이렇다 할 일을 못 하고 있습니다.

자 이제 수많은 대중을 치료하기에 충분한 숫자의 치료사를 육성하는 데 어떤 기관을 통하여 가능할까 생각해 봅시다. 다른 한편 언젠가 한번은 사회의 양심이 발달하여 가난한 자도 생명을 살리는 외과치료처럼 정신치료를 받을 수 있는 동등한 권한이 있도록 사회에 경종을 울리겠지 하는 생각도 듭니다. 그리고 신경증들이 결핵보다 훨씬 적지 않은 위협이 되고 이것이 민중 개개인의 무기력한 구호에 맡겨지지 않게 될 수 있을 것입니다. 그렇게 되면 정신병원이나 건강센터 같은 것이 지어져서 거기에 분석치료사를 고용하게 되고 이들이 분석치료를 통해 늘 술에 빠져 사는 남자들이나, 체념의 굴레 때문에 좌절될 위기에 있는 여자들, 방목상태와 신경증 사이의 선택만이 있는 아이들이 저항과 능력을 발휘하면서 살아가도록 할 것입니다. 이런 치료들은 무료로 이루어져야 합니다. 국가가 이 의무들을 시급한 것으로 느낄 때까지는 오랜 시간이 걸릴 수도 있습니다. 현재 상황을 고려해 봤을 때 그 시기는 먼 미래로 미루어야 할 것 같습니다. 오히려 사설 자선단체가 그런 연구소를 설립해 시작하는 것이 훨씬 더 개연성이 높은 것입니다. 하지만 그런 날이 언젠간 한번 반드시 올 것입니다.

그러면 이제 우리 앞에 남은 과제는 우리의 기법을 새로운 조건에 맞추는 일일 것입니다. 정신분석이 세운 원칙의 적절함이 지식이 없는 사람에게도 인상을 남긴다는 것은 의심의 여지가 없습니다. 그러나 우리는 이론적 학설에 대해서도 가장 간단하고 파악하기 쉬운 표현을 찾아야 할 것입니다. 우리는 부자보다 가난한 사람이 신경증을 포기할 준비가 덜 되어 있다는 것을 알게 될 것입니다. 그 이유는 가난한 자 앞에 놓여 있는 어려운 삶이 그를 유혹하지도 않고 질병의 상태는 사회적 도움을 더 많이 요구한다는 뜻이기 때문입니다. 우리는 정신적 도움이 (요세프 황제가 시행한 방법에 따르면) 물질적 지원과 결합하는 것이 가능한 일이라 생각합니다. 우리는 언젠가 대중에게 치료를 할 때 분석치료의 순수한 황금을 직접적 암시라는 구리와 합금해야 할 것입니다. 그러면 최면치료 또한 전쟁 신경증 치료에 다시 제자리를 찾을 것입니다. 그러나 이 정신치료를 대중들에게 시행하더라도, 어떤 요소들을 결합할지 몰라도 그것의 가장 중요하고 효과적인 구성성분들은 정녕 엄격하고 확실한 정신분석에서 차용한 것이 될 것입니다.

Freud, Sigmund,
Die
therapeutische
Technik

12장

분석에서의 구성
(1937)

Die Freudsche psychoanalytische Methode 1904

Die Psychotherapie 1905

Die zukünftigen Chancen der psychoanalytischen

Therapie 1910

»Wilde« Psychoanalyse 1910

Zur Dynamik der Übertragung 1912

Ratschläge für den Arzt bei der psychoanalytischen

Behandlung 1912

Zur Einleitung der Behandlung 1913

Erinnern, Wiederholen und Durcharbeiten 1914

Bemerkungen über die Übertragungsliebe 1915

Eine Schwierigkeit der Psychoanalyse 1917

Wege der psychanalytischen Therapie 1919

Konstruktionen in der Analyse 1937

Die endliche und die unendliche Analyse 1937

Die psychoanalytische Technik 1938 1940

1) 내가 충분히 역량을 인정하는 한 명망 있는 학자는 대부분의 사람이 이런 말조차 하지 않았을 즈음부터 정신분석의 정당성을 강조하였다. 그런 그가 우리의 분석치료에 대해 한번은 상처가 될 뿐 아니라 정당하지도 않은 발언을 했다. 이 사람은 우리가 환자에게 해석을 말해 줄 때를 보면, 그것이 마치 '동전을 던져서 앞이 나오면 내가 이기고 뒤가 나오면 네가 진다(Heads I win, tails you lose)'는 악명 높은 원칙에 따라 이루어진다는 것을 알 수 있다고 말했다. 이 말은 환자가 치료사의 해석에 동의하면 그것은 당연히 옳은 것이고, 환자가 그 해석을 부정하면 저항의 표시이기 때문에 치료사의 해석이 다시 옳다는 뜻이다. 다시 말해 우리의 판단에 대해 우리가 분석하고 있는 그 힘없는 환자가 어떤 반응을 보이든 간에 상관없이 우리 분석가가 늘 옳다는 뜻이다. 일반적으로 환자의 부정이 우리 해석을 옳지 못한 것이라고 포기하도록 규정하지는 않는 것이 사실이기에 우리 치료기법을 그

런 식으로 적나라하게 비판한 것은 분석치료에 적대적인 사람들에게 대환영을 받았다. 그 때문에 환자의 '긍정'과 '부정'을, 즉 환자의 동의와 이의를 어떻게 바라보아야 하는지를 상세히 설명하는 것이 필요하다. 물론 임상분석치료사 누구도 이런 환자의 정당화에 대해 잘 알지 못하는 한 그런 것을 경험할 수도 없다.

알다시피 정신분석치료 작업의 의도는—넓은 의미로 이해하자면—환자가 초기 발달단계에서 얻은 억압들을 되가져와서 어떤 반응들로 대체하여 그것이 정신적 성숙의 상태에 상응하도록 하는 것이다. 이런 목적을 달성하기 위해 환자는 치료받을 시점에 망각된 상태인 특정한 체험들과 그 체험들로 야기된 정동발산을 다시 기억해 내야 한다. 우리는 환자의 현재 증상과 억제들이 그런 억압의 결과, 즉 망각된 것에 대한 대체물이란 것을 안다. 환자가 잃어버린 기억을 다시 얻게 하려고 우리가 이용해야 할 어떤 기억재료들은 무엇일까? 온갖 것들이 있다. 그의 꿈에서 나온 이런 기억의 단면들, 그 자체로 비교할 수 없는 가치가 있는 것들, 이것들은 모두 꿈의 생성에 관여하고 있는 그 모든 요소를 통해 사실상 심하게 왜곡되어 있다. 환자가 자유연상에 자신을 내맡길 때 생성되는 연상들에서 우리는 억압된 체험들과 억압된 정동 발현의 파생물들을, 또 그에 대한 반응들을 찾아낼 수 있다. 마지막으로 분석치료 상황의 안팎에서 일어나는 환자의 중요하거나 사소한 행위들에서 억압에 속하는 정동들의 반복 징후가 있다. 치료사와 환자 사이에 일어나는 전이의 관계가 그런 정동관계의 회귀를 일어나게 하는 데 아주 적합하다. 말하자면 이런 원자재에서 우리는 우리가 원하는 것을 찾아내야 한다.

우리가 원하는 것은 신뢰할 만한, 그리고 모든 근본적인 삶의 부분에서 보이는 환자의 망각된 과거에 대한 완벽한 상(象)이다. 이 상에서 우리는 분석 작업이 완전히 다른 드라마로 구성되어 있다는 점과 그들이 두 개의 분리된 무대에서 일어나며, 거기에는 두 사람이 있고 그 둘 중 하나는 다른 과제를 갖고 있다는 것을 주목할 필요가 있다. 우리는 한순간 우리가 왜 이 근본적 사실에 주의를 기울이지 않았나 의아해 한다. 하지만 동시에 여기에 우리에게 알려지지 않은 것이란 없고 우리가 보고 있는 것은 일반적으로 알려진, 말하자면 자명한 사실이라는 점을 인정하게 된다. 그 사실은 단지 여기에만 특별한 의도로 강조하여 대단한 것처럼 포장되어 있을 뿐이다. 주지하다시피 치료의 시작은 환자가 스스로 체험하고 억압한 것을 기억해 내도록 해야 하는데, 이 과정에서 일어나는 역동적 조건들은 다른 작업, 즉 치료사의 역량을 오히려 뒤로 물러나게 할 정도로 관심을 끈다. 그는 환자에게 문제시되는 것을 체험하지도 억압하지도 않았다. 그의 과제는 무엇을 회상하는 것이 아니다. 그럼 그의 과제는 무엇인가? 그는 망각된 것이 남긴 징후들에서 망각된 것을 추론해 내거나 아니면 더 정확히 말해서, 그것을 **구성해 내는** 것이다. 어떻게, 언제 그리고 어떤 설명으로 치료사가 자신의 구성을 환자에게 알려 주는지 하는 것이 분석 작업의 두 부분, 즉 치료사의 부분과 환자의 부분을 연결하는 이음새를 만든다.

치료사의 구성 작업은 (차라리 재구성 작업이라고 들릴지 모르겠지만) 파괴되고 흩어진 과거의 건축물을 발굴하는 고고학자의 작업과 상당한 정도로 흡사하다. 다만 치료사는 파괴된 대상이 아니라 살아 있는 것을 다루고 그 외의 다른 이유로 인해 더 좋은 조건에서 일하고 더 많은 자료를 사용한다는 점만 다르다. 하지만 남아 있는 잔해에서 건물의 내벽을 세우고, 땅에 팬 고랑으로부터 기둥들의 숫자와 위치를 규명하고, 잔해 속에서 발견된 유물로부터 옛날의 벽장식과 벽화를 재현하듯이 치료사는 기억의 단면들로부터, 피분석자의 현재 진술로부터 어떤 결론을 도출한다. 고고학자나 치료사 모두에게 보존된 잔재를 보충하고 조합함으로써 그것을 재구성할 권리가 있음은 말할 것도 없다. 두 경우 모두 다양한 난점과 오류인자들이 있을 수 있다. 알다시피 고고학의 가장 어려운 과제 중 하나는 출토물의 상대적 나이다. 가령 한 유물이 특정한 층에서 나왔다 하더라도 그것이 이 기층에 있었던 것인지 아니면 나중의 혼란으로 이 기층으로 파고든 것인지를 결정해야 할 경우가 많다. 정신분석치료의 구성에서도 이런 검증을 해봐야 할 것이 있다는 것은 말할 것도 없다.

우리는 이미 분석치료사가 고고학자보다 더 좋은 상황이라는 것을 이미 지적한 바 있다. 그 이유는 분석치료사는 이질적 발굴물이 있을 수 있는 고고학과는 달리, 예를 들어 초기 기억에서 유래하는 반응들의 반복과 그런 반복에서 찾을 수 있는 전이를 통해 드러나는 모든 것을 볼 수 있기 때문이다. 이외에도 고고학자들은 완전히 소실되고 파괴된 자연 재해, 화재, 약탈 때문에 중요하고 대단한 자료들, 대상들을 다루고 있다는 점을 고려해야 한다. 아무리 노력해도 이것들을 발견하고 현재 발굴된 잔재들과 결합하는 것은 불가능해 보인다. 유일한 방법이라곤 재구성밖에 없는데, 그로 인하여 특정한 개연성을 찾기가 힘들다. 하지만 치료사가 그 전사(前史)를 찾으려는 심리적 대상은 다르다. 폼페이나 투탕카멘의 무덤에서 일어나는 것과 같이 드물게 찾을 수 있는, 성공한 사례에서나 볼 수 있는 것이 여기서는 규칙적으로 일어난다. 여기선 완전히 망각된 것처럼 보이는 것에도 본질적인 모든 것이 보존되어 있고, 어떻게든 어디든 존재한다. 다만 흩어져 있거나 개인의 의도에 따라 접근할 수 없을 뿐이다. 물론 어떤 심리적 과정이 완전히 파괴될 수 있지 않나 의심할 수도 있다. 숨겨진 것을 완전히 드러내는 것이 성공할 수 있을지는 치료기법에 관한 문제이다. 그러나 정신분석치료가 특별히 강조하는 이 주장에 대해 두 가지 사실이 도전한다. 그 하나는 고고학자의 물질적인 것보다 심리적 대상이 비교할 수 없을 정도로 복잡하다는 것이다. 다른 하나는 치료사가 발견하고자 하는 것의 내밀한 구조가 비밀스러운 것을 너무 많이 숨기고 있기 때문에 그것을 밝히기에 우리의 지식이 충분치 못하다는 것이다. 그럼에도 이 양자 사이의 주된 차이는 분명하므로 비교는 이쯤에서 끝을 맺어야 한다. 고고학은 재구성이 작업의 목표이자 종결인 데 반하여 정신분석은 구성이 사전 작업이라 하겠다.

2) 집을 지을 때 방의 내부 장식을 하기 전에 벽을 세우고 모든 창문을 끼워 넣듯이, 사전 작업이라고 해서 다음 일을 시작하기 전에 모든 것을 먼저 끝내야 한다는 의미가 아니다. 모든 치료사는 치료의 과정

이 다르게 진행된다는 것을 안다. 두 작업은 병행하여 진행되는데 항상 하나가 먼저 가고 다른 하나가 뒤따른다. 치료사는 한 편의 구성을 끝내고, 그것을 환자에게 알려 준다. 그래야 그것이 환자에게 영향을 미친다. 그리고 난 뒤 치료사는 새로 모은 재료를 가지고 다음 드라마를 구성한다. 그리고 같은 방식으로 다시 환자에게 알려 주고 그런 교류하에서 끝까지 치료를 진행한다.

우리가 분석치료 기법에 관한 설명에서 '구성'이라는 말을 들어 보지 못한 이유는 그 말 대신 '해석'이라는 말을 쓰고 그것의 '효과'라는 말을 사용하기 때문이다. 그러나 내 생각으로는 구성이라는 말이 훨씬 더 적절한 표현이다. 해석이라는 말은 연상이나 실수 같은 자료의 개별적 요소를 가리킬 때 사용되는 말이다. 그에 반해 구성이라는 말은 환자가 망각한 전사의 한 드라마를 그에게 다음과 같은 방법으로 제시할 때 쓰는 말이다. 가령 '당신은 몇 살까지 어머니를 유일하고 절대적인 소유물로 생각했습니다. 그리고 난 뒤 동생이 태어났고 그 사건과 함께 크게 실망하게 됩니다. 어머니는 일시적으로 당신을 혼자 내버려 두었고, 나중에도 당신만 신경 쓰지는 않았습니다. 어머니에 대한 당신의 감정은 양가적이 되었고, 아버지가 당신에게 새로운 의미를 띠게 되었습니다' 등.

이 글에서는 오직 구성의 사전 작업에 대해서만 논의할 것이다. 여기서 가장 먼저 하나의 의문이 제기된다. 구성 작업을 하는 동안 우리가 실수하지 않고, 잘못 구성된 구성을 통해 성공적인 치료를 위태롭게 하지 않는다는 것을 어떻게 보증할 수 있는가? 이 의문에 대해 나는 일반적인 대답을 할 수 있을 것 같지 않다. 하지만 이런 논의를 하기 전에 정신분석치료의 경험이 제공하는 위안이 되는 말에 귀를 기울여 보자.

그 경험이란 우리가 한번 실수를 했다고 해서, 개연성 있는 역사적 진실과는 다른 그릇된 구성을 했다 해서 분석치료에 큰 해를 끼치는 것은 아니라는 점이다. 물론 그렇게 될 경우 시간 낭비가 생기는 것은 사실이다. 환자에게 항상 잘못된 구성을 말해 준다면 그 환자는 좋은 인상을 받지 못할 것이고 계속해서 분석치료를 진행할 수 없다. 그러나 단 한 번의 실수는 무해한 것이다. 그런 경우에 발생하는 것은 오히려 환자가 아무런 반응 없이, '예'도 '아니오'도 아닌 채로 그에 반응하는 것이다. 이것은 대개 환자가 반응을 유보하는 것이다. 그런 일이 일어난다면 오류를 범했다는 것을 알고 적당한 시기에 권위를 실추하지 않는 범위 내에서 환자에게 고백하는 것이 좋다.

이런 기회는 새로운 자료가 등장해 더 나은 구성을 함으로써 잘못을 교정할 수 있을 때 생긴다. 그럴 경우 그 잘못된 구성은 마치 아무 일도 일어나지 않았던 것처럼 해결된다. 폴로니우스가 한 말처럼 종종 거짓 미끼로 진실의 잉어를 낚은 것 같은 인상을 받을 때도 있다. 치료사는 믿지만 환자가 받아들이지 않는 것들을 '주입함'으로써 암시를 통해 환자를 호도할 위험이 지나치게 널리 퍼져 있는 것 같다. 환자에게 그런 일이 일어나면 치료사가 잘못 행동한 것이 분명하다. 무엇보다 이 경우 치료사가 환자에게 말할 기회를 주지 않았다는 점에서 비판받아 마땅하다. 조금도 과장하지 않고 말하건대 나는 그런 '암시'의 남용을 분석치료에서 결코 사용한 적이 없다.

　지금까지 말한 것은 우리가 구성에 대한 환자의 반응에서 나온 징후들을 결코 등한시하지 않는다는 사실이다. 우리는 이 점을 자세히 다룰 것이다. 우리는 환자의 '아니요'라는 반응을 있는 그대로 받아들이지 않지만 그만큼 그가 "예"라고 반응하는 것도 그대로 받아들이지 않는다. 고로 우리가 환자의 진술을 모두 하나의 확증으로 받아들인다고 비난하는 것은 정당하지 않다. 실제로는 일이 그렇게 단순하게 진행되는 것도, 그렇게 쉽게 결론을 내릴 수 있는 것도 아니다.

　환자가 즉답하는 '예'는 다양한 의미를 지니고 있다. 그것은 실제로 환자가 치료사의 구성을 옳다고 인정하는 것일 수도 있으나 아무 의미가 없을 수도 있거나, 우리가 '위선적'이라고 부를 수 있는 것 자체가 될 수도 있다. 왜냐하면 그것이 자신의 저항에 편할 수도 있고 아직 드러나지 않은 사실을 계속 그런 동의를 통해 숨길 수도 있기 때문이다. 그런 '예'는 단지 간접적 증거로 인해 생겨났을 경우에만, 즉 환자가 스스로 말한 '예'에 바로 연결하여 치료사의 구성을 보완하고 확장하는 기억들을 생산할 때만 가치를 지닌다. 오직 이 경우만 우리는 그의 '예'를 관련 사안의 완전한 해결로 인정한다.

　환자의 '아니요'도 마찬가지로 다의적이며, 실제로 '예'보다 더 쓸모가 없다. 정당한 부정의 표현으로 보이는 경우는 극히 드물다. 그보다 훨씬 더 자주 치료사로부터 전달된 구성의 내용으로 일어나거나 분석의 복합적 상황에서 야기된 다른 요인으로 생긴 저항의 표현으로 이해하면 된다. 따라서 환자의 '아니요'는 구성의 올바름에 관해 아무것도 확증해 주지 못한다. 그러나 그럴 가능성이 농후하다. 그런 구성은 불완전할 뿐만 아니라 잊혀진 사건의 한 부분이기 때문에 환자가 치료사의 말을 실제로 부정하는 것이 아니라 아직 드러나지 않은 부분에 대한 자신의 반박을 주장하는 것이라고 보아도 무방하다. 원칙적으로 환자는 전체 진실을 알 때만 치료사의 의견에 동의할 것이다. 그러나 그런 동의에까지 이르는 길은 멀다. 그러므로 그의 '아니요'에 대한 유일하고 확실한 해석은 불완전성에 대한 해석, 즉 이 구성이 환자에게 모든 것을 말해 주지 않았다는 것이다.

결론적으로 우리가 제대로 분석했는지 아닌지에 대한 구성을 환자에게 말해 주고 난 뒤 나온 환자의 직접적 진술로부터 얻을 수 있는 것은 없다. 이때 더욱 흥미로운 점은 완전히 신뢰할 수 있는 간접적 확인방식이 있다는 점이다. 그중 하나가 바로 여러 사람이 마치 약속이나 한 듯 말만 조금 바꾸고 사용하는 상투어이다. 그것은 바로 **나는 결코 그렇게 생각하지 않았습니다'** 또는 '**내가 결코 그렇게 생각했을 것 같지 않은데요**' 같은 말이다. 우리는 의심할 나위 없이 이 말을 다음과 같이 번역할 수 있다. "그래요, 당신은 이번엔 **무의식**을 제대로 읽었습니다." 치료사가 바라마지 않는 이 말은 유감스럽게도 전체적인 구성을 듣고 난 뒤에 나온다기보다 개별적인 것의 해석 위에 나오는 경우가 많다. 그와 마찬가지로 가치 있는 확증은, 이번에는 긍정적으로 표현해서 환자가 연상을 통해 대답하는 경우이다.

그것은 가령 구성의 내용과 인접성이 있거나 유사성이 있는 것을 말하는 경우이다. 나는 여기에 대한 좋은 예를 쉽게 찾을 수 있으나 다소 시간이 걸리는 나의 분석에서 끌어오는 대신, 그런 상황을 거의 코미디처럼 만들어 버리는 작은, 분석 외적 체험 하나를 통해 들고자 한다. 이미 오래된 것이지만 치료사 활동에 있어서 나를 자기의 선배 정도로 생각한 한 동료의 이야기다. 어느 날 그가 늘 자신을 힘들게 한다는 젊은 부인을 내게 데려왔다. 부인이 온갖 구실을 삼아 남편과의 잠자리를 거부했다고 하면서 그 동료는 내가 말도 안 되는 그녀의 행동을 바꿀 수 있도록 말을 좀 해 달라는 눈치였다. 나는 곧 그 일을 시작하였고, 그녀와 담판을 벌였다. 남편과의 잠자리를 거부하면 건강도 나빠질 뿐 아니라 남편이 바람을 피울 수도 있으며, 그렇게 되면 가정이 깨질 수도 있다고 말했다. 이 순간 그는 갑자기 나의 말을 가로막고 이렇게 말했다. "당신이 뇌종양으로 진단한 그 영국인도 이미 죽었대요." 나는 그의 말이 우선 이해되지 않았는데, 그 이유는 문장에 "영국인도"라는 말이 이상하게 들렸기 때문이다. 그러려면 그전에 우리가 죽은 다른 사람에 대해 먼저 이야기를 한 적이 있어야 하는데 그런 일은 없었다. 잠시 후에야 나는 그 사람의 말을 이해했다. 그 사람은 분명 나의 말에 힘을 싣고 싶었던 거였다. 그는 '예, 당신 말이 정말 옳아요. 당신의 진단은 이미 다른 환자에도 확인된 바 있습니다'라고 말했던 것이다. 이것이 바로 우리가 진단에서 얻은 연상을 통한 간접적 확인과 같은 것이다. 동료의 진술에 그가 밀쳐 놓았던 다른 생각이 관여하고 있다는 점에 이의를 제기할 생각은 없다.

위에서 본 "영국인도"의 경우에 보았듯이 구성의 내용과 일치하는 연상을 통한 간접적인 확인은 이 구성이 분석과정에서 옳은 것인지를 말해 줄 귀중한 지표가 된다. 확인이 실수의 도움으로 직접적 모순에 빠지게 되는 경우는 매우 인상적이다. 나는 이런 사례를 이미 다른 곳에서 언급한 적이 있다. 어떤 환자의 꿈에 연상되는 것이 아무것도 없는, 빈에서 유명한 사람 **야우너**(Jauner)란 이름이 반복적으로 떠올랐다. 나는 즉시 그가 혹시 **가우너**(Gauner)를 **야우너**로 말한 것이 아니냐고 되물었고 그는 즉시 "그 말은 내게 너무 과한 것[jewagt(gewagt)] 같습니다"라고 대답했다. 나아가 그 환자는 치료비가 너무 비싼 것 아니냐는 질문에 '10달러 정도는 괜찮습니다'라고 겸양의 말로 얼버무리려 했는데 그만 달러란 말 대신에 그보다 낮은 단위의 돈인 10실링이라고 말해 버렸다.

분석치료가 부정적 치료반응(negative therapeutische Reaktion)이 짓누르는 강력한 동기들, 이를테면 죄의식, 피학증적 자해욕구, 치료사의 도움에 대한 거부감에 의해 지배되면 치료사의 구성을 알게 된 뒤 환자는 종종 쉽게 원하는 결정을 내리는 행동을 한다. 구성이 틀리면 환자에게 어떤 변화도 없다. 그러나 구성이 옳거나 진실에 가까우면 환자는 분명 자신의 증상이나 여타 상황을 눈에 띄지 않게 악화시킴으로써 그 구성에 반응한다.

정리하자면 우리의 구성에서 환자의 태도를 평가절하해서 무시한다는 비난을 우리가 받을 필요가 없다는 점을 확신할 수 있다. 우리는 그의 태도를 중시하고 거기서 종종 귀중한 근거를 찾아낸다. 하지만 환자의 반응은 대부분 모호하며 분명한 결정을 허락하지 않는다. 분석을 계속하는 것만이 우리의 구성이 정확한지 쓸모가 없는지에 대한 결정을 내릴 수 있게끔 한다. 개개 구성은 검증과 확인 또는 폐기를 기다리는 추측 이상의 것이 아니다. 우리는 구성에 대한 권위를 주장하지도 않거니와 환자로부터 직접적인 동의를 요구하지 않으며 환자가 그것을 부정한다 해도 그와 논쟁하지 않는다. 간단히 말해서 요한 네스트로이(Johann Nestroy, 1801~1862)의 유명한 인물인 하인의 모범에 따라 행동할 것이다. 이 자는 어떤 질문이나 이의제기에도 단지 하나만의 대답만 한다. **"두고 보시면 모든 것을 알게 될 것입니다."**

3) 분석치료가 진행되면서 이런 일이 어떻게 일어나는지, 언제 일어날 것인가 하는 어떤 경로를 통해 환자의 확신으로 이어지는지를 서술하는 것은 큰 의미가 없다. 그것은 이미 치료사에게 일상적 경험으로 잘 알려져 있으며 이해하기에 별 어려움도 없다. 한 가지 점만이 검토와 설명을 필요로 한다. 치료사의 구성에서 출발한 과정은 환자의 기억에서 끝나지만 항상 거기에 미치는 것은 아니다. 환자가 억압된 것을 기억하도록 하는 것에 이르기는 쉽지 않다. 그 대신 정확한 분석을 통해 환자가 구성의 진실에 대한 확신을 갖게 할 수는 있다. 이 확신은 치료적으로 볼 때 되찾은 기억과 같은 효과를 낸다. 이런 일이 어떤 상황에서 발생하는지, 외형상 불완전한 대체물이 완전한 효과를 내는 것이 어떻게 가능한지는 다음 연구의 과제가 될 것이다.

나는 새로운 관점을 열어 주는 몇 가지를 언급함으로써 이 논문을 마칠까 한다. 몇 번의 임상에서 나는 분명 옳게 보이는 구성을 알려 주면 놀랄 만하고 이해할 수 없는 대상이 환자에게 드러난다는 사실을 알게 되었다. 이들이 직접 "아주 분명하다"고 말한 생생한 기억을 떠올릴 수 있었다. 그러나 그들이 떠올린 기억은 구성의 내용인 사건이 아니라 내용과 관계된 세부사항들로서 (예를 들면 기억에서 언급한 사람들의 얼굴이 생생히 떠오른다거나, 비슷한 것이 일어날 수 있었던 공간들이나 더 나아가 이런 공간들에 있는 가구들로서) 물론 이 구성이 알 수도 없었던 것들이다. 이런 일은 환자가 치료사의 구성을 듣고 난 직후의 꿈에서나 깨어 있으면서 환상을 즐기고 있을 때 일어난다. 이런 기억들에는 어떤 다른 기억도 이어지지 않는다. 그래서 우리는 이런 기억을 타협의 산물로 보는 것이 낫다. 억압된 것이 치료사의 구성에 대한 이야기를 듣고 자극 받은 채 '솟구쳐' 의미 있는 기억 흔적들을 의식으로 밀어내려고 했던 것이다. 그 순간 저항이 일어나 역동이 제어되지는 못하고 인접한, 부수적인 대상들에 치환되어 나타난 것이다.

실제로 일어나고 있다는 믿음이 어떤 기억들의 분명함을 더할 경우, 우리는 그런 기억들을 환각이라고 부를 수 있을지도 모른다. 그런 유사한 현상이 의미 있는 것은 내가 정신병이 아닌 다른 경우에도 환각이 실제로 일어나는 것을 보았기 때문이다. 그러면 어떻게 그런 일이 일어나는 것일까? 아마도 그것의 일반적 성격은 환각일 것이다. 지금까지는 그것을 어린 시절 아이가 아직 언어적으로 미성숙한 시기에 보거나 들었던 것을 체험하고 망각한 것이 회귀하면서 의식으로 드러나게 된 것으로 보았다. 하지만 그런 회귀에 저항하는 힘에 의해 왜곡되거나 치환된 것과 같은 것으로 보고 그것에 큰 의미를 부여하지 않았다. 정신병의 몇몇 유형과 환각이 매우 밀접한 관계에 있으므로 우리는 더욱 폭넓게 생각해 보아야 한다. 우리가 이 환각이 일정하게 개입되어 있다고 항상 생각하는 망상도 무의식의 발현, 억압의 회귀와 무관하지 않다. 망상의 기제에서 우리는 원칙적으로 두 개의 요소를 강조한다. 하나는 현실세계의 외면과 그 심적 동기이고, 다른 하나는 소원성취가 망상의 내용에 영향을 미친다는 점이다. 그 역동과정은 현실 외면이 억압의 추동에 의해 사용되어 억압의 내용을 의식으로 밀어 올리고자 하는 것 때문이 아닐까? 이런 과정에서 자극된 저항들과 소원성취의 경향이 다시 기억한 것의 왜곡과 치환에 대한 책임감으로 분기한다. 또한 이것은 우리가 잘 알고 있는 원시적 주술이 광기와 같은 것으로 여겼던 꿈의 기제이기도 하다.

나는 이런 망상에 대한 개념이 전혀 새로운 것이라고 생각하지 않지만 일반적으로 이 개념은 전면에 드러나지 않는 관점을 강조하고 있다. 문학가들이 인식하고 있었듯이 이 개념에서 중요한 것은 광기는 방법일 뿐 아니라 그 안에 역사적 진실의 단면을 포함하고 있다. 동시에 광기가 찾는 강박적 믿음이 바로 그런 유년기억의 원천에서 힘을 끌어온다는 것을 알 수 있다. 오늘 제기한 이 이론을 입증하게 한 도구는 선명한 인상이 아니라 희미한 추억이란 것이다. 그에 상응하는 병증을 여기서 발전시킨 전제에 따라 연구하고 그에 따른 치료를 시행해 보는 것은 의미 있는 일일 것이다. 환자에게 망상의 헛됨과 비현실적임에 대해 설득하려는 헛된 노력을 포기하고, 망상의 핵에 들어 있는 진리를 인정함으로써 공통의 토대를 세우고 치료적 작업을 해 나가는 것이 좋다. 이런 작업은 진실한 역사적 이야기를 왜곡과 현실적 종속에서 해방하고, 그것이 속했던 과거의 자리에 제대로 돌려 놓는 데 있을 것이다. 망각된 과거에서 현재로 되돌아오거나 미래에 대한 기대감으로 돌아가는 것은 신경증자들에게서도 흔히 일어나는 현상이다. 신경증자가 무엇인가 끔찍한 일이 일어날지도 모른다는 불안한 상황을 앞두고 있을 때마다 그는 무엇인가 그 당시에 끔찍한 것이 실제로 일어났다는 (의식으로 올라오고 싶으나 의식될 수 없는) 억압된 기억의 영향하에 있는 것이다. 정신병자에 대한 그런 작업에서, 비록 그들에게 치료적 성과를 거두는 데 실패했다 하더라도 우리는 매우 가치 있는 것을 경험하리라 생각한다.

　나는 그런 중요한 주제를 지금 여기서 개략적으로 다루는 것이 도움이 되지 않는다는 사실을 알고 있다. 논의를 진행하면서 인접해 있는 것들의 유혹에 견디지 못한 결과이다. 환자의 광기 형성은 우리가 분석치료에서 조직하는 구성과 동질적인 것으로서, 정신병의 조건하에서 현재 부정하는 현실의 단편을 초기 유년 시절에 똑같이 부정했던 다른 단편으로 대체하도록 하는 설명이자 복원의 노력이다. 현재 부정하는 재료와 그 전에 억압된 재료 사이의 긴밀한 관계를 밝히는 것이 개별 연구의 과제가 될 것이다. 우리의 구성이 상실된 과거사의 단편을 재현함으로써 효과를 보듯이, 망상은 거부된 현실의 자리에 설득력을 투입한 역사적 진실에 종속되어 있다. 망상은 내가 이전에 한 번 히스테리 환자가 자신의 추억 때문에 고통받는다고 언급하였던 명제와 같은 방식으로 작동한다. 나는 당시에도 이 짧은 문구를 통해 병인의 복잡성을 부정하고 다양한 병적 동기의 영향을 배제할 생각이 없었다.

　인류 전체로 파악하거나 개개 인간의 자리에서 생각하거나, 우리는 논리적인 사고로는 접할 수 없고 현실과도 모순되는 정신병을 인류가 발전시켰다는 것을 알 수 있다. 그럼에도 망상이 인간들에게 엄청난 압력을 행사하고 있다면 우리의 탐구는 개인에 대한 탐구와 동일한 결론에 이를 것이다. 망상은 그 힘을 **역사적 진리**라는 내용으로부터 얻고 있는데, 이것은 태곳적 망각에 억압되어 있는 것을 되살린 것이다.

reud, Sigmund,
ie
herapeutische
echnik

끝이 있는 분석과
끝이 없는 분석
(1937)

1) 경험에 따르면 정신분석치료, 즉 어떤 사람을 그의 신경증, 억제, 성격이상으로부터 해방시키는 일은 시간이 필요하다. 그렇기 때문에 처음부터 치료시간을 단축하기 위한 시도들이 있었다. 그런 노력에 대해 굳이 변호할 필요가 없는 이유는 그것이 분명하고 적절한 동기에 기초하고 있기 때문이다. 그럼에도 여기에는 필시 보이지 않는 손상이 미친 과도한 결과라고 한 전 시대의 의학이 내린 신경증에 대한 성급한 경시의 잔재가 영향을 미쳤을 가능성이 크다. 지금 누구든 신경증을 치료하는 사람이라면 가능한 한 그것을 빨리 끝내고 싶어 한다. 이런 방향에서 정열적인 연구를 한 책이 바로 오토 랑크가 쓴 『출생의 외상』(1924)이다. 그는 이 책에서 출생의 과정이 신경증의 기원으로서, 그 과정이 어머니에 대한 '원고착'을 극복하지 못하고 '원억압'으로 남아 있게 할 가능성을 보존한다고 보았다. 랑크는 나중에 분석을 통해 이 원초적 외상을 치료하여 전체 신경증을 제거함으로써 이 자

그만 분석이 다른 전체 분석 작업을 불필요하게 할 수도 있지 않나 생각했다. 그렇다면 치료가 몇 달 만에 충분히 끝날 터였다. 랑크의 논리가 진취적이고 깊은 학식에서 나온 것이라는 점을 부정할 수는 없다. 그러나 그것은 비판적 검증을 오래 견디지 못했다. 사실 랑크의 생각은 시대적 산물로서 1차 대전 후 유럽의 경제적 피폐와 미국의 '번영(prosperity)'이라는 대조적 상황에서 비롯된 것이었고, 분석치료의 속도 또한 미국인의 삶의 속도에 맞춰진 것이었다. 랑크의 생각이 신경증 치료에서 성과를 이루었다는 이야기는 많이 들어 본 일이 없다. 그것은 석유램프가 넘어져 집에 불이 났을 때, 소방수가 불이 난 방에서 석유램프를 꺼내 치우는 것보다 더 나은 것 같아 보이지 않는다. 랑크는 이런 식으로 불을 끄는 것이 시간을 단축하는 것이라 생각했던 모양이다. 랑크의 이론과 임상은 오늘날 이미 과거의 것이 되어 버렸다. 미국의 '번영'이 사라진 것과 별반 다를 바가 없다.

나도 전쟁 전에 분석치료의 시간을 단축하기 위한 다른 방안을 시도해 보았다. 그 당시 나는 러시아 청년을 치료하고 있었는데, 이 청년은 부와 향락으로 삶이 피폐해진 채, 가정의와 간호사를 동반하고 빈으로 왔다.[28] 몇 년간의 치료 끝에 그는 상당 부분 독립심과 살고자 하는 의욕을 얻었고, 자신과 중요한 사람들과의 관계를 회복할 수 있

---

28 환자의 동의하에 출간한 나의 논문 「유아기 신경증의 역사」(1918)를 보라. 이 논문에는 그 청년의 신경증 재발에 관해서는 자세한 설명을 하고 있지 않으나 그것이 유아기 신경증과 관련되어 있음을 서술하고 있다.

었다. 그러고 난 뒤에는 진전이 없었다. 이유는 나중의 병증에 대한 원인이 되었던 유년의 신경증이 해결되지 않았기 때문이다. 분명하게 알 수 있었던 것은 당시 환자가 자신의 상태를 쾌적하게 느끼고 치료를 완전하게 끌고 갈 다음 단계로 더 이상 나아가고 싶어 하지 않았다는 점이다. 치료의 자동억제(Selbsthemmung)이었던 것이다. 치료는 위기에 처했고, 그것도 바로 그 치료의 —부분적인— 성공 시점에서 좌절된 것이다. 이 지점에서 나는 기한 설정이라는 강수를 두었다. 나는 봄철 즈음, 환자가 주어진 시간 안에 해낼 수 있는지에 관계없이 올해가 치료의 마지막 해가 될 것이라고 말했다. 처음에 그는 나의 말을 신뢰하지 않았다. 그러나 내 생각이 굳건하고 진지하다는 것을 확신한 이후 그에게 바라던 변화가 일어났다. 그의 저항은 봄눈 녹듯 녹았으며, 몇 달 동안 그는 모든 기억을 쏟아 내고, 유년의 신경증을 이해하고, 그의 현재 신경증을 제어하는 데 필수불가결한 모든 연관관계를 찾아냈다. 1914년 한여름 —그 후 갑작스레 엄청난 사건(1차 대전)이 발발하리라고 아무도 생각 못한 채— 그가 나를 떠났을 때 나는 그가 근본적으로 그리고 지속성 있게 치료되었다고 여겼다.

그의 병력에 추기한 1923년의 노트에서 이것은 사실이 아니라고 적었다. 1차 대전이 끝나 갈 무렵 그가 빈털터리 피난민으로 빈에 왔을 때, 완전히 해결되지 않은 전이 문제를 해결할 수 있도록 도와주었다. 몇 달 만에 이 일이 성공하자 나는 추기에 다음과 같은 말을 덧붙였다. "전쟁으로 인해 고향, 재산 그리고 모든 가족을 잃은 이 환자는 그 이후로 자신을 정상이라고 생각했고 흠 없이 행동했다." 그 이후 15년

이 지나고 이 판단이 틀리지 않았음이 입증되었다. 그러나 몇 가지 특수한 점이 있었다는 것은 부인할 수 없었다. 환자는 빈에 머물면서 변변치 못하지만 사회적 지위를 얻었다. 하지만 이 시기에 그의 건강은 평생 지녀 온 노이로제의 한 자락이라고 볼 수밖에 없는 발병으로 인해 꺾이고 말았다. 내 여제자 중 한 사람인 **루트 마크 브룬스비크** 박사가 매번 간단한 치료로 이 신경증을 낫게 하였다. 나는 그녀가 직접 이 치료에 대해 말해 주길 바란다. 이런 신경증 중 몇몇 경우는 항상 전이의 잔여물이 문제가 되었다. 이것들은 금방 사라지는 문제이기는 했으나 다분히 편집증적 성격을 가지고 있었다. 하지만 다른 경우들에는 내가 분석치료를 할 때 드러나지 않았던, 유년의 일면들에서 나온 병인의 재료가 있었다. 우리가 이 경우에 어떤 비유를 한다면 마치 나중에 드러나게 된 수술 후의 봉합 실이나 골저 조각과 같다고 할 것이다. 나는 이 환자의 치료과정이 그의 병력에 못지않게 흥미롭다고 생각했다.

나는 나중에 다른 환자들에게 시간을 고정하는 방법을 사용하고 다른 치료사들의 경험을 들어 보았다. 이런 압박의 방법에 대한 판단은 의심할 여지가 없었다. 적절한 순간에 적용만 한다면 이 방법은 효과적이었다. 다만 분석치료의 과제를 완전하게 수행할 수 있다는 보장은 받지 못한다. 반대로 재료 일부가 위협의 압박하에서 드러나게 되는 동안, 다른 부분은 뒤로 물러나게 되고, 그렇게 되면서 흡사 파묻히면서 결국 치료의 과정에서 상실된다는 사실을 알아야 한다. 일단 치료기간을 정했다면 그것을 미뤄서는 안 된다. 그것을 미루게 되면 분석가는 환자의 신뢰를 잃게 된다. 다른 치료사가 환자의 치료를 계속 하는 일이 있더라도 계속하는 것이 중단하는 것보다 낫다. 그것이 비록 치료사의 입장에서 시간 낭비와 이때까지 작업한 것에 대한 포기를 의미한다 하더라도 말이다. 언제 이 강제적 시간 고정기법을 시행하는 것이 좋은가에 대한 일반적인 규칙은 없다. 그것은 치료사의 전략에 달려 있다. 잘못해서는 안 된다. 쇠뿔도 단김에 빼야 한다는 속담이 이에 적절할 것이다.

2) 분석치료의 완만한 진행을 어떻게 가속하느냐 하는 기술적인 문제에 대한 논의는 다른 문제에 대해 더 심층적인 관심을 보이게 한다. 말하자면 그것은 분석치료의 자연스러운 종결이 있는가, 있다면 그것이 가능한가 하는 것이다. 치료사들끼리 사용하는 말을 들어 보면 그런 가정을 지지하는 것처럼 보인다. 왜냐하면 자신의 불완전함에서 인식한 어떤 인간에 대해 애석해하거나 속죄를 표현하는 말을 자주 듣기 때문이다. '그의 치료는 아직 끝나지 않았어'라거나 '그는 끝까지 치료되지 않았어'라는 말을 들어 보면 그렇다.

우리는 우선 다양한 뜻을 갖고 있는 문구 '치료의 종결'이 무엇을 의미하는지부터 말해 보아야 한다. 실용적으로는 그것에 대답하기 쉽다. 즉 치료사와 환자가 분석치료 시간을 더 이상 갖지 않기로 하면 치료는 끝나는 것이다. 대개 두 가지 조건만 충족되면 그들은 치료를 종결한다. 첫째는 환자가 더 이상 자신의 증상으로 고통을 받지 않거나 자신의 불안과 억제들을 극복한 경우이다. 둘째는 치료사가 환자의 억압을 의식으로 끌어올리고 불명확한 것을 해명하고, 내적인 저항이 극복되어 지금의 병리적 현상이 반복되는 것을 더 이상 걱정하지 않아도 된다고 판단하는 경우이다. 이런 목표에 도달하는 것이 외적인 어려움으로 인해 생긴 것이라면 그것은 끝나지 않은 치료라기보다는 성취하지 못한 치료라고 말하는 편이 낫다.

분석치료의 종결이 갖는 다른 의미는 생각보다 공명심과 훨씬 더 많이 관계되어 있다. 이런 관점에서는 분석치료의 지속이 더 이상의 변화를 기대할 수 없을 정도까지 우리가 환자를 치료했는지 의문이 제기된다. 그것은 마치 우리가 일어난 모든 억압을 해결하고 기억의 모든 빈자리를 메우는 것이 가능하다면, 분석치료를 통해 안정을 유지할 능력을 보장해 줄 절대적 정상심리의 수준까지 이를 수 있을 것인지에 관한 의문이다. 우리는 그런 경험이 있는지 그리고 그것이 도대체 가능한지에 대해 의문을 가질 것이다.

모든 분석가는 성공한 경우들을 한두 번 경험해 봤을 것이다. 현재의 신경증 장애를 제거하는 데 성공하여 그것이 다시 나타나지 않고 다른 장애로 바뀌지도 않은 경우 말이다. 이런 성공의 조건에 대한 이론적 통찰 또한 갖추었을 것이다. 환자의 자아는 현저하게 변형되지 않았을 테고 장애의 병인은 근본적으로 정신적 외상이었을 것이다. 모든 신경증 장애의 병인은 복합적이다. 말하자면 저항한 역동이 과도하여 자아를 통한 제어에 대해 문제가 되거나, 자아가 초기 유년 혹은 이전의 상처를 제대로 제어할 수 없었던 것이 문제가 된 경우이다. 원칙적으로 두 개의 요인, 즉 유전적인 요인과 우연적 요인이 결합해서 문제가 된다. 유전적인 요인이 강하면 강할수록 정신적 외상이 고착되고 발달장애를 남긴다. 정신적 외상이 강하면 강할수록 정상적인 욕동의 상태에서도 그 손상이 더욱 공고해진다.

외상적 병인이 분석치료에 가장 좋은 예후를 남긴다는 것은 의심할 여지가 없다. 주로 외상의 경우에만 분석치료가 가장 잘 든다고 할 수 있다. 그것은 자아를 강화함으로써 정확한 해결로 초기에 형성된 불완전한 결정을 대체한다. 우리는 그럴 때만 종국적인 분석치료의 종결에 대해 말할 수 있다. 여기서는 치료가 해야 할 일을 다했기 때문에 더 이상 계속할 필요가 없다. 만약 그렇게 치료한 환자가 치료가 필요한 장애를 다시 일으키지 않을 경우, 물론 여기서 생긴 면역력이 어느 정도나 강한 질병의 시련을 절감해 줄 타고난 운명의 혜택을 보는지 우리는 알 수 없다.

유전적인 욕동의 힘과 방어투쟁에서 얻은 자아의 부정적 변질, 즉 자아의 탈선과 제한이라는 의미에서의 변질은 분석치료의 효과를 어렵게 하고 그 치료기간을 끝내지 못할 정도로 길게 하는 요인이다. 우리는 보통 처음의 것(즉 욕동의 힘)이 나중의 것(즉 자아의 변질)에 책임이 있다고 보려는 유혹을 받는다. 하지만 이 자아변질은 자체의 병인을 갖고 있는 것 같다. 솔직히 그들의 관계가 아직 충분히 연구되지 않았다는 점을 고백해야 한다. 이제야 비로소 그 관계를 탐구하는 것이 분석치료 연구 대상이 되고 있다. 내 생각에 이 영역에서 분석의들의 관심은 전혀 제 방향을 찾지 못하는 것 같다. 내가 이 문제에 대해 충분히 설명했던 것이기도 하지만 이들은 분석을 통해 치료가 어떻게 실현되는지 연구하는 대신에 분석치료에 어떤 장애가 있는지에 대한 질문만 해댄다.

계속하여 나는 여기서 나의 분석치료 임상에서 얻은 두 가지 문제를 다루고자 하는데, 우선 다음의 사례들이 그것을 보여 줄 것이다. 분석치료를 성공적으로 수행한 어떤 사람이 남자들과의 관계뿐 아니라 여자들과의 관계에서도—남자들과는 경쟁관계에 있어서, 여자들과는 사랑에 있어서—신경증적 장애로부터 자유롭지 못하다고 판단하고 있었다. 그래서 자기보다 더 낫다고 생각한 다른 분석가로부터 분석치료를 받게 되었다. 자신의 인성에 대한 이런 비판적 조명을 받고 그는 큰 성과를 얻었다. 그는 사랑하는 여자와 결혼하고 소위 라이벌로 생각했던 사람들의 친구와 스승으로 탈바꿈했다. 자기를 치료한 그 분석가와도 좋은 관계를 유지한 채 몇 년이 흘러갔다. 그러나 그 후 뚜렷한 외적인 동기 없이 사건이 발생했다. 이 사람이 자기 분석가와 대립관계가 되자 그가 자신을 완전히 분석하지 않았다고 비난한 것이다. 전이관계가 결코 그저 긍정적이지만은 않다는 사실을 분석가가 알고 있어야 했고 그것을 고려했어야 한다는 말과 함께 말이다. 말하자면 치료사가 부정전이의 가능성을 생각했어야 한다는 말이었다. 그러자 치료사는 분석치료 기간에 부정적인 전이의 징후는 없었다고 해명했다. 그러나 치료사가 그런 전이의 작은 징후를 간과했다 하더라도—분석의 지평이 좁은 치료의 초기에 일어날 수 있는 일인데—환자에게 활성화되어 있지도 않은 한 주제 혹은 우리가 일반적으로 '콤플렉스'라고 부르는 것을 단순한 설명으로 작동하게 할 수 있을지는 의심스럽다. 그렇게 하기 위해서는 분명 현실적으로 환자에게 적대적인 행동을 해야 했을지도 모른다. 게다가 분석치료를 시행하는 동안이나 그 이후에 치료사가 환자의 모든 관계를 전이의 관계로 간주해서도 안 된다. 현실에 기초하여 실제 삶으로 드러나는 절친한 관계도 있어야 한다.

이제 같은 문제를 발생시키는 두 번째 문제를 제시하고자 한다. 한 노처녀가 사춘기 때부터 심한 다리 통증으로 인한 보행 불능 때문에 생활을 제대로 할 수 없었다. 이러한 상태는 분명 히스테리적 특성이 있었고, 그 때문에 수많은 치료를 했지만 소용이 없었다. 그러나 9개월 동안 정신분석치료를 받은 후 낫게 되었고 이 유능하고 괜찮은 사람은 정당하게 자신의 삶을 누릴 수 있었다. 치료가 끝나고 몇 년이 지나자 좋지 않은 일이 벌어졌다. 가정 파탄, 재산 상실에 이어 나이까지 들자 차츰 행복한 사랑과 결혼에 대한 희망이 사라졌다. 그러나 예전의 그 환자는 이 모든 것에 용감히 맞서 어려운 시기에 자기 가족들을 위한 버팀목이 되어 주었다. 잘 기억나지 않지만 그녀는 치료 요양이 끝나고 12년인가 14년 뒤에 심한 출혈로 어쩔 수 없이 산부인과 검진을 받아야 했다. 종양이 발견되어 자궁을 완전히 들어내야 했다. 이 수술이 끝난 후 그녀는 다시 아프게 된다. 그 후 그녀는 외과의와 사랑에 빠지게 되고 내면에서 일어난 끔찍한 변화에 대한 피학증적 환상을 탐닉했으며, 그것으로 자신의 연애소설을 장식해 버렸다. 결국 거듭된 치료도 소용이 없었고 운명할 때까지 건강을 회복하지 못했다. 치료의 성공적인 경험도 지금은 너무 오래된 일이어서 그것으로 그녀를 어떻게 해볼 수 없었다. 그것이 내가 분석치료를 하기 시작한 초창기의 일이다. 두 번째 발병은 잘 극복하였던 첫 번째 발병과 같은 뿌리에서 나온 것일 수 있다. 그래서 이 두 번째 발병은 첫 번째 치료의 불완전한 처치에서 생성된 동일한 억압의 욕동이 변형되어 나타난 것일 수도 있다. 그럼에도 나는 새로운 외상이 없었다면 신경증이 재발하는 경우가 없었을 것이라고 믿는다.

유사한 수많은 사례 중에서 의도적으로 선택한 이 두 사례만으로도 우리의 주제에 대한 논의를 충분히 개진할 수 있다. 회의적인 치료사, 낙관적인 치료사, 공명심 많은 치료사들은 이 두 사례를 각기 다른 방식으로 평가할 것이다. 회의적인 치료사들은 단 한 번의 분석치료만으로는 그 당시 치료되었던 사람이 나중에 다른 신경증, 이를테면 소위 말하는 욕동의 뿌리로부터 생긴 신경증, 사실상 과거 고통의 회귀라 볼 수 있는 신경증의 재발을 막을 수 없다는 사실이 입증되었다고 말할 것이다. 나머지 치료사들은 이런 것이 입증되었다고 보기엔 힘들다고 말한다. 이것은 그저 20년 내지는 30년 전 정신분석의 초기에 일어난 사례들일 뿐이라고 반박할 것이다. 그 이후 우리의 치료법은 심화되고 확장되었고, 우리의 기법은 새로운 연구결과에 적응하여 변화되었다고 말할 것이다. 오늘날 우리는 분석치료가 지속성 있고, 최소한 다시 아픈 것은 이전의 욕동장애가 재발한 것으로 새로운 형태로 나타난 것이 아니라고 요구하고 생각해야 한다고 말할 것이다. 그리고 이 하나의 경우로 우리의 치료에 대한 요구가 그렇게 민감한 방식으로 제한하려고 압박해서는 안 된다고 말할 것이다.

내가 이 두 사례를 선택한 것은 당연히 이 두 사례가 오래 전에 있었던 것이기 때문이다. 성공한 사례가 최근의 것일수록 그 치료가 후에 어떤 운명을 맞을 것인지 예측할 방법이 없기에 우리 토론의 대상이 될 수 없다는 것은 상식이다. 낙관적인 치료사들의 기대는 분명 타당하지 않은 많은 것을 전제하고 있다. 첫째, 욕동갈등(더 정확히 말해 자아가 욕동과 일으키는 갈등)을 영원히 해결하는 것이 가능하다고 보는 것이다. 둘째, 욕동갈등을 치료하면서 한 사람이 다른 모든 갈등의 가능성에 대해 막을 수 있다고 생각하는 것이다. 셋째, (그런 병리학적 갈등이 아직 일어나지도 않은 상황이지만) 우리에게 예방적 차원에서 치료할 목적으로 불러일으킬 힘이 있고, 그 행위가 현명하다고 보는 것이다. 나는 질문을 했지만 지금 그것에 대해 답하고 싶지는 않다. 아마 그에 대한 확실한 답이 아직은 불가능할지도 모른다. 우리는 이론적 성찰로 그것의 몇몇 장점에 대해 논의할 수도 있을 것이다. 그러나 다른 몇가지도 분명해졌다. 분석치료에 대한 수요증가를 충족시키려는 방법이 치료기간의 단축이나 그에 대한 논의로 이어져서는 안 된다는 것이다.

3) 수십 년에 걸친 분석경험과 내 임상 방식의 변화 덕분에 나는 앞에서 제기된 문제에 답할 용기를 얻게 되었다. 전에 나는 많은 환자를 다루었는데, 이해할 만한 일이지만 그들은 조바심을 내면서 빨리 치료되기를 바랐다. 최근 몇 년 동안 교육 분석이 주로 많았고 비록 중간에 장단기 휴식으로 인해 끊어지기는 했지만 비교적 적은 수의 중

환자들이 계속된 치료를 받고 있었다. 치료목표는 뒤의 사람들에게서 다른 것으로 바뀌었다. 치료기간의 단축은 전혀 고려하지 않았다. 그 의도는 질병의 가능성을 근본적으로 차단하고 인성에 대한 근본적인 변화를 이룩해 내는 것이었다.

분석치료의 미래 기회에 결정적이라고 보는 세 가지 요인은, 외상의 영향, 욕동의 유전적인 힘, 자아의 변화인데, 그중 중간의 것, 즉 욕동의 힘에 대해서만 다룰 것이다. 가만히 생각해 보면 유전적인(또는 기질적인)이라는 수식어를 통한 제한은 어쩔 수 없는 것 아닌가 하는 생각이 든다. 처음부터 유전적인 요인이 결정적이라 하더라도 나중의 삶에서 일어나는 욕동의 강도가 과연 같은 영향을 미칠 수 있을까 하는 점이다. 그렇다면 이 말은 바꾸어 사용해야 하는데, 유전적인 힘이라는 말 대신 당시의 욕동의 힘이라고 해야 할 것이다. 우리가 한 질문 중 첫 번째는 다음과 같은 것이었다. 욕동이 자아와의 사이에서 일으키는 갈등이나 자아에 대한 욕동의 병리적 요구를 분석치료를 통해 지속적이고 항구적으로 해결하는 것이 가능한가? 오해를 피하기 위해 욕동 요구의 지속적인 해결이 무슨 뜻인지 상세히 설명할 필요가 있다. 물론 여기서 말하는 것은 욕동 요구를 사라지게 하여 그것에 대해 다시 언급할 필요가 없는 상태로 만드는 것을 의미하지는 않는다. 일반적으로 그렇게 하는 것은 불가능할 뿐 아니라 바람직하지도 않을 것이다. 오히려 그것은 우리가 대충 욕동의 '제어'라고 말할 수 있는 것이다. 이 말인즉슨 욕동이 자아와 완전히 조화를 이루어 자아 속의 다른 노력들로 인한 갖가지 영향과 접촉하여 더 이상 만족을 향한 욕동만의 길을 가지 않는 것을 말한다. 이것이 어떤 길로, 어떤 방법을 동원하여 이루어지는지 묻는다면 대답하기가 쉽지 않다. 그저 우리는 "그렇다면 마녀의 신세를 질 수밖에"[29]라는 말을 되뇔 수밖에 없다. 말하자면 마녀 메타심리학이라 할까. 마녀심리학적 사변과 이론 없이 —나는 하마터면 환상 없이라고 말할 뻔했다— 우리는 여기서 한 발짝도 앞으로 나갈 수 없다. 유감스럽게도 이 마녀에 대한 정보들은 여기서도(옮긴이 주: 파우스트의 경우에서 만큼이나) 분명하지도 상세하지도 않다. 다만 우리는 제1차 과정과 제2차 과정 사이의 대립에 대한 하나의 근거를 —이 근거는 말할 수 없을 정도로 중요한데— 말할 수 있는데, 아래에서 그에 대해 언급하고자 한다.

이제 첫 번째 질문으로 되돌아가 보면 우리는 우리의 새로운 관점이 어떤 특정한 결정으로 몰아간다는 것을 알 수 있다. 질문은 욕동의 갈등을 지속적으로 그리고 영원히 끝내는 것이 가능한가, 즉 그런 식으로 욕동의 요구를 '제어하는' 것이 과연 가능한가 하는 것이었다. 이 질문에서 욕동의 강도는 전혀 언급되지 않았다. 그러나 바로 이 강도에 그 결론이 달려 있다.

---

29 옮긴이 주: 『파우스트』의 제1부 〈마녀의 부엌〉에 나오는 말이다. 메피스토펠레스가 파우스트를 회춘시키기 위해 마녀의 부엌으로 데리고 간다. 하지만 파우스트는 그런 마술행위가 지겹다고 말한다. 그러자 메피스토펠레스는 이 방법이 싫으면 자연에서 땅을 파고 밭을 가는 일을 하면서 자연식을 하는 자연요법도 있다고 말한다. 그에 대해 파우스트는 자신은 그런 일에 익숙지 않을 뿐만 아니라 힘들어서 하지 못하겠다고 말한다. 이때 메피스토펠레스가 내뱉은 말이다.

신경증 환자에 대한 분석은 건강한 사람이 아무 도움 없이 이룰 수 있는 것과 다르지 않다는 데서 출발해 보자. 그러나 일상적인 경험에 따르면 건강한 사람에게는 욕동의 갈등이 특정한 욕동의 힘에만 적용된다. 더 정확히 말해 욕동의 힘과 자아의 힘 사이의 특정한 관계 내에서만 유효하다.[30] 질병이나 소진 등의 일로 인해 자아의 힘이 떨어진다면 그때까지 성공적으로 제어된 욕동이 그들의 요구를 다시 개진해서 비정상적인 방식으로 그들의 욕구충족을 이루려 한다.[31] 이런 진술에 대한 반박할 수 없는 증거는 밤에 꾸는 꿈이 제공하는데, 이 꿈이 자아가 수면상태에 빠지면서 욕동의 요구가 깨어나는 식으로 반응한다.

마찬가지로 다른 쪽의 재료도 명백하다. 특정한 욕동들이 개인의 발달과정에서도 두 번이나 엄청나게 강화되는데, 그 시기는 바로 사춘기와 폐경기다. 이전에 신경증이 없던 사람도 이 시기에 그런 증상이 나타난다 해도 놀랄 일은 아니다. 그들에게 이 욕동의 강도가 약했을 때 가능했던 욕동의 제어가 그 강도가 강할 때는 불가능한 것이다. 억압이란 강의 흐름을 막는 댐처럼 작동한다. 이 두 생리적 욕동이 만

---

30 더 정확히 말한다면 이 관계의 특정한 범위 내에서만이라는 말이다.

31 이것은 과로나 충격과 같이 특이하지 않은 요인들의 병인론적 가치에 대한 정당함을 입증한다. 이러한 요인들은 언제나 보편적으로 인정받아 왔지만 정신분석에서는 오히려 뒷전으로 밀려나야 했다. 건강은 메타심리학 이외의 방법으로 서술하기 힘들다. 즉, 우리가 인식하고, 다르게 말하자면 우리가 가정하거나 추론한 심리기제의 심급들 사이에 이루어지는 역학관계와 관련해서만 가능하다.

들어 내는 것이 다른 삶의 시기에 우연한 사건들에 의해 불규칙하게 일어날 수 있다. 새로운 트라우마, 강요에 의한 좌절, 욕동 상호간의 충돌 때문에 욕동이 강화될 수 있다. 어떤 경우든 결과는 같은 것으로서 병의 원인자에서 양적인 요인이 갖는 저항할 수 없는 힘을 확인시켜 준다.

나는 이 점에서 마치 내가 이 모든 어려운 논지들에 대해 부끄러워해야 할 듯한 인상을 받는다. 그 이유는 이것들이 모두 오래전부터 잘 알려져 왔고 당연한 것으로 받아들여졌기 때문이다. 정말이지 우리는 그것들을 모두 잘 아는 것처럼 행동해 왔다. 다만 우리는 이론적인 개념들의 측면에서 **심리역동적**이고 **유형학적인** 관점만큼이나 경제적 관점에도 비중을 두어야 한다는 점을 등한시해 왔다. 미안하지만 그런 식의 등한시에 대해 경고하고자 한다.

우리의 질문에 어떤 대답을 결정하기 전에, 우리는 반대 의견을 들어 보아야 한다. 그 반대 의견의 장점은 우리가 처음부터 그 반대 의견을 구하고 있었다는 데 있다. 그 반대 의견은 우리의 주장이 모두 자아와 욕동 사이의 즉흥적인 과정에서 도출된 것이고, 분석치료가 유리하고 정상적인 조건 하에서 스스로 일어나지 않는 것은 아무것도 할 수 없다는 것을 전제한다고 보고 있다. 하지만 실제로 그런가? 우리의 이론이 주장하는 것이 자아에 결코 존재하지 않는 어떤 상태를 창조하는 것 아닌가? 이 상태를 새로 만드는 것이 바로 분석치료를 받은 사람과 그렇지 않은 사람들 사이의 근본적인 차이가 아닌가? 이런 주장의 토대가 되는 것이 무엇인지 살펴보자.

모든 억압은 유년기에 일어난다. 억압은 미성숙한, 연약한 자아의 원초적 방어책이다. 유년기 이후에는 새로운 억압이 일어나지 않는다. 다만 옛 억압이 보존되고 그 실행은 자아에 의해 욕동의 지배하에 있도록 요구한다. 새로운 갈등들이 (꼭 그것을 말로 표현하자면) '후억압'에 의해 처리된다. 이러한 유년기의 억압이 가지는 특성은 우리가 주장한 것처럼, 그 억압들이 완전히 상대적인 힘의 관계에 달려 있고 높아지는 욕동의 힘에 저항할 수 없다는 점이다. 그러나 분석치료는 성숙하고 강한 자아가 이 옛 억압들을 다시 생각해 보게 한다. 그리하여 어떤 것은 없애 버리고 어떤 것은 인정하나 좀 더 견고한 재료로 새로 건축한다. 이 새로운 댐은 앞의 댐과는 다른 견고함을 얻게 된다. 우리는 이 댐이 홍수와 같이 밀려오는 욕동의 분출에도 쉽게 무너지지 않는다고 믿어도 좋을 것이다. 양적 인자들의 과도한 힘을 종식하는 원억압 과정의 사후교정이 바로 분석치료의 고유한 역량이다.

지금까지가 바로 반박할 수 없는 법칙 없이는 변하지 않는 우리의 이론이다. 그렇다면 어떤 경험이 이를 뒷받침해 줄 수 있는가? 우리의 경험이 확실한 결정을 내리기엔 아직 충분하지 못할지도 모른다. 우리의 경험은 그런 기대에 자주 부응하지만 항상 그런 것은 아니다. 나는 분석치료가 끝난 후에 분석치료를 받지 않은 사람과 받은 사람의 치료 후 행동 사이에 우리가 애쓰고, 기대하고, 주장하는 것만큼 큰 차이가 없다고 밝혀지더라도 크게 놀랄 것이 없다고 생각한다. 이렇게 생각하면 욕동 분출의 영향을 차단하는 것이 분석치료로 어느 정도 가능하지만 늘 그런 것은 아닐 것이다. 다르게 말하면 치료효과가 억제의 방어력을 증가시키는 것이 제한되어 그 효과가 분석치료 전이나 분석치료를 받지 않은 경우보다 분석치료 후에 훨씬 더 강력한 요구를 하도록 커진다는 것을 의미한다. 나는 솔직히 여기서 어떤 것이라고 결정할 수도 없고 그 결정이 현재 가능한지도 모르겠다.

그러나 우리는 분석치료의 효과에 관한 이런 불연속성에 대한 이해를 다른 측면에서 접근해 볼 수 있다. 우리가 사는 환경을 지적으로 지배하는 첫 번째 행보가 무질서에 질서를 가져오는 보편성, 규칙, 법칙을 찾아내는 것이라는 점을 우리는 알고 있다. 이런 작업을 통해 우리는 현상들의 세계를 단순화하지만 그것의 왜곡을 피할 수 없다. 특히 발전과 변화의 과정과 관련해서 그렇다. 우리가 집중하는 부분은 질적인 변화를 찾으려는 것이기에 우리는 대부분, 적어도 우선은 양적인 요인을 등한시한다.

현실적으로 분명히 구분되는 대립상태보다는 과도기나 중간 단계가 훨씬 더 흔하다. 발달과 변화라는 측면에서 우리의 주의력은 늘 결과만 바라보기에 우리는 그러한 과정들이 일반적으로 다소간 불완전한 상태로 이루어진다는 점을 간과하고 있다. 솔직하게 말하자면 실제로는 그것들이 부분적인 변화에 불과하다. 오스트리아의 센스 있는 희곡작가 **요한 네스트로이**가 이렇게 말한 적 있다. "모든 발전은 처음에 예상한 것의 절반밖에 되지 않는다." 나는 이런 비판적인 말에 진정 보편적 진리가 있다고 인정하고 싶다. 거의 모든 치료에는 잔여현상들, 즉 부분적인 미진함이 있게 마련이다. 후덕한 예술 후원자가 어쩌다 한번 인색한 행동으로 우리를 놀라게 하고, 특별한 일이 없는 한 아주 성실한 사람이 갑자기 사악한 행동을 할 때, 이런 '잔여현상들'은 발생학적 연구에 더없이 귀중한 자료가 된다. 이런 현상들은 칭찬할 만하고 가치 있는 품성들이 기대한 만큼 완전히, 원하는 만큼 이루어지지 않는 보상과 과보상 때문에 일어났다는 것을 말해 준다.

나중에 부정하지는 않았지만 우리가 처음에 리비도 발달을 기술할 때 말한, 최초의 구순기가 가학적 항문기에, 그리고 이 가학적 항문기가 남근기에 자리를 내어 준다는 이론은 이 대체가 갑자기 일어나는 것이 아니라 점진적으로 일어난다고 수정했다. 그렇게 되면 이전 단계의 과정은 새로운 과정과 나란히 존속하게 되고 정상적 발달의 경우에도 변화가 완전히 이루어지는 것이 아니라 이전 단계의 리비도의 잔여물이 최종적 성격형성에 남아 있게 된다. 이런 것은 아주 다른 영역에서도 찾아볼 수 있다. 소위 극복되었다고 보는 인류의 미신이나 맹신은 오늘날 우리에게 그 잔존물이 없을 것이라 생각하게 하지만 문명인의 심층에 또는 문명사회의 최고층에 남아 있지 않은 것이 없다. 언젠가 한번 생명을 얻은 것은 끝까지 남아 있다. 우리가 자주 원시시대의 공룡이 정말로 사멸했을지 의구심이 드는 이유가 바로 그 때문이다.

우리의 경우에 이 문제를 적용하여 보면 (내 말은 우리 분석치료의 불연속성을 어떻게 설명할 수 있을 것인가에 대한 질문에 대답을 해보자면) 약한 억압을 자신 있는, 자아 중심의 제어로 대체하려는 우리의 의도는 항상 완전히, 다시 말해 근본적으로 실현할 수 없다. 변화는 성공하지만 그것은 부분적인 성공이며, 이전의 기제 일부분이 치료할 수 없는 영역에 남아 있다. 그러나 환자에게 실제로 그러한지 증명하기는 어렵다. 사실 우리는 설명할 수 있는 성과 이외에는 판단할 다른 방도가 없다. 그러나 분석치료를 하면서 받은 인상은 우리의 생각에 배치되는 것이 아니라 오히려 확신시켜 주는 것 같다. 그렇다고 우리의 분명한 생각만이 피분석자들에게 주입시킬 확신의 기준이 되어서는 안 된다.

아마도 우리가 말할 수 있는 것만큼의 '깊이'가 결여되었을지도 모른다. 항상 문제가 되는 것은 쉽게 간과한 양적 요인들이다. 이것이 해결책이라면 욕동의 지배를 견고히 함으로써 신경증을 치료한다는 분석치료가 이론적으로는 항상 옳지만 임상에서는 항상 옳은 것은 아니라고 말할 수 있다. 그것은 분석치료가 욕동의 지배를 완전히 이룰 수 없다는 점 때문이다. 이런 부분적인 실패 이유는 간단히 찾을 수 있다. 욕동의 힘이 가지는 양적 인자가 발생시점에서는 자아의 방어 노력에 저항한다. 그래서 우리는 분석치료 작업으로 해결하고자 한 것인데, 이 작업이 시작되자 이제 욕동의 같은 요인이 이 치료 작업에 어떤 제한을 가한다. 욕동의 강도가 과도할 경우, 성숙한, 치료로 인해 지지받은 자아가 과거에 도움 받지 않은 자아처럼 과제를 성취하는 데 실패한다. 욕동의 제어가 개선되긴 했으나 방어기제의 변화는 아직 완전하지 않기 때문에 그것 역시 불완전하다. 이는 놀랄 만한 일이 못 된다. 왜냐하면 분석치료가 무제한적인 것이 아니라 제한적인 힘의 수단으로 작업하고, 치료의 결과는 서로 투쟁하는 심역들의 상대적인 권력관계에 달려 있기 때문이다.

분석치료의 시간을 단축하는 것은 의심할 여지 없이 필요한 것이다. 그러나 우리의 치료목표를 실현하기 위해서는 오로지 분석치료의 도움으로 자아를 강화하는 것이다. 최면치료가 우리의 목적에 이르는 최선의 수단인 것처럼 보였다. 그러나 우리가 그것을 포기해야만 했던 이유는 우리 모두 잘 알고 있다. 최면치료에 대한 대체물은 아직 발견되지 않았다. 그러나 나는 이런 관점에서 페렌치와 같은 분석의 대가가 그의 말년을 바쳤지만 유감스럽게도 성공하지 못했던 치료적 노력을 이해하고자 한다.

4) 다음 서로 연결되는 두 질문, 즉 욕동의 갈등을 치료하는 동안 환자를 미래에 일어날 욕동의 갈등으로부터 보호할 수 있는지, 현재 드러나지 않은 욕동의 갈등을 예방차원에서 일어나게 하는 것이 실현 가능하고 적절한지는 동시에 다루어야 한다. 그 이유는 첫 번째 과제는 두 번째 것을 실행하면서 해결할 수 있을 뿐이기 때문이다. 다시 말하면 미래에 있을 수 있는 갈등을 현재의 갈등으로 바꾸어 치료의 효과를 거둘 수 있게 할 수 있을 뿐이기 때문이다. 이 새로운 문제는 근본적으로 앞의 문제의 연장선에 있다. 앞의 문제에서 동일한 갈등이 회귀하는 것을 막는 것이 문제였다면, 뒤의 문제에서는 이 갈등이 다른 갈등으로 대체되는 것이 문제이다. 우리의 의도가 아주 야심차게 들릴지 모르겠으나 우리는 그저 분석치료의 역량이 어떤 한계를 가졌는지 분명하게 밝히고자 할 뿐이다.

이런 종류의 과제를 제시하는 것이 분석치료의 공명심을 자극할지라도 우리의 경험은 냉혹하게 등을 돌린다. 욕동의 갈등이 발생하지 않는다면, 즉 표출되지 않는다면 분석치료를 통해 욕동의 갈등이 그 갈등에 어떤 중재를 할 수 없다. 심리적 무의식의 세계를 탐구하려는 노력에 반하는, '잠자는 개를 깨우지 말라'는 경고는 정신생활의 본질에 관한 한 너무나 동떨어진 말이다. 왜냐하면 욕동이 장애를 일으키고 있다는 것은 개가 잠들어 있지 않다는 증거이고, 정말로 개가 잠들어 있는 것처럼 보인다면 그 개를 깨우는 일은 우리의 능력 밖에 있다. 그러나 이 나중의 주장은 완전히 옳은 것만은 아니다.

이 주장은 상세한 토론이 필요하다. 현재 잠재적인 욕동갈등을 활성화시키기 위하여 우리가 어떤 수단을 가졌는지 생각해 보자. 일단 두 가지 방법을 생각해 볼 수 있다. 하나는 그 욕동이 일어나는 상황을 만드는 것이고, 다른 하나는 분석치료에서 욕동갈등에 대해 말하고 그 가능성에 대해 언급하는 것으로 만족하는 것이다. 앞엣것은 두 가지 방법으로 성취할 수 있다. 첫째는 현실 속에서, 둘째는 전이 속에서이다. 두 경우 모두 우리가 좌절이나 쾌감의 방해를 통해 환자를 어느 정도의 실제적 고통에 노출시켜야 한다. 우리는 이미 분석치료 임상에서 그런 기법을 사용하고 있다고 보는 것이 옳다. 그렇지 않을 경우 분석치료가 '좌절 속에서' 수행되어야 한다는 규칙이 무슨 의미가 있겠는가? 하지만 이것은 이미 활성화된 갈등을 치료하는 데 필요한 기술일 뿐이다. 우리는 이 갈등을 최고조로 끌어올리고 그 갈등을 분명히 드러내도록 함으로써 욕동갈등이 그것의 해결에 이바지하도록 해야 한다. 분석치료 경험에 따르면 우리는 더 좋은 모든 것이 좋은 것의 적이라는 사실과 우리가 치료의 매 단계에서 완전히 치료되지 않는 데 만족할 채비가 되어 있는 환자의 관성과 싸워야만 한다는 사실을 알 수 있다.

하지만 우리가 아직 활성화되지 않은, 그저 잠재적인 욕동 갈등을 예방적 차원에서 다루는 것이라면 현재의 피할 수 없는 고통을 조절하는 것만으로는 충분치 않다. 우리는 새로운 고통을 불러일으킬 결심을 해야 할지도 모른다. 물론 지금까지는 당연하게도 이것을 운명에 맡겨 왔다. 우리는 가련한, 사람의 자식들에게 운명과 경쟁이라도 하듯 그런 끔찍한 시험을 당하게 하는 무모함에 대해 여러 가지 측면에서 경계해야 할 것이다. 그렇다면 이런 것들은 어떤 식이어야 하는가? 우리가 예방을 위해 만족스러운 결혼생활을 포기하거나 환자의 생활을 보장해 주는 직업을 포기하게 하는 데 책임을 질 수 있는가? 다행히도 우리는 그런 시도를 실제 삶에서 실행하는 것이 정당한지 생각해 보지 않아도 된다. 그리고 우리는 그런 것들을 요구할 절대적 권한을 갖고 있지도 않다. 더불어 분석치료의 대상이 될 사람도 같이 할 의향이 없을 것이다. 따라서 이런 일은 실제 치료에서 배제되어 있지만 이론은 그에 대해 다른 반론을 제기할 것이다.

분석치료가 가장 잘 되는 경우는 병력이 과거의 일이 되었고 자아가 그 과정의 체험에 거리를 유지할 수 있을 때이다. 급성 위기 상황에서 분석 작업은 아무 소용이 없다. 자아의 모든 관심이 고통스러운 현실로 인해 소진되기 때문에 자아는 외형 뒤로 끌고 가서 과거의 영향을 찾으려는 분석치료를 거부한다. 그래서 과거와의 새로운 갈등을 유발하는 것은 분석치료를 더디게 하고 어렵게 할 뿐이다.

사람들은 이것이 지나치게 과도한 생각이라고 반박할 것이다. 아무도 잠재적인 욕동의 갈등을 치료할 가능성을 이용하여 우리가 의도적으로 새로운 고통 상황을 불러일으켜야 한다고 생각하지는 않을 것이다. 덧붙여 그것이 예방적 치료로서 훌륭한 일이 아니라고 말할 것이다. 예를 들어, 성홍열은 낫고 나면 면역이 생겨 같은 질병이 다시 오지 않는다는 것을 알고 있다고 해서 의사가 성홍열에 걸릴 수 있는 건강한 사람에게 성홍열 균을 감염시켜 면역이 생기게 하겠다고 생각하지는 않을 것이라 말할 것이다. 그러나 예방행위는 질병과 똑같은 위험 상황을 만들지 않는다. 종두나 그와 유사한 예방법에서처럼 아주 약한 상황이 만들어져야 한다. 말하자면 욕동갈등을 분석치료로 예방할 때 두 가지 서로 다른 방법을 고려해 볼 수 있을 것이다. 즉, 새로운 갈등들을 인위적으로 만들어 내든가, 전이에서 현실적 성격이 퇴색한 갈등들에 대해 이야기하고 환자를 그 갈등의 가능성과 익숙해지게 하면서 피분석자의 상상 속에서 그 갈등들을 불러일으키는 것이다.

나는 두 가지 완화된 방법 중 첫 번째 것이 분석치료에서 전혀 사용될 수 없다는 주장이 가능한지 모르겠다. 그러한 방향의 전문적인 연구가 부족하다. 그러나 곧바로 어려움이 닥쳐와 이 시도가 성공할 가능성에 먹구름을 드리운다. 첫째, 그런 전이를 위한 상황을 선택할 때 매우 제한적이라는 이유 때문이다. 피분석자 스스로가 전이에서 자신의 모든 갈등을 드러낼 수 없을뿐더러 분석자도 전이 상황에서 환자의 모든 욕동갈등의 가능성을 불러올 수 없다. 우리는 환자가 질투하게 하거나 사랑의 환멸을 체험하게 할 수는 있으나 그렇게 하기 위해 기법적 의도가 필요한 것은 아니다. 그렇게 하지 않더라도 이런 일은 대부분의 분석치료에서 갑작스레 일어난다. 그러나 두 번째로 우리가 간과하지 말아야 할 것은 그런 세팅이 피분석자에게 어쩔 수 없이 불쾌한 행동을 유발하는 일 때문에 치료사에 대한 환자의 싹싹한 태도에 상처를 주어 결국 피분석자가 공동의 작업에 참여하도록 유도할 가장 큰 동기인 긍정적 전이에 손상을 입히는 것이다. 결국 우리는 이런 식의 치료에 결코 큰 기대를 할 수 없다.

그러면 이제 우리가 원래 유일하다고 본 그 방법만이 남게 된다. 환자에게 다른 욕동갈등의 가능성에 대해 설명해 주고 그런 갈등이 그에게도 일어날 수 있다는 기대를 심어 주는 일이다. 그리고 이제 그런 메시지와 주의보가 이미 암시된 갈등 중의 하나를 아주 적게, 그저 치료에 충분할 만큼만 환자에게 활성화시키는 성과를 기대할 수 있다. 그러나 이럴 경우, 우리의 경험은 분명한 대답을 들려준다. 기대했던 성과가 일어나지 않는다. 환자가 메시지를 잘 듣는다. 그러나 그에 대한 반향이 일어나지 않는다. 그는 이렇게 생각할지 모른다. "그 이야기는 참 재미있어. 하지만 나는 아무런 느낌이 없어." 치료사가 그의 지식을 늘려 주기는 했으나 그의 마음의 변화는 일어나지 않는다.

이 상황은 정신분석 저술을 읽을 때 일어나는 상황과 비슷하다. 독자는 자신의 이야기를 하고 있다고 느낄 때, 말하자면 그의 마음속에서 현재 작용하는 갈등과 관계되는 곳에서만 '감응하는' 것이다. 독자는 다른 것에 반응하지 않는다.

우리는 아이들에게 성교육을 할 때 이와 비슷한 경험을 한다고 생각한다. 이것이 해롭거나 과장된 방법이라고 주장하려는 것이 아니다. 다만 그런 자유로운 방식이 갖는 예방효과가 지나치게 과대평가되었다는 것도 사실이다. 아이들은 지금까지 몰랐던 것을 알게 되지만 이들에게 주어진 새로운 지식을 사용할 줄은 모른다. 우리는 아이들이 결코 새로운 지식을 위해, 말하자면, 자연적으로 주어진 성에 대한 이론을 서둘러 포기하지 않는다고 확신한다. 이른바 아이들의 성이론은 미성숙한 그들의 성기능과 상응하고 그에 의존하여 (이를테면 황새의 역할에 대해, 성관계의 본질에 대해) 아이가 어떻게 태어나는지에 대해 형성된 것이다. 그들은 성교육을 받은 지 한참 지나고 난 후에도 외부인이 기독교를 전파하였지만 비밀리에 그들의 우상을 계속 숭배하는 원시인처럼 행동한다.

5) 우리는 견디기 어려울 만큼 긴 분석치료 시간을 얼마나 단축할 수 있는가 하는 질문에서 출발하였다. 그다음에 시간문제에 대한 관심을 가진 채, 우리가 지속적인 치료효과를 겨냥할 수 있는지, 예방적 치료를 통해 심지어 미래에 있을 발병까지도 제거할 수 있는지 하는 연구에까지 다가갔다. 이런 과정에서 우리는 외상적 병인론의 영향, 제어해야 할 욕동의 상대적 강도, 우리가 자아변화라고 부르는 것이 치료적 성과의 요인이 된다는 것을 알게 되었다. 우리는 이 두 번째 요인만을 상세히 거론하였다. 그러면서 동시에 양적 요인의 특별한 중요성을 인정하고 모든 설명에서 메타심리학적 접근방법의 타당성을 강조할 기회를 얻게 되었다.

세 번째 요인, 즉 자아의 변화에 대해서는 아무것도 언급하지 않았다. 이 문제에 관심을 둘 때 우리가 받은 첫인상은 질문할 것과 대답할 것이 많다는 것이고, 그에 대해 말할 것이 너무도 불충분하다는 사실이다. 이 첫인상은 이 문제를 계속 연구해 봐도 크게 달라지지 않는다. 알다시피 분석치료의 상황은 우리가 치료받고 있는 사람의 자아와 동맹을 맺고 그 사람의 이드(Es, 알 수 없는 그 무엇)의 제어되지 않는 부분들을 복속시키는 것, 즉 자아의 한 명제 속으로 끌어들이는 데 있다. 정신병자에게는 그러한 협력이 일정하게 실패한다는 것이 우리의 판단에 첫 근거를 제공한다. 우리가 그런 협약을 체결할 수 있는 자아는 정상적인 자아여야 한다. 그러나 정상이라는 자체가 대개 그렇듯이, 그런 정상적 자아라는 것은 이상적인 허구다. 유감스럽게도 우리의 의도에 불필요한 비정상 자아는 허구가 아니다. 사실 모든 정상적인 사람들은 평균적으로 정상일 뿐이다. 정상적 자아는 이상적 면이나 현실적인 면에서, 때로는 광범위하게 때로는 협소하게 정신병자의 자아에 가까워진다. 한쪽 끝에서 멀어지면 다른 끝에서 가까워지는 정도가 우리에게 막연하게 자아변화라고 표현하는 잠재적 척도가 된다.

우리가 자아변화의 양상과 정도가 왜 그렇게 다양한지 묻는다면 우선 피할 수 없는 양자택일에 직면하게 된다. 그 변화는 선천적이든가 후천적 습득이든가 둘 중 하나이다. 후천적일 경우, 우리는 쉽게 이를 다룰 수 있다. 습득된 것이라면 그것은 어린 시절부터 발달해 온 것임이 분명하다.

자아는 처음부터 쾌감원칙을 수행하기 위해 이드와 외부세계를 중재하고 그 이드를 외부세계로부터 보호해야 하는 임무를 수행하려고 한다. 이런 노력의 과정에서 자아는 자신의 이드에 대해서도 방어적 태도를 취하고 이드의 욕동 요구를 외부의 위험처럼 취급하는 것을 배우는데, 그 이유는 부분적으로 자아가 욕동의 충족이 외부세계와의 갈등을 유발한다는 것을 아는 데에서 오는 것이기도 하다. 자아는 교육의 영향하에 이 싸움의 무대를 외부에서 내부로 옮겨 내적인 위험이 외적인 위험이 되기 전에 제어하는 데 익숙해진다. 그리고 대부분 이런 일을 잘 수행하게 된다. 이렇게 자아가 두 전선에서 ―나중에 제3의 전선이 추가된다― 투쟁하는 동안 자신의 임무를 수행하기 위해, 일반적인 말로 표현하자면 위험과 불안, 불쾌를 피하기 위해 다른 방법들을 동원한다. 우리는 이런 방법들을 '**방어기제**(Abwehrmechanismen)'라고 부른다. 우리는 이에 대해 아직 충분히 알고 있지 못하다. 안나 프로이트의 책이 우리에게 그 방어기제의 다양성과 여러 가지 의미에 대한 견해를 보여 준다.[32]

이런 방어기제 중의 하나, 즉 억압으로부터 신경증 과정에 대한 연구가 비로소 시작되었다. 자아가 자신의 의도들을 수행하기 위해 사용하는 유일한 방법이 억압이 아니라는 데는 의심의 여지가 없다. 그럼에도 억압은 아주 특별한 것으로, 다른 기제들과 구별되는데, 이 구

---

32 Anna Freud, *Das Ich und dei Abwehrmechanismen*(『자아와 방어기제』), Imago Publishing Co., London 1946, 1. Auflage, Wien 1936.

별은 다른 기제들끼리 구별되는 것보다 더 분명하다. 나는 억압과 다른 기제들의 관계를 하나의 비유를 통해 설명하고자 한다. 그러나 이런 영역에서의 비유는 큰 효과를 얻지 못한다는 것을 잘 알고 있다. 책이 대량으로 출판되지 않고 하나하나 필사되었던 시기의 책의 운명을 생각해 보자. 그런 책에 후세에는 바람직하지 않은 많은 내용이 들어 있다고 생각해 보자. 가령 **로베르트 아이슬러**[33]가 말한 것을 보면 **플라비우스 요세푸스**의 저술에는 예수 그리스도에 대한 내용이 서술되는데, 후세 기독교에 모독적인 내용이 들어 있다고 한다. 오늘날 공적인 검열은 모든 판본의 몰수와 파기라는 방어기제만을 사용할 것이다. 하지만 그 당시에는 책의 위해로부터 안전을 유지하기 위해 다양한 방법들이 사용되었다. 그중 하나는 위해가 될 구절들 위에 굵은 줄을 그어 읽을 수 없게 만들어 그 부분을 필사할 수 없게 만드는 것이다. 그러면 다음 필사자는 깨끗한 텍스트를 만들어 내지만 여러 구절이 누락되어 문장들은 아마 다음 사람이 이해하기 힘들었을 것이다. 이런 방법에 만족하지 못할 경우, 또 다른 방법으로는 텍스트가 훼손되었다는 흔적조차 없애고자 할 경우, 텍스트를 왜곡하는 것이다. 몇몇 단어들을 빼거나 그것들을 다른 단어들로 대체하거나 새로운 문장을 첨가한다. 가장 좋은 것은 그 구절 전체를 지워 버리고 그 문장과 정확히 반대되는 구절로 대체하는 것이다. 그러면 그다음 필사자는

---

33 Robert Eisler, *Jesus Basileus*(『유대의 왕 예수』). Religionswissenschaftliche Bibliothek, begründet von W. Streitberg, Band 9, Heidelberg bei Carl Winter, 1929.

말끔한 텍스트를 생산하게 되지만 실제로는 왜곡된 텍스트다. 이 텍스트는 이제 더 이상 저자가 말하고자 하는 것을 포함하지 않기에 텍스트가 진리를 찾아 교정한 것이 아님은 의심할 여지가 없다.

우리가 이 비유에 너무 엄격한 잣대를 들이대지 않는다면 억압이 다른 방어기제와 맺는 관계는 텍스트의 왜곡과 같다고 말할 수 있다. 그리고 이런 왜곡의 다양한 형식은 자아변화의 다양성에 대한 유추로도 볼 수 있다. 사람들은 이 비유가 근본적인 면에서 빗나간다고 비판할지도 모른다. 텍스트 왜곡은 편파적인 검열의 소산이고 그에 반해 자아발달에는 그에 상응하는 상대자가 없다는 논리로 말이다. 그러나 사실은 그렇지 않다. 왜냐하면 이런 편파성은 쾌감원칙의 강제를 통해 압박을 가한다는 점에서 편파적 검열과 매우 유사하다. 심리작용은 불쾌감을 견디지 못한다. 그것은 어떤 희생을 치르더라도 자신을 방어하는데, 특히 현실의 지각이 불쾌감을 유발하면 그 지각은—여기서는 진리다—필시 희생되고 만다. 인간은 외부 위험이 닥쳐오면 충분히 힘을 비축할 때까지 한동안 도망과 위험 상황을 회피로 대처하여 현실에 대한 적극적인 변화를 통해 위협을 제거한다. 하지만 우리는 자신으로부터 도피할 수 없고 내적인 위험에 대해 도망은 도움이 되질 않는다. 그 때문에 자아의 방어기제는 내적 지각을 왜곡하고 우리에게 그저 이드의 불완전하고 변형된 그림을 만들도록 한다. 자아는 이드와의 관계에서 스스로 만든 제한으로 마비되거나, 자신의 잘못으로 인해 맹목적이 되거나, 심리적 사건이 일어날 때는 트레킹을 할 때 지리도 모르고 걷기조차 불편한 상황처럼 된다.

방어기제는 위험을 멀리하려는 의도에 충실히 봉사한다. 그런 의도가 성공한다는 것은 논란의 여지가 없다. 자아가 발달하는 동안 완전히 포기할 수 있는지는 의심스럽지만, 방어기제 자체가 위험이 될 수 있다는 것 또한 사실이다. 방어기제가 위험을 멀리하려고 행사하는 봉사에 자아가 너무 많은 희생을 치르는 경우가 종종 생기곤 한다. 방어기제를 유지하기 위하여 요구되는 심리적 비용과 거의 규칙적으로 수반되는 자아제한은 심리경제에 과중한 부담으로 돌아올 수밖에 없다. 그리고 이런 기제들은 자아발달의 힘든 기간 동안 도움을 주고 난 이후에도 느슨해지지 않는다. 물론 모든 사람이 모든 방어기제를 사용하는 것이 아니라 단지 그중 몇몇 종류만 사용한다. 하지만 이런 방어기제는 자아에 고착되어 성격의 규칙적인 반응양식이 되고 이 양식은 다시 그 기원이 된 상황과 비슷한 상황이 전개될 때마다 전 생애에 걸쳐 반복된다. 이렇게 되어 그 방어기제들은 유치증들이 되고, 사용시기가 지난 후에도 여전히 가지고 있기를 원하는 수많은 제도(습관들)와 운명을 같이한다. 시인 괴테가 탄식했던 것처럼 "이성은 불합리로, 선행이 고난으로 변한다."[34] 강화된 성인의 자아는 현실에는 더 이상 존재하지 않는 위험으로부터 자신을 방어하려 든다. 자아는 이제 원래의 위험과 비슷하게 대체할 수 있는 현실 속의 상황들을 찾고 여기에 기존의 습관적인 반응양식을 꼭 붙들고 정당화하게 된다. 그렇

---

[34]　옮긴이 주: 괴테의 『파우스트』 〈서재〉 장에서 메피스토펠레스가 한 말이다. 그는 파우스트의 교수 자리에 가짜로 앉아서 학생의 장래 직업에 대해 상담해 준다.

게 함으로써 어떻게 방어기제가 점점 더 외부세계로부터 자아를 소외시키고 지속적으로 약화시키면서 신경증의 발발을 자극하고 배양하는지 쉽게 이해할 수 있다.

우리의 관심사는 현재 방어기제의 병리학적 역할에 있는 것이 아니다. 우리가 탐구하고자 하는 것은 방어기제에 따른 자아의 변화가 우리의 치료에 어떤 영향을 미치는가 하는 것이다. 이 질문에 대한 답변자료는 이미 언급한 안나 프로이트의 책에 나와 있다. 여기서 핵심적인 것은 피분석자가 분석 작업 중에도 반응방식을 반복하고 흡사 제시하기라도 하듯 한다는 것이다. 실제로 우리는 이 반복 때문에 이 반응방식을 알게 된다. 그렇다고 해서 이 반복이 분석치료를 불가능하게 한다는 뜻이 아니다. 오히려 이 반복은 우리 분석치료의 절반을 규정한다. 나머지 절반은 분석의 초기에 시도하였던 이드 속에 숨겨진 것을 발견하는 것이다. 우리의 치료 작업은 치료기간 내내 이드의 분석에서 자아의 분석으로 왕복하는 일이다. 한번은 이드의 어떤 것을 의식화하고 다음번은 자아의 어떤 것을 수정한다. 중요한 사실은 치료 중 과거의 위험에 대한 방어기제가 치료에 대한 저항들로 회귀한다는 점이다. 이것은 치유 자체가 자아에 의해 새로운 위험처럼 취급되고 있다는 결론에 이르게 한다.

치료효과는 이드 속에 광범위한 의미로 존재하는 억압된 것을 의식화하는 과정과 결부되어 있다. 우리는 이러한 의식화를 위해 해석과 구성을 통한 길을 마련한다. 하지만 피분석자의 자아가 과거의 방어에 매달려 있어 저항들을 포기하지 않는 한, 우리의 해석은 피분석자를 위한 것이 아니라 우리 자신을 위한 것이 되고 만다. 이제 이 저항들은 (비록 그것이 자아에 속한 것이기는 하나) 무의식적으로 그리고 어떤 의미에서는 자아 내에서 분리되어 있다.

분석가는 이드 속에 숨겨진 것보다 그 저항들을 더 잘 인식할 수 있다. 이 저항들을 이드의 일부분처럼 다루고 의식화를 통해 나머지 자아와 관계 맺는 것으로 충분할 것이다. 이런 식으로 분석치료의 과제 중 절반은 끝날 것이다. 우리는 저항들이 드러나는 것을 막으려는 저항을 계산에 넣지 않을지도 모른다. 그러나 다음과 같은 일이 일어난다. 저항들에 대한 치료 작업을 하는 동안 자아는—다소간 진지하게—분석의 근거가 되는 계약에서 탈퇴한다. 자아는 더 이상 이드를 밝히려는 우리의 노력을 지지하지 않고, 그러한 노력에 저항하면서 분석의 기본규칙을 지키지 않는다. 그러면 자아는 억압된 것의 파생물이 떠오르게 하지 않는다. 이렇게 되면 우리는 환자에게 분석치료의 치유적 힘에 대한 강한 신념을 기대할 수 없다. 그가 치료사에게 어느 정도 신뢰감을 가졌을지도 모른다. 하지만 그런 신뢰조차도 환자의 역량에 대한 긍정적 전이를 일깨움으로써 강화될 수 있었던 것이다.

새롭게 생겨난 방어갈등을 통해 감지된 불쾌감 발생의 영향 하에 부정적 전이가 주도권을 가짐으로써 분석치료의 상황은 완전히 끝나버릴 수 있다. 이제 치료사는 환자에게 자기에 대해 불쾌한 추측만 해대는 낯선 사람일 뿐이다. 그래서 환자는 치료사에게, 낯선 사람을 좋아하지도 않고 그의 말을 믿으려고도 하지 않는 아이처럼 행동하게 된다. 분석가는 환자의 방어 가운데에서 인지한 왜곡 중 하나를 그에게 보여 주고 이것들을 교정하려 하지만 치료사는 환자가 더 이상 이해하려 들지 않고 좋은 이야기를 들으려고 하지 않는다는 것을 알게 된다.

보다시피 이렇게 저항들을 드러내는 데 저항하는 저항이 실제로 있다. 정말로 방어기제들은 우리가 이것을 정확히 연구하기도 전에 붙인 이름을 얻을 만하다. 저항들은 단지 이드의 내용들을 의식화하는 것에 대한 저항일 뿐 아니라 분석 행위 자체에 대한 저항일 수도 있고 나아가 치유에 대한 저항일 수도 있다.

우리는 자아에서 방어의 영향을 '자아변화'라고 부를 수 있다. 만약 우리가 분석 작업에 흔들리지 않는 치료적 동맹을 보장해 주는 허구적 정상 자아와의 거리만 인정한다면 말이다. 별 어려움 없이 보건대, 우리의 일상에서 보듯이 분석치료의 성과는 분석치료의 종결에 관한 문제가 된 곳에서 자아변화의 이런 저항들이 얼마나 강하게 얼마나 깊이 뿌리를 내리고 있는지에 달려 있다. 여기서 우리는 다시 양적 요인의 중요성에 직면하게 된다. 그리고 우리는 다시 분석이 적대적인 힘과 겨루는 특정한, 제한된 양의 에너지만을 사용한다는 사실을 알게 된다. 마치 승리가 정말로 더 강한 연대에 대부분 돌아가듯이 말이다.

6) 다음 질문은 모든 자아의 변화가 —우리가 말한 의미에 있어서— 유년기의 방어투쟁 기간에 획득되는가 하는 것이다. 대답은 의심의 여지가 없이 단호하다. 선천적인 자아의 다양성이 갖는 존재와 의미에 대해 논쟁할 하등의 이유가 없다. 한 가지 사실만이 결정적인데,

그것은 개인마다 가능한 방어기제 중 몇 개만 선택하여 항상 그것만을 사용한다는 점이다. 이것은 개인이 처음부터 개인적 기질과 경향을 갖고 태어난다는 것을 말해 주지만, 그 양상과 조건이 무엇인지는 말할 수 없다.

이 외에도 우리는 자아의 선천적인 특성과 후천적인 특성의 차이를 지나치게 강조할 필요가 없다는 점을 알고 있다. 물론 선조들이 습득한 것 중 중요한 것이 있다. 우리가 '태고의 유산'이라는 표현을 할 때, 보통 이드에 대해서만 생각하고 자아는 개인의 삶이 시작되는 시기에 아직 존재하지도 않았던 사실을 받아들이는 것 같다. 그러나 우리는 이드와 자아가 원래 하나였다는 사실을 간과해서는 안 된다. 아직 존재하지도 않은 자아에 어떤 발달 방향과 경향과 반응이 나중에 어떻게 드러나게 되는지 정해져 있다고 본다 하여 우리가 태고의 유산에 대한 신비적 과대평가를 하고 있다는 것을 의미하지는 않는다.

가족, 종족, 민족의 심리적 특성은 분석치료에 대한 그들의 태도에는 어떤 다른 설명의 여지도 없다. 어디 그뿐인가, 분석치료 경험은 우리에게 상징체계 같은 특정한 심리적 내용이 유전적 전이 이외의 어떤 다른 원천도 갖고 있지 않다는 확실한 신념을 주었다. 또한 다양한 민족심리학적(옮긴이 주: 오늘날의 사회문화심리학) 연구들은 원시인들의 발달이 남긴 다른 특수한 결실들이 고대의 유산에서 온 것임을 보여 준다.

우리는 저항들로부터 알게 되는 자아의 특성들이 방어투쟁에서 획득된 것일 수 있을 뿐만 아니라 유전적인 것일 수 있다는 통찰을 하였다. 이로 인해 자아냐 이드냐 하는 심리 유형학적 구분은 우리의 연구에서 별 의미가 없어진다. 우리의 분석경험이 더 밝혀낸 것은 다른 저항들로서, 이들은 우리가 더 이상 위치를(옮긴이 주: 자아인지 이드인지) 정할 수도 없는, 심혼 장치 내의 근본적인 조건에 매달려 있는 것처럼 보인다는 점이다. 이런 종류의 저항들에 대한 몇 가지 사례들을 보여주겠지만 전체 영역은 아직 혼란스러울 만큼 낯설고 아직 충분히 연구되지도 않았다. 예를 들어 우리는 특별한 '리비도 점착성'을 보이는 사람들을 만나는 경우가 있다. 그들의 치료과정이 다른 사람들보다 훨씬 느린 이유는 그들이 리비도 집중을 한 대상에서 해제하고 다른 대상으로 옮겨 가지 않기 때문이다. 그런 리비도 충실을 견지할 특별한 이유가 보이지 않는데도 말이다. 그 반대의 경우도 있는데, 리비도 집중이 너무나 쉽게 움직이는 경우이다. 이 경우는 그전의 집중을 포기하고 분석치료에서 제시한 집중으로 재빠르게 옮겨 간다. 이 둘 사이의 차이는 조각가가 단단한 돌을 가지고 작업하느냐 부드러운 점토로 작업하느냐의 차이를 느끼는 것과 같다. 유감스럽게도 후자의 경우 치료의 결과가 깨지기 쉬운 것으로 나타난다. 새로운 집중들은 곧 버려지기 때문이다. 이때 우리는 점토로 작업한 것이 아니라 물 위에 글을 쓴 것 같다는 느낌을 받는다. '얻는 만큼 잃는다(Wie gewonnen, so zerronnen)'라는 독일 속담이 여기에 적당한 경고처럼 보인다.

앞엣것과는 다른 집단의 경우가 있는데, 일반적인 경우 기대되는 가소성, 변화와 발전의 소진이라고밖에 볼 수 없는 행동으로 인해 놀라움을 불러일으킨다. 우리는 사실 분석에서 어느 정도는 심리적 타

성과 만날 각오가 되어 있다. 심리치료를 하면서 욕동반응에 어느 정도 길을 터 주면 분명히 망설임이 일어난다는 점이다. 아주 정확한 표현은 아니지만 우리는 이러한 행동을 '이드의 저항'이라고 불렀다. 하지만 내가 말하려는 이 집단의 경우, 진행과정, 관계, 힘의 분배 모든 면에서 변화 없이 고정되고 경직된 채 머물러 있다. 이들은 노인들처럼 습관의 힘이나 수용력의 소진, 즉 정신적 엔트로피라고밖에 설명할 수 없는 모습을 보인다. 하지만 이들은 젊은 사람들이다. 우리의 이론적 채비는 이런 타입들을 설명하기에 아직 불충분하다. 추측건대 시간적인 특성들 때문이 아닌가 한다. 그리고 심리생활에서 아직 충분히 생각해 보지 않은 발달리듬의 변질 같은 것이 아닌가 한다.

또 다른 집단의 경우는 분석치료에 대한 저항의 원천으로서, 치료의 성공에 대한 장애로서 생겨난 것으로 보아야 할 자아의 다양성이 다르고 더 깊은 이유에서 나온 경우다. 이것은 심리학적 연구 전체가 인식할 수 있는 마지막 주제로서 두 개의 근원적 욕동의 행동, 그것들의 분배, 혼합, 분리는 우리가 심리 작동의 유일한 영역인 이드, 자아, 그리고 초자아에 제한하여 생각할 수 없는 것들이다.

분석치료를 하는 중 일어나는 저항들에 대한 인상, 모든 수단을 동원하여 치유에 맞서 자신을 지키고 온전히 자신의 병과 고통을 그대로 유지하고 싶어 하는 힘에 대한 인상보다 더 강하게 남는 것도 없다. 우리는 매우 정당하게도 이런 힘의 일부분을 죄의식과 처벌욕구로 인식했고 자아의 초자아에 대한 관계 속에 위치시켰다. 그러나 말하자면 이것은 그저 초자아에 의해 심리적으로 구속된, 그런 식으로 드러나게 된 부분일 뿐이고 어디에 있는지 모르지만 그 힘의 다른 부분들은 종속된 형식이든 자유로운 형식이든 아마 작용하고 있을 것이다.

수많은 사람의 내재적인 피학증 현상들, 신경증자의 부정적 치료반응과 죄의식 현상들이 관계 맺고 있는 전체적 그림을 보면 정신적 사건이 오직 쾌락추구에 의해서만 좌우된다는 믿음을 고수할 수 없을 것 같다. 이런 현상들은 정신적 삶에서 어떤 힘이 존재한다는 증거로서 그 힘의 목표에 따라 공격욕동이나 파괴욕동이라 부르는데, 그것은 생명체의 원욕동에서 나온 것이다. 이것은 낙관적인 삶의 태도와 염세적인 삶의 태도 사이의 대립에 관한 문제가 아니다. 에로스(삶의 욕동)와 죽음욕동이라는 두 근원적 욕동이 연합하고 대립하면서 삶의 다양한 모습들을 만들어 내는 것이지 그들 중 하나만 작용하는 일은 없다.

그 욕동의 각 부분이 개개 삶의 기능들을 펼치기 위해 서로 어떻게 협력하든지 ─이런 연합은 어떤 조건들하에서 느슨해지거나 해체되거나─ 어떤 장애를 만날 때 이런 장애가 일어나는지, 어떤 감정으로 쾌감원칙의 지각범위가 그런 변화에 반응하는지를 분명히 하는 것이 심리학적 연구의 가장 바람직한 과제가 될 것이다. 아직은 우리의 노력을 좌절케 하는 여러 압도적 힘들 앞에 머리를 숙일 뿐이다. 간단한 피학증의 심리적 영향조차도 우리의 능력으로는 버겁기만 하다.

우리가 파괴욕동의 활동을 보여 주는 현상들을 설명하면서 병리학적인 자료에 대한 관찰에만 제한되어 있지 않다. 정상적 정신생활에서 일어나는 수많은 사실은 그런 설명을 재촉하고 있다. 우리의 관찰이 날카로워질수록, 그런 삶은 우리에게 더 풍성하게 드러날 것이다. 그 주제는 너무 새롭고 중요하여 이런 언급을 그저 부수적으로 취급해서는 안 된다. 나는 여기에서 몇 가지 시도들에 대해 시범을 보이는 것으로 만족하려 한다. 그 사례는 다음과 같다.

어느 시대나 한쪽의 성이 다른 성에 어떤 영향도 주지 않은 채, 동성과 이성 모두를 성적 대상으로 삼는 사람이 있었고 지금도 있다는 점은 잘 알려져 있다. 우리는 이러한 사람들을 양성애자라 부르며 크게 놀라지 않고 그들의 존재를 받아들인다. 하지만 우리는 이런 의미에서 모든 사람들이 양성애자이며, 그 리비도가 양성적이건 음성적이건 두 성적 대상에 골고루 분배된다고 배웠다. 다만 다음과 같은 특이점을 알 수 있다. 전자, 즉 양성성의 경우에 두 성향 모두가 어떤 충돌 없이 서로 잘 화합한다. 그러나 후자, 즉 더 자주 일어나는 음성적인 경우는 서로 화합하지 못하는 갈등의 상태에 있다. 한 남자의 이성애는 어떤 동성애도 용납하지 않는다. 그리고 그 역도 마찬가지다. 이성애가 더 강하다면 동성애가 음성적 상태로 유지되면서 현실적 충족을 못하게 하는 데 성공한다. 다른 한편으로 한 남자의 이성애 기능에 대해 음성적 동성애를 통한 장애물보다 더 큰 위험은 없다. 사람들은 리비도의 특정한 부분만이 작동하기에 그것을 얻으려고 서로 투쟁하는 두 방향이 싸워야 한다고 설명할 것이다. 그렇다면 두 경쟁자는 여러 경우에 그렇게 할 수 있는데도 얼마든지 조정 가능한 리비도의 용량을 그들끼리 왜 규칙적으로 나누지 않는지 궁금하다. 따라서 우리는 갈등에 대한 경향성이 리비도의 양과 관계없이 그 상황에 새롭게 덧붙여진 특별한 것이 아니냐 하는 인상을 받는다. 그렇게 독립적으로 나타나는 갈등 경향성은 자유로운 공격성을 지닌 부분의 개입 이상이라고 볼 수밖에 없다.

우리가 여기서 언급할 것을 파괴충동이나 공격충동의 표현으로 인정한다면 '그와 같은 생각을 다른 사례에 확대해야 하는 것 아닌가', '우리가 심리적 갈등에 대한 모든 지식을 새로운 관점에서 재고해야 하는 것 아닌가' 하는 의문이 즉시 제기된다. 인간이 원시상태에서 문명인으로 발전하면서 공격성의 획기적인 내면화, 즉 안으로 찾아들기가 일어났으며, 이렇게 되자 중지된 외부투쟁이 내적인 갈등에 대한 분명한 등가물이 된 것은 아닌가 하는 생각이 든다. 죽음과 파괴욕동이나 공격욕동을 리비도에서 발현하는 에로스 옆에 동등한 권리로 존재하는 파트너라고 주장하는 이원론적인 이론은 일반적으로 설득력이 없는 것으로 나타날 뿐만 아니라 정신분석가들 사이에서도 의견일치를 본 것이 아니라는 것을 나는 잘 알고 있다. 이런 상황에서 내가 근자에 우리의 이론을 고대 그리스 위대한 사상가 중 한 명에게서 재발견한 것은 큰 기쁨이었다. 이런 발견으로 인해 내 글이 독창적이란 생각을 버려야 할지도 모르겠다. 그 이유는 내가 젊은 날 이것저것 마구 읽은 독서경험을 고려해 볼 때, 나의 새로운 창작물이라는 것이 혹시 숨은 기억(Kryptomnesie)의 소산은 아닐까 하는 의심이 들기 때문이다.

기원전 495년경에 **아크라가스(기르겐티)에서 태어난 엠페도클레스**

(Empedocles)[35]는 그리스 문명사에서 가장 위대하고 가장 주목받을 만한 인물 중 하나다. 그의 개성은 아주 다양한 분야에서 입증된다. 그는 탐구자이자 사상가였고, 예언가이자 주술사였으며, 정치가였고, 박애주의자였으며, 자연주의적인 의사였다. 그는 셀리눈트 시에서 말라리아를 추방한 이유로 그 당시 사람들에게 신으로 추앙받았다고 한다. 그의 정신은 너무나 분명하게 대립되는 것들도 하나로 아우르는 것처럼 보인다. 그는 물리학적이고 생리학적인 연구에서는 철저하고 이성적이었지만 모호한 신비주의 앞에서도 몸을 도사리지 않았으며 대담하고 놀라운 상상력으로 우주론을 정립한다. **카펠레**는 그를 "많은 비밀을 드러내는" **파우스트 박사**에 비유하고 있다.

그는 과학이 아직 여러 분야로 세분되지 않았을 때 태어났기 때문에, 그의 많은 학설은 원시적으로 보일 수밖에 없다. 그는 사물의 이질성을 4원소인 물, 불, 흙, 공기의 혼합으로 설명했다. 자연의 생동성을 주장했고 영혼의 윤회를 믿었으나 동시에 자기 지식 체계 속에 생명체의 단계적인 발달이나 적자생존, 이런 발달에서 우연($\tau\acute{\upsilon}\chi\eta$)의 역할을 인정하는 등 현대적인 개념을 삽입하고 있다.

그러나 우리의 관심을 끄는 것은 엠페도클레스의 학설이다. 이 학설은 정신분석의 욕동 이론과 아주 비슷해서 둘은 동일한 것인데, 다만 이 그리스 철학자의 이론이 우주적인 환상인 반면, 우리의 것은 생

---

35 이하의 내용은 Wilhelm Capelle, *Die Vorsokratiker*(『소크라테스 이전 철학자들』), Alfred Kröner, Leipzig, 1935에 따른 것이다.

물학적 과학이라는 차이만 있을 뿐이라고 주장하고 싶은 유혹을 받는다. 물론 **엠페도클레스**가 개별적인 생명체에 있는 영혼을 우주에도 부여하는 정황은 이 구별에서 상당히 의미를 빼앗아 가 버린다.

말하자면 이 철학자는 우주적 삶과 정신적 삶에 사건 발생의 두 원칙이 있는데, 이 둘이 영원히 싸운다고 가르치고 있다. 그는 이 둘을 **사랑**($\phi\iota\lambda\acute\iota\alpha$)과 **투쟁**($\nu\epsilon\ddot\iota\kappa o\varsigma$)이라고 명명한다. 그가 보기에 사실상 "충동적으로 작동하는 자연의 힘들이지 목적에 대한 의식적 지성이라곤 전혀 없는" 이런 힘들 중 하나가 4원소의 원자들을 통일체로 결집시키려 한다. 반대로 다른 하나는 그러한 모든 혼합을 해체하고 4원소의 원자들로 서로 분리시키는 경향이 있다. 엠페도클레스는 세계의 과정을 계속 진전하며 결코 중단하지 않는 주기의 교체로 이해했다. 그 주기 내에서 근본적인 두 힘 중 어떤 하나가 다른 하나를 이겨서 ─ 어떤 때는 사랑이, 어떤 때는 투쟁이 ─ 완전히 자신의 의지를 관철해 세계를 지배하면, 곧장 싸움에서 진 다른 부분이 일어나 자신의 차례가 되어 상대와 싸워 이긴다.

엠페도클레스의 두 기본 원칙인 **사랑**($\phi\iota\lambda\acute\iota\alpha$, 필리아)과 **투쟁**($\nu\epsilon\ddot\iota\kappa o\varsigma$, 네이코스)은 이름이나 기능의 측면 모두에서 우리의 원 욕동, 즉 **사랑**Eros와 **파괴**Destruction와 같은 것이다. 하나는 존재하는 것을 점점 더 큰 단위로 포괄하려는 충동이고, 후자는 그러한 포괄을 해체하고 그러한 포괄로부터 생긴 형성물을 파괴하려고 한다. 그러나 우리는 이 이론이 2천5백 년이 지나 다시 등장하면서 여러 가지 모습들이 바뀐 데 놀랄 필요는 없다. 우리가 골몰하고 있는 생물심리학적인 것에만 제한하지 않는다면, 우리의 원소는 엠페도클레스의 4원소 이상이 아니다.

우리가 보기에 생명은 무생물과 엄격히 구분된다. 우리는 더 이상
물질 입자들의 혼합과 분리를 염두에 두지 않고, 욕동 요소들의 결합
과 분리만을 생각하고 있다. 게다가 우리는 삶의 욕동을 무생물의 욕
동으로 되돌릴 파괴욕동을 죽음욕동으로 환원함으로써, 어느 정도는
"투쟁"의 원칙에 생물학적인 토대를 마련해 주었다. 그렇다고 하여 그
와 비슷한 욕동이 전에 있었다는 것을 부정하거나, 그것이 오직 생명
의 출현과 함께 존재하게 되었다고 주장하지는 않는다. 어느 누구도
엠페도클레스의 학설 속에 포함된 진리의 핵심이 후일의 통찰에 어떤
옷을 입고 등장할지 예견할 수는 없다.

7) 1927년 **산도르 페렌치**가 발표한 「분석의 종결에 관한 문제」[36]라
는 논문은 다음과 같이 희망 섞인 말로 끝맺고 있다. "분석치료는 끝
이 없는 과정이 아니라, 분석가의 능력과 인내만 있다면, 자연스러운
종결에 이를 수 있다." 내 생각에 이 논문은 전체적으로 치료의 단축
이 아니라, 치료의 심화를 목표로 설정해야 한다는 경고의 성격을 띠
고 있다. 이어 페렌치는 중요한 논점을 덧붙여 서술하고 있다. 그는
치료의 성공이 분석가가 "자신의 위반과 잘못"으로부터 얼마나 배우
고, "자신의 성격의 약점"을 얼마나 제어할 수 있느냐에 달려 있다고
말한다. 이 말은 우리의 주제에 큰 보완이 된다. 즉, 환자의 자아 기질

---

36   Internationale Zeitschrift für Psychoanalyse(국제정신분석학술지), Bd. XIV, 1928.

뿐 아니라 분석가 자신의 성격도 분석 치료의 전망에 영향을 미치며, 저항의 종류에 따른 치료의 전망을 어둡게 하는 동기 중에서 중요한 자리를 취하고 있다.

치료사들의 개인적인 인격이 환자들을 치료해 다다르게 할 심리적 정상이라는 기준에 완전히 도달해 있는 것이 아님은 이론의 여지가 없다. 분석치료에 반대하는 사람들은 이런 사실을 비웃으며 말하고 그것을 분석치료의 무용성에 대한 논쟁거리로 보고 있다. 우리는 그러한 비판을 부당한 요구라고 거부할 수 있다. 치료사는 특별한 기술을 배운 사람일 뿐, 그 이외에는 다른 사람들과 똑같은 사람이다.

그 누구도 어떤 의사가 내장이 건강하지 않다고 해서 다른 사람의 내과치료를 해서는 안 된다고 주장하지는 않는다. 오히려 반대로 결핵에 걸린 의사는 결핵치료 전문의가 될 수 있는 이점이 있을 수 있다. 폐와 심장병을 앓고 있는 의사라 할지라도 자신의 직무에 능력이 있는 한, 내과 질환을 진단하고 치료하는 데 아무런 지장이 없다. 그러나 모든 경우가 다 그런 것은 아니다. 분석가는 분석치료 작업의 특수한 조건으로 인해, 환자의 상황을 정확히 파악하고 거기에 효과적으로 대응해야 하므로 오히려 자신의 결점 때문에 지장이 있을 수 있다. 따라서 치료사에게 자격 조건으로서, 상당한 정도의 정신적 정상성과 공정성을 요구하는 것은 나름대로 큰 의미가 있다. 게다가 치료사는 어떤 분석 상황에 따라서는 환자의 롤모델로, 또 어떤 상황에서는 멘토로 행동할 수 있을 만큼 인격적 수월성을 갖고 있어야 한다. 그리고 마지막으로 분석적 관계는 진실에 대한 사랑, 다시 말해 현실의 인정에 기초해야 하며, 온갖 위장과 기만을 배제해야 한다는 사실을 잊지 말아야 한다.

치료사는 치료를 수행할 때 여러 가지 어려운 요구를 충족해야 한다. 이에 대해 잠시 멈춰서 그에게 우리의 진정한 관심을 보내 보자. 나는 분석치료가 처음부터 불충분한 결론이 뻔히 보이는, '불가능한' 직업 중 세 번째쯤 되지 않을까 생각한다. 다른 두 직업은 그보나 훨씬 더 오래전부터 알려진 것으로서 교육과 통치다. 우리는 장래의 분석가에게 분석치료를 하기 전에 완벽한 사람으로서, 말하자면 고상하고 보기 드물게 완벽한 사람만이 그 직업을 가질 수 있다는 요구를 해서는 안 된다. 그렇다면 도대체 이 불쌍한 사람은 그의 직업에 필요한 이상적인 자격을 어디서 어떻게 얻어야 할까? 대답은 바로 자기 분석이다.

자기 분석으로 그는 미래 직업 준비를 시작한다. 현실적인 이유 때문에 이 자기 분석은 짧고 불완전할 수밖에 없다. 그것의 주된 목적은 그의 선생에게, 그 후보가 교육을 계속 받을 수 있을지 판단할 수 있도록 하는 것이다. 자기 분석이 수련생에게 무의식의 존재에 대한 확신을 심어 주고, 억압이 나타날 때 보통은 믿어지지 않는 자각들을 매개하고, 분석치료에서 유일하게 가르쳐 주는 기법을 첫 수련에서 보여 준다면 자기 분석의 임무는 충족된 것이다. 그것만으로 지도가 충분한 것은 아니지만, 우리는 수련생이 개인 분석에서 받은 마음의 동요가 그 분석과 함께 끝나지 않고, 자아의 수정과정이 환자에게 자발적으로 지속되어, 나중의 모든 경험을 새로 얻은 의미로 사용할 것이라고 짐작하게 된다. 실제로 이런 일이 일어나고 있고, 그것이 일어나는 한 환자는 치료사가 될 자격이 있다.

이 외에 다른 일도 일어난다는 점은 유감스럽다. 그것을 기술하고자 할 때, 우리는 여러 인상에 의존할 수밖에 없다. 한쪽에서는 증오심이, 다른 한쪽에서는 편파성이 객관적인 탐구에 좋지 않은 환경을 만들어 낸다. 그래서 많은 치료사가 방어기제를 사용하는 법을 배워, 분석의 결과와 요구를 자신의 인격에 향하지 못하게 시선을 돌려 버린다. 그리하여 대개 다른 사람에게 그 시선을 향하게 하여 자신은 그대로 남아 있게 되고, 이렇게 함으로써 분석의 비판적이고 교정적인 영향을 벗어날 수 있게 된다. 이런 과정은 우리에게 다음과 같이 경고한 시인의 말이 옳게 보이도록 하는지도 모른다. 그는 이렇게 말했다. "인간이 권력을 부여받으면, 그것을 남용하지 않기가 힘들다."[37] 이 말을 하니까 늘 이해를 구하는 사람인 나에게 갑자기 불유쾌한 비유가 생각한다. 그것은 마치 특별히 조심하지 않고 엑스레이를 다루는 사람에게 일어나는 엑스레이의 방사선 노출과 같다.

인간의 정신에서 자유를 갈구하는 모든 억압된 것을 끊임없이 다루다 보면 분석가도 이런 일을 하지 않으면 보통 억압되어 유지되는 모든 욕동의 요구가 그의 내면에서 깨어난다는 것은 놀랄 만한 일이 아니다. 이것 또한 '분석의 위험'인데, 이것은 분석치료에서 수동적인 상대에게는 위협이 되지 않으나 능동적인 상대에게는 위협이 된다. 치

37　Anatole France, *La révolte des anges*(『천사들의 반란』).

료사는 그러한 위험들과 만나는 것을 중단해서는 안 된다. 어떤 식으로든 그런 상황이 온다는 것은 의심의 여지가 없다. 모든 치료사는 주기적으로, 가령 5년마다 분석치료의 대상이 되어야 하는데 이런 행위를 부끄러워해서는 안 된다. 말인즉슨 자기 분석도 끝이 있는 과제에서 끝이 없는 과제가 되는 것이다. 환자에 대한 분석치료만 그런 것이 아니다.

바로 이 지점에서 한 오해를 막아야 할 듯하다. 나는 분석치료가 오로지 끝이 없는 작업이라고 주장할 생각은 없다. 그 문제에 관해 사람들이 어떤 이론적 입장을 취하더라도, 내 생각에 분석의 종결은 임상의 문제다. 경험 많은 분석가는 누구나 작업이 잘 진행된 상태에서 (rebus bene gestis) 환자와 영원히 작별한 여러 사례를 기억하고 있을 것이다. 소위 성격 분석의 경우에는 이론과 실제가 훨씬 더 가깝다. 과장된 기대를 멀리하고 분석의 목표를 지나치게 크게 잡지 않는다 하더라도, 자연스러운 종결을 예상하기는 쉬운 일이 아니다. 모든 인간의 독특함을 정상성이라는 도식을 향하여 갈고 닦고, '근본적으로 치료를 받은' 사람은 어떠한 격정을 느끼거나 내적인 갈등을 일으켜서는 안 된다는 요구를 목표로 삼아서는 안 된다. 분석은 자아기능을 위하여 쾌적한 심리적 조건을 만들어야 한다. 이와 함께 분석치료의 과제가 끝나는 것이다.

8) 우리는 성격 분석에서뿐만 아니라 치료 분석에서 두 주제가 특별히 드러나고 분석가에게 너무 많은 번거로움을 유발한다는 사실에

주목한다. 우리는 거기에 표현되는 법칙적인 것을 오래전부터 알고 있다. 이 두 주제는 성의 차이와 결부되어 있다. 한 주제는 남자에게 적용되는 특징이고, 다른 하나는 여자에게 적용되는 특징이다. 내용적 이질성에도 불구하고, 거기에는 분명히 일치점이 있다. 이 두 성이 공유하는 것이 성의 차이로 인해, 서로 다른 표현 형태로 각인되어 나타난다.

서로 상응하는 두 주제는, 여자에게서는 **페니스 선망**(Penisneid)이고 ─남성의 성기를 갖고 싶어 하는 긍정적인 갈망─ 남자에게서는 다른 남자에 대한 수동적이거나 여성적인 입장에 대한 반발이다. 공통적인 것은 아주 일찍 정신분석 용어가 거세 콤플렉스에 대한 태도라고 강조한 것이다. 알프레트 아들러는 나중에 남자에게만 적용되는 "남성적 저항(männlicher Protest)"이라는 용어를 썼다. 그러나 나는 '여성성의 거절(Ablehnung der Weiblichkeit)'이란 용어가 처음부터 인간의 정신생활의 이 특이한 현상에 대한 정확한 기술이라고 생각하고 있다.

우리가 그 요소를 우리 이론적 학술체계 속에 도입할 때 간과해서는 안 될 것은 그것이 본성 상 두 성에서 동일한 위치를 차지하고 있지 않다는 점이다. 남성에게 남성성의 추구는 처음부터 완전히 자아에 맞게 만들어져 있다. 반면에 수동적인 태도는 거세를 받아들이는 것을 전제로 하고 있어서 강하게 억압되기 때문에, 지나친 과보상만이 그러한 태도가 자주 존재한다는 것을 드러낼 뿐이다. 여성에게도 남성성에 대한 추구는 어느 시기, 즉 남근기까지, 다시 말해 여성성이 발달하기 전까지는 자아에 맞게 만들어져 있다. 그러나 그다음 그 추구는 현저한 억압과정에 예속되어, (우리가 자주 말하듯) 여성의 운명이라는 길을 걷게 된다.

대체로 충분한 양의 남성 콤플렉스가 억압에서 빠져나와 지속적으로 성격에 영향을 미치는가가 가장 중요한 변수다. 그 콤플렉스의 대부분은 일반적으로 여성성의 건립에 기여하도록 변형된다. 다시 말해 페니스를 향한 채워지지 않은 욕망은 아이에 대한 욕망과 페니스를 가진 남자에 대한 욕망으로 바뀐다. 하지만 우리는 남성성에 대한 소원이 무의식 속에 간직되었다가 억압으로부터 나와 동요를 일으키는 일을 아주 흔하게 찾아볼 수 있다.

앞에서 말한 것으로 볼 때 두 경우 모두에 반대 성적인 것이 있는데, 이것이 억압으로 전락한다. 내가 다른 곳에서 이미 언급했듯이[38] 당시 그러한 관점을 나는 **빌헬름 플리스**(Wilhelm Fliess)가 한 강연에서 들었다. 그는 성의 대립을 억압의 진정한 원인이자 근원적인 동기라 보고 있었다. 당시 나의 반론을 여기서 거듭 말한다. 말하자면 그런 식으로 억압을 성적인 것으로 설명하고, 심리학적으로 설명하는 대신 생물학적으로 규명하는 것을 거부한다.

가장 중요한 그 두 주제가 ―여성의 페니스 선망과 남자가 지닌 수동성에 대한 거부를― 페렌치의 주목을 비껴가지 않았다. 그는 1927년의 강연에서 모든 분석가가 성과를 얻으려면 이 두 콤플렉스를

---

38 「매 맞는 아이」(프로이트 전집 10권, 열린책들, 165쪽 이하).

제어할 수 있어야 한다고 주장했다.[39] 나의 경험에 비추어 볼 때 이 부분에서 페렌치의 생각이 탁월하다고 생각한다. 분석 작업의 어떠한 순간도 (여자들에게 페니스에 대한 욕망은 실현될 수 없으니 포기하라고 감동받게 하고, 남자들에게는 남자에 대한 수동적인 입장이 반드시 거세를 의미하는 것은 아닐뿐더러 그것은 삶의 많은 관계에서 없어서는 안 될 것이라고) 헛되이 거듭해서 설득할 때보다 더 답답한 감정이 들 때는 없다. 이때 우리는 '물고기에게 하는 설교'(우이독경) 같다는 의심이 든다. 가장 강한 전이 저항 중 하나는 남자의 고집스러운 과보상으로부터 나온다. 남자는 아버지의 대리인에게 복종하거나 그에게 감사함을 표하고 싶지 않기 때문에, 의사가 치료할 것 같다고 생각하지 않는다. 그와 유사한 전이가 여성의 페니스 선망으로부터 발생될 수는 없지만 (그에 반해 분석치료가 별 도움이 안 되고) 환자의 어떻게 할 수 없다는 내적인 신념 때문에 그 욕망은 심각한 우울증 발작의 원천이 된다. 치료를 받으러 오는 가장 강력한 동기가 결국 자기도 남성의 성기를 얻을 수 있다는 희망이었다는 사실을 듣는다 해도 우리는 그녀를 비난할 수 없다.

저항이 어떤 형식으로 나타나든지, 그것이 전이로 나타나든 아니든 간에 별로 중요하지 않다는 사실에서 우리는 어떤 것을 배울 수 있다. 저항은 어떤 변화도 성취되도록 두지 않으며, 모든 것은 있는 그대로

---

39 "…모든 남성 환자는 거세불안을 극복했다는 표시로 의사에 대해 동등한 감정을 가져야 한다. 반면 모든 여성 환자는 (신경증이 완전히 청산되었다면) 남성 콤플렉스를 끝내야 하고 복수심 없이 여성의 역할에 대한 가능한 생각에 충실해야 한다."(페렌치 앞의 책, 8쪽)

있어야 한다는 것이 분명하다. 우리는 종종 페니스에 대한 욕망과 남성적 저항에 이르러서야 비로소 모든 심리의 층을 통과하여 '자라난 암초(gewachsener Fels)'에 도달했고, 그와의 작업이 끝났다는 인상을 받는다. 그것이 그렇게 될 수밖에 없는 이유는 심리적인 것에서 생물학적인 것이야말로, 깊이 숨어 있는 근원적인 암초의 역할을 하기 때문이다. 여성성의 거부는 분명히 생물학적인 것에 지나지 않는다. 그것은 성이라는 커다란 수수께끼의 한 부분이다.[40] 우리가 분석치료에서 그 요인을 제어하는 데 성공했는지, 했으면 언제 했는지 말하기는 어렵다. 우리는 피분석자에게 자신에 대한 태도를 재검토하고 수정할 수 있도록, 가능한 모든 격려를 해 주었다는 확신으로 스스로를 위로할 뿐이다.

---

40 우리는 "남성적 저항"이라는 표현을 남성의 거부, 다시 말해 여성성의 사회적 양상인 수동적 태도로 받아들이는 것을 용인해서는 안 된다. 그것은 (그런 남성들이 여성에 대해 피학증적 태도와 거의 예속의 태도를 취한다는) 쉽게 증명할 수 있는 관찰과 모순된다. 그 남성이 거부하는 것은 보편적 수동성이 아니라 남성에 대한 수동성일 뿐이다. 환언하면 "남성적 저항"은 실제로 거세불안과 다르지 않다.

Freud, Sigmund,
Die therapeutische Technik

14장

정신분석치료의 기법
(1938/1940)

Die Freudsche psychoanalytische Methode 1904

Zur Psychotherapie 1905

Die zukünftigen Chancen der psychoanalytischen
Therapie 1910

Über wilde Psychoanalyse 1910

Zur Dynamik der Übertragung 1912

Ratschläge für den Arzt bei der psychoanalytischen
Behandlung 1912

Zur Einleitung der Behandlung 1913

Erinnern, Wiederholen und Durcharbeiten 1914

Bemerkungen über die Übertragungsliebe 1915

Eine Schwierigkeit der Psychoanalyse 1917

Wege der psychanalytischen Therapie 1919

Konstruktionen in der Analyse 1937

Die endliche und die unendliche Analyse 1937

Die psychoanalytische Technik 1938 1940

말하자면 꿈은 하나의 정신병이다. 그것이 불합리함과 광기의 형성, 환각 같은 것들을 가지고 있기 때문이다. 꿈은 정신병이지만 잠깐 지속되고, 무해하고, 그 자체로 유익한 기능이 있으며, 개인의 동의하에 시작되고, 그 개인의 의지행위로 끝난다. 그러나 그럼에도 정신병의 일종이다. 우리가 정신병에서 배우는 것은 정신생활의 심층의 변화가 스스로 퇴행하고 정상적인 기능에 여지를 줄 수 있다는 점이다. 그렇다면 정신생활이 일으키는 두려운, 언제든 일어나는 질병들도 우리의 영향하에 두고, 그것을 치료할 수 있다는 기대를 하는 것이 너무 과도한 일인가?

우리는 이미 이런 기획을 준비하기 위해 많은 것을 안다. 우리의 전제조건에 따르면 자아는 현실과 이드와 초자아라는 세 가지 명령의 요구를 들어 주는, 동시에 자아의 조직을 세우고 자아의 독립성을 유지할 과제를 안고 있다. 우리가 언급하고 있는 질병상태의 조건은 단순히 자아의 상대적이거나 절대적인 약화라고 말할 수 있다. 자아는 이 약화로 인해 자신의 과제를 이루지 못한다. 자아에 대한 가장 어려운 요구는 아마도 이드의 충동 요구를 참아 내는 일일 것이다. 그것을 위해 반집중(Gegenbesetzung)에 대한 큰 비용이 소모된다. 그러나 초자아의 요구 또한 아주 강하고 가차 없게 될 수 있어서 자아는 다른 과제에 대해 마비된 채 아무것도 할 수 없게 된다. 우리는 여기서 발생하는 경제적 갈등들에 있어서 이드와 초자아가 자기 규범을 지키려고 현실에 머무르려는 억압된 자아를 향해 공동 전선을 편다는 느낌을 받는다. 앞의 두 가지가 너무 크게 되면 자아의 조직이 느슨해지고 변화되어 현실과 맺는 관계가 장애를 일으키거나 스스로 없어진다. 우리는 그것을 꿈에서 본다. 자아가 외부현실로부터 떨어져 나가면 자아는 내면세계의 영향 때문에 정신병으로 진입한다.

우리는 이런 통찰 위에서 치료 계획을 세운다. 자아가 내적 갈등으로 약화되기에 우리는 그것에 도움을 주어야 한다. 이것은 마치 시민전쟁에서 연합군이 외부에서 온 동맹들의 조력으로 승리하는 것에 비유할 수 있다. 분석치료사와 환자의 약화된 자아는 현실에 기대어 이드의 충동요구와 초자아의 양심요구라는 적들에 대한 연합군을 결성해야 한다. 우리는 서로 계약을 맺어야 한다. 환자는 온전한 정직함, 즉 환자의 자기 인지가 제공하는 모든 기억에 대한 자료를 말해야 하고, 우리 치료사들은 그 환자에게 엄격한 비밀유지를 하고 환자의 무의식에서 나온 자료들을 해석할 때 얻은 우리의 경험을 환자를 위해 제공해야 한다. 우리의 지식이 환자의 무지를 깨우치도록 영향을 주고 그의 자아에 정신생활의 잃어버린 영역에 대한 지배권을 다시 찾도록 해 주어야 한다. 이 계약서에서 분석치료의 상황이 성립된다.

이런 조처 직후에는 첫 번째 실망, 즉 절제하라는 경고가 떠오른다. 환자의 자아가 우리의 공동 작업에서 귀중한 동맹이 되려면 그에게 일어나는 적대적 힘으로 인한 어떤 어려운 상황에도 그 자아가 우리를 응집시킬 일정한 기준과 현실적 요구에 대한 일정 부분의 통찰을 지니고 있어야 한다. 그러나 정신병자의 자아로부터 그런 것을 기대할 수 없고, 이것은 그런 계약서에 쓸 수도, 그를 관여시킬 수도 없다.

환자 개인과 우리가 환자에게 제공하는 도움은 환자에게 아무런 의미를 주지 않는 외부세계의 부분들로 아주 재빨리 변해 버리고 만다. 그래서 우리가 인식한 것은 정신병자에게 우리의 치료 계획을 세우는 것을 단념해야 한다는 것이다. 그것이 영원히 그래야 할지 일시적일지는 다른, 그 환자에게 유익한 계획이 세워질 때까지 기다려야 한다.

그러나 정신병자와 아주 비슷한 다른 유의 정신 질환자가 있는데, 바로 대다수의 중증 신경증자들이다. 신경증자들의 병증의 조건이나 병리적 메커니즘은 같거나 적어도 아주 유사하다. 그러나 신경증자들의 자아는 저항능력이 더 강하고 적게 파괴되었다. 그들 중 많은 이가 그들의 장애와, 그 장애로 인한 불충분함에도 불구하고 현실의 삶을 유지한다. 이런 신경증자들은 우리의 도움을 받을 준비를 하고 있다. 그래서 우리는 우리의 관심을 그들에게 제한해서, 얼마나 폭넓게 어떤 길들을 통해서 그들을 '치료'할지 애쓰고자 한다.

그러므로 신경증자들과는 다음과 같은 계약을 맺는다. 엄격한 비밀유지에 대해 온전한 정직함으로 보여 줄 것. 이 계약은 마치 우리가 고해신부의 자리를 얻으려는 것 같은 인상을 준다. 그러나 고해와의 차이는 큰데, 그 이유는 그가 아는 것을 듣고 다른 사람에게 비밀로 붙이려는 것만이 아니라 그 환자가 모르는 것도 우리에게 이야기해 주어야 하기 때문이다. 우리는 이런 의도에서 우리가 정직함이라는 것을 어떻게 이해해야 할지 좀 더 자세하게 규정하고자 한다. 우리는 앞으로 환자의 행위가 우리 앞에서 어떻게 이루어져야 할지를 말해 줄 정신분석치료의 **기본 규칙**을 알려 준다. 환자는 고해성사를 함으로써 마음이 편안해지는 것, 그가 의도적이고 기꺼이 말해야 할 것을 이야기해야 할 뿐 아니라, 자기 스스로의 관찰에서 나온 모든 것, 감각에서 일어나는 모든 것도 말해야 한다. 그리고 그가 말할 것이 **불쾌한** 것일 경우에도, 그리고 그것이 **중요하지 않거나** 심지어 **미친 짓 같은** 것일지라도 말해야 한다. 이런 치료사의 지시에 따라 환자가 자기 검열을 중지한다면 환자는 우리에게 그전에 무의식의 영향을 받던 충분한 자료와 생각들, 연상들, 기억들을 쏟아 놓을 것이다. 이것들은 무의식의 직접적 산물들로서 종종 우리가 환자에게 있는 억압된 무의식을 알아내게 하고, 그것을 환자에게 알려 줌으로써 그의 자아가 자신의 무의식에 대해 아는 길을 확장하게 해 줄 것이다.

하지만 환자의 자아가 하는 역할을 수동적이고 고분고분하게 자료를 제시하고 그에 대한 우리의 해석을 잘 믿도록 하는 데에서만 찾아서는 안 된다. 서로 전혀 다른 일이 한꺼번에 벌어진다. 가령, 한편에서는 우리가 예측할 수 있는 일이, 다른 한편에서는 우리를 놀라게 하는 일이 벌어진다. 가장 이상한 것은 환자가 치료사를 현실적인 측면에서만 관찰할 뿐, 조력자나 상담자로 파악하려 하지는 않는다는 점이다. 사실 치료사는 이 외에도 환자의 고생에 대해 보상하고, 기꺼이 가장 가파른 산길을 마다치 않는 산악 안내인 같은 조력자, 상담자 역할을 한다. 환자는 치료사에게서 자기 유년기에 있었던 중요한 사람이 되돌아 온 것으로—환생으로—보고 과거를 둘러보고, 그로 인해 분명히 이 사람에 대해 가졌던 자신의 감정과 반응을 치료사에게 전이시킨다. 이런 전이 행위는 한편으로는 대체할 수 없는 가치를 지닌 보조수단으로, 다른 한편으로는 심각한 위험의 원천으로서 예측하지 못한 의미를 드러낸다. 나아가 이런 전이는 **양가적인** 것으로서 분석 치료사를 향해 긍정적이고 애정 어린 태도뿐 아니라 부정적이고 적대적인 태도를 보여 준다. 그 이유는 치료사를 사실상 부모의 자리, 즉 아버지나 어머니의 자리에 두기 때문이다.

전이가 긍정적이면 우리에게 가장 좋은 일이다. 그 전이는 전체 분석치료의 상황을 바꾼다. 그리고 건강하게 그리고 고통을 받지 않으려는 이성의 의도를 옆으로 밀쳐 버린다. 그 자리에 치료사의 마음에 들고, 그의 박수를 받고, 그의 사랑을 받으려는 의도가 들어온다. 이 전이가 환자가 협력할 작업의 실질적인 원동력이 된다. 약화된 자아가 강하게 되고 그 전이의 영향으로 환자는 그렇지 않으면 불가능했을 능력을 회복하고 자기의 증상을 중지하고 눈에 띄게 원기를 되찾는데, 그것은 치료사가 할 일이다. 그러면 치료사는 어려운 일을 시작했다고 수치스럽게 고백한다. 그러나 그가 얼마나 비정상적인 힘이 그에게 발휘될지는 아무것도 모른다.

전이의 상황은 이 외에도 다른 두 가지 장점이 있다. 환자가 분석가를 자기 아버지의(자기 어머니의) 자리에 위치시키는 동시에 그의 초자아가 그의 자아에 행사하는 힘도 부여한다. 왜냐하면 이 부모들이 바로 그 초자아의 기원이었기 때문이다. 새로운 초자아가 이제 그 신경증 환자를 일종의 재교육할 기회를 갖는다. 부모가 그를 교육하면서 범했던 잘못들을 초자아가 교정할 수 있기 때문이다. 물론 여기서 기억해야 할 것은 그 새로운 영향력을 잘못 사용해서는 안 된다는 것이다. 혹시 다른 사람을 위한 교사, 롤모델, 이상이 되려는 유혹을 받을지라도, 치료사의 모범에 따라 바꿀 수 있는 유혹이 따르더라도 치료사는 분석치료의 상황에서 이것이 그의 과제가 아니라는 점을 잊어서는 안 된다.

치료사는 자신의 취향에 따라 휩쓸리면서 자기가 해야 할 과제로부터 벗어나면 안 된다. 그렇게 하면 치료사는 아이에게 지나치게 간섭해 그 아이의 독립성을 압박했던 부모의 실수를 반복함으로써, 결국은 예전의 종속을 새로운 종속으로 대체하고 만다. 그러나 치료사는 개선하고 교육하는 모든 작업에서 환자의 고유한 인격을 존중하여야 한다. 치료사가 정당하게 익힌 중재의 기준은 환자가 보이는 발달장애의 정도에 따라 정해진다. 상당수의 신경증 환자는 아주 유아기적 수준에 머물러 있어서 치료할 때 애들처럼 다룰 수 있어야 한다.

전이의 다른 장점은 환자가 자기 인생의 삽화 중 중요한 부분이 지닌 조형적 명확함을 전이를 통해 보여 준다는 점이다. 전이가 없으면 우리는 그저 충분치 못한 정보를 얻을 수 있을 뿐이다. 전이는 우리에게 무엇을 이야기하는 대신 흡사 어떤 행동을 보여 주는 것과 같다.

이제 전이관계의 다른 측면을 살펴본다. 전이는 부모에 대한 관계를 재생산하기 때문에 그 관계의 양가성까지 포함한다. 그러므로 어느 날 치료사에 대한 환자의 긍정적 태도가 부정적·적대적 관계로 변하는 것은 피할 수 없다. 이런 전이 또한 일반적으로 과거의 반복이다. 아버지에 대한 순종(아버지에 관한 문제가 대두되었을 때), 그의 베풂을 구하는 것은 모두 아버지의 인격을 향한 성적 소원에 뿌리내리고 있다. 언젠가 이런 요구가 전이에서 폭발하여 만족을 얻는다. 환자는 분석치료에서 거절을 당할 수도 있다. 환자와 치료사 사이에 실제적인 성관계는 있어서는 안 되고, 좋은 의도로 행하는 애무나 띄워 주기, 모방 등도 분석가가 아주 좁은 범위 내에서만 허용한다. 그런 거절은 변화의 계기가 되고, 환자는 틀림없이 유년기에 이와 같은 것을 경험했을 것이다.

긍정적 전이의 지배하에 이루어진 치료효과는 이제 암시적 성격을 띤 것이 아닌가 하는 의심이 들게 한다. 부정적 전이로 상황이 기울게 되면 치료효과는 바람에 나는 겨와 같이 날아간다. 우리는 지금까지 들인 노력과 작업이 허사가 된 것을 보고 놀라움을 금치 못한다. 환자의 잔존하는 지적 소득이라고 본 것, 정신분석에 대한 이해, 치료효과에 대한 신뢰가 한꺼번에 모두 사라진다. 환자는 이제 자기 스스로 판단하지 못하고, 자기를 사랑해 주는 사람을 맹목적으로 믿고 어떤 낯선 사람의 말도 믿지 않는 아이처럼 행동한다. 이런 전이의 상황이 가져오는 진짜 위험은 환자가 자신의 본능을 오인하여 그것이 과거의 재현이 아니라 새로운 체험이라고 치부한다는 점이다. 말하자면 그 남성(또는 여성) 환자가 긍정적 전이 뒤에 숨기고 있는 강한 성적 욕구를 느끼면서 이것을 정열적인 사랑이라고 믿는다는 점이다. 이후에 전이가 돌변하면 환자는 자기가 모욕을 받은 것이라고, 치료사가 자기에게 관심을 주지 않는다고 하면서 치료사를 적이나 된 것처럼 미워하고 분석을 포기할 채비를 한다.

두 극단적인 경우에 환자는 치료의 시작 때 맺은 계약을 망각하고, 다음의 공동 작업을 지속하는 데 이제 더 이상 아무런 쓸모가 없게 되어 버린다. 이제 치료사에게는 매번 환자를 위험하게 만드는 환영에서 떼어 놓고, 그가 실제적 삶이라고 생각하는 것이 과거의 환영에 불과하다는 것을 반복해서 말해야 할 과제가 생기게 된다. 그가 어떤 증거도 받아들이지 않는 상황에 빠지지 않도록 우리는 사랑도, 적개심도 극단적 단계에 이르게 해서는 안 되도록 신경 써야 한다. 이렇게 할 수 있으려면 치료사는 미리 그가 이렇게 될 가능성을 염두에 두고 첫 번째 징후를 놓쳐서는 안 된다. 전이를 다루는 데 세심한 주의는 상당한 보상을 받는다. 대부분이 그렇지만, 환자가 전이현상들의 실제적 성격을 알도록 해 주는 것이 성공한다면 우리는 그의 저항에서 강력한 무기를 빼앗은 것이고, 위험을 성과로 바꾼 것이다. 왜냐하면 환자가 전이의 형식들에서 체험한 것을 다시 망각하지 않고 오히려 그에게 다른 방식으로 얻은 모든 것에 비해 더 강력한 확신의 힘을 가지기 때문이다.

우리에게 정말 바람직하지 않은 것은 환자가 전이의 밖에서도 기억하는 대신 행동하는 것이다. 우리 치료의 목적에 맞는 이상적 행동은 그 환자가 치료의 밖에서 가능한 한 정상적으로 행동하고 그의 비정상적인 반응을 전이에서만 표현했으면 하는 것이다.

약화된 자아를 강하게 하려는 우리의 길은 환자의 자기 인식의 확장에서 나온다. 우리는 이것이 모든 것이 아니라는 사실을 안다. 그러나 그것이 첫걸음이라는 사실도 안다. 그런 인지의 소실은 자아에 대한 힘과 영향의 상실을 의미한다. 그리고 그 소실은 자아가 이드와 초자아의 요구에 의해 제한되고 방해받는다는 것을 보여 주는 제일 첫번째 징후다.

이로써 우리 쪽에서 볼 때 우리 치료의 첫째 부분은 지적 작업이며, 환자 편에서는 그에 대한 협력 요구가 될 것이다. 이 첫 활동이 우리에게 다른 길, 즉 더 어려운 과제로 향하는 길을 닦아 준다. 치료를 시작하는 동안에도 우리는 그 활동의 역동적인 부분을 놓쳐서는 안 된다. 우리는 작업의 재료를 다양한 근원(그의 이야기와 자유연상이 의미하는 것에서, 환자가 우리에게 그의 전이로 보여 주는 것에서, 그가 꾼 꿈의 해석에서, 그의 실수 행위가 말해 주는 것)에서 얻을 수 있다.

모든 자료는 환자에게 무슨 일이 일어났는지, 그가 망각한 것은 무엇인지에 대한 구성과 지금 아무것도 모른 채 그에게 일어나는 것에 대하여 어떻게 구성할 것인지를 제시한다. 우리가 이렇게 하는 가운데 우리의 지식과 환자의 지식을 엄격하게 분리하는 일을 게을리해서는 안 된다.

우리는 치료의 시작기에 발견한 것을 환자에게 즉시 알리거나 우리가 알았다고 생각하는 모든 것을 알려서는 안 된다. 우리가 조심스럽게 숙고해야 할 것은 환자를 언제 우리 구성의 공동 인지자로 만들 것인가 하는 것이다. 우리는 일단 환자가 적절한 사람인지 살펴보아야 하는데, 이것을 판단하기가 항상 쉬운 일은 아니다. 원칙적으로 우리는 구성의 전달을, 즉 설명을 환자가 통합하는 데 단 한 걸음밖에 남기지 않은 상태까지 이르렀을 때까지 미룬다. 우리가 이와는 다른 방법을 선택하면, 즉 그가 준비도 하지 않은 상태에서 우리의 해석을 갑자기 그에게 말하면, 그 해석의 전달은 효과가 없거나 강한 저항을 불러일으킬 것이다.

저항이 일어나면 환자는 작업이 진행하는 것을 방해하거나 그 작업을 회의적으로 보게 될 수 있다. 이 모든 것이 차질 없이 진행되면 우리는 대부분 환자가 우리의 구성을 직접 인정하고 망각된 내적·외적 사건을 스스로 기억하는 것을 볼 수 있다. 망각된 것의 세부사항들과 구성이 정확히 일치하면 할수록 환자의 동의를 얻는 일은 쉬워진다. 이렇게 되면 이 부분에 대한 우리의 지식은 그의 지식이 된 것이나 마찬가지다.

우리는 저항에 대한 언급과 함께 우리 작업의 두 번째 더 중요한 부분으로 접근하게 되었다. 우리는 자아가 무의식적이고 억압된 이드에서 나온, 원하지 않는 요소들이 침범하는 것을 반집중으로 방어한다는 말을 한 적이 있다. 그런 반집중들의 완전무결함이 정상적인 자아의 조건이다. 자아가 압박을 받으면 받을수록 자아는 더 뻣뻣하게, 마치 불안에 빠진 듯, 계속된 침범으로부터 자아의 잔고를 방어하려고 이런 반집중들을 고집한다. 그러나 이런 방어적 경향은 치료의 의도와 전혀 들어맞지 않는다. 반대로 우리는 우리의 중재의 안전함으로 과감하게 된 자아가, 잃어버린 것을 다시 정복하기 위한 공격을 감행하기를 바란다. 이때 우리는 저항으로서 이런 반집중들의 힘이 우리의 작업에 저항한다는 것을 감지한다. 자아는 위험하게 보이고 불쾌감으로 위협하는 그런 힘들이 하는 일에 놀라 물러선다.

우리는 환자의 자아가 우리를 거절하지 않게 하려고 그 자아를 격려하고 진정시켜야 한다. 정확하지는 않지만 전체 치료과정에 걸쳐 존재하고, 이 새로운 치료 작업의 한 부분에서 그 모습을 바꾸는 이런 저항을 우리는 억압의 저항이라고 부른다.

그런데 우리가 해결해야 할 것이 그것만이 아니다. 이런 상황에서 같은 편인 것이 전도되는 것은 흥미로운 일이다. 자아가 우리의 자극에 저항하는 데 반해 무의식은 (그렇지 않을 경우 우리의 적이지만) 우리에게 오히려 도움을 준다. 그 이유는 무의식이 자연스러운 '추진력'을 가지고 있고 그 무의식은 자아와 그 사이에 놓인 경계를 넘어 의식에까지 밀고 나가는 것 이상의 아무것도 요구하지 않기 때문이다.

우리가 우리의 의도를 수행하고 자아가 그의 저항들을 극복하도록 하게 만들 때 서서히 생기는 싸움은 우리의 주도하에 우리의 중재로 완성된다. 그 싸움이 어떻게 끝나는지, 그 싸움이 자아가 지금까지 물리친 새로운 시험대에 대한 충동 요구를 받아들이도록 만들든지, 아니면 자아가 그 싸움을 다시 이번에는 종국적으로 거부하든지 아무런 상관이 없다. 두 가지 경우 모두 지속적 위험은 제거되고 자아의 크기가 확장되고 엄청난 비용은 더 이상 필요 없게 된다.

저항의 극복은 우리의 작업 중 상당한 시간과 노력을 앗아 간다. 하지만 그것은 보람 있는 일이기도 하다. 왜냐하면 이 부분이 가장 귀중한 자아변화를 실현하며 전이의 영향으로부터 그것을 벗어나게 하고, 삶에 수용되기 때문이다. 동시에 우리는 무의식의 영향하에 만들어진 변질된 자아의 제거작업도 했다고 볼 수 있는데, 그 이유는 우리가 무의식의 파생물들을 자아에서 확인할 때마다 그 파생물들의 정당치 못한 출처를 찾아내어 확인시키고 자아가 거부하도록 도와주기 때문이다. 우리는 그런 변질된 자아가 무의식적 요소들의 침범으로 일정한 정도를 넘어서지 않도록 우리가 중재의 전제조건 중 하나로 계약하였다는 것을 기억한다.

우리가 작업을 진행할수록, 그리고 우리가 신경증 환자들의 정신적 삶에 대한 우리의 통찰력을 키울수록 우리에게 새로운 두 가지 동기들이 풀무질한다. 이 동기들은 저항의 원천들로서 섬세한 주의력을 필요로 한다. 환자들은 이 두 가지를 전혀 모른다. 그리고 그 두 가지는 계약이 끝나더라도 고려할 필요가 없다. 그것들은 환자의 자아에서 출발하지 않는다.

우리는 이 둘을 공통된 질병의 욕구 또는 고통의 욕구라는 이름으로 묶어 요약할 수 있다. 하지만 이들은 본성이 비슷하면서도 같은 원천에서 나온 것이 아니다. 이 두 동기 중 첫 번째는 죄책감 또는 죄의식이다. 그런데 이 이름은 환자가 그것을 느끼지도, 인식하지도 못한다는 사실을 무시한 명칭(옮긴이 주: 죄의식의 의식은 그것을 의식한다는 명칭을 갖고 있는데, 사실 환자는 그런 의식이 없다)을 가지고 있다. 이 죄의식은 분명, 특히나 엄격하고 무시무시하게 되어 버린 초자아가 수행하는 저항을 생기게 한다. 이것은 개인을 다시 건강하게 내버려 두지 않고 병든 상태로 있기를 원하는데, 그 이유는 그보다 더 좋은 방법이 없기 때문이다.

이런 저항이 사실 우리의 지적 작업을 방해하지는 않는다. 그러나 이 저항은 우리의 작업이 효과를 발휘하지 못하게 한다. 그렇다. 저항은 우리가 신경증적인 고통의 형식으로 지양되지만 즉시 다른, 경우에 따라서는 신체적 질병으로 대체할 준비를 한다. 이런 죄의식은 실제적 불행을 통해 가끔 관찰되는 중증의 신경증 치료 또는 완화에 대한 이유를 설명해 주기도 한다. 말하자면 어떤 방식이 되든 상관없이 오로지 환자가 불행해지는 것이 중요하다. 그런 환자들이 자주 자신들의 힘든 운명을 짊어지고 가는, 불평 없는 사건은 아주 독특하기도 하고 배반적인 것이기도 하다. 이 저항을 막기 위해 우리는 그 저항의 의식화와 적대적인 초자아의 느린 해체 작업에 집중해야 한다.

이런 다른 저항의 존재를 증명하기란 쉽지 않다. 그리고 그런 저항과의 싸움에서 우리의 노력은 불충분하다고 생각된다. 그들의 모든 반응에 따라서 판단하자면 신경증 환자 중에는 자기 보존의 본능이 거의 전도된 사람들이 있다. 그들은 자기 상해와 자기 파괴 이외에 아무것도 노리지 않는 것처럼 보인다. 아마도 마지막에 자살하는 사람들이 이 집단에 속할지도 모른다. 우리는 환자에게 추동 해체가 일어낳다고 생각한다. 그 결과 내부로 향한 파괴욕동의 과도한 양적인 것들이 자유롭게 된 것이다. 그런 환자들은 우리의 치료를 통한 회복을 견딜 수 없다. 그들은 모든 수단을 동원하여 우리의 치료에 저항한다. 그러나 우리가 고백하건대 이런 경우는 아직 우리가 설명하는 데 성공하지 못한 경우이다.

이제 다시 한 번 우리가 신경증적 자아에게 도움을 주려고 행한 상황을 조망해 보자. 이 자아는 인간사회를 포함한 외부세계를 만드는 과제를 더 이상 수행할 수 없다. 그 자아는 그의 경험을 마음대로 다룰 수 없고, 그의 경험 보고 중 상당 부분은 그에게서 소실되어 버렸다. 자아의 활동은 초자아의 엄격한 금지로 마비되었고, 그 에너지는 이드의 요구를 막아 내느라 헛된 노력을 하면서 소모되었다. 이 외에도 이드가 그의 조직에 끊임없이 침범하기에 망가지고 스스로 균열되고, 더 이상 정상적인 통합을 가져올 수 없으며, 서로 대항하는 욕구들과 처분되지 않은 갈등들, 해결되지 않은 의심들 때문에 분열된다.

우리는 환자의 약화된 자아를 우선 순수한 지적인 해석 작업에 참여시켜야 한다. 그러면 이것이 그의 영적인 지배에 존재하는 결함을 일시적으로 충족시키려고 한다. 그리고 그의 초자아가 가진 권위가 전이하도록 하며, 이드의 모든 개별적인 요구와의 싸움을 받아들이고 그때 생기는 저항들을 이기도록 격려한다. 동시에 우리는 무의식에서 침입한 내용과 욕구들을 느끼고 자기 검열의 기원으로 물러서도록 함으로써 그의 자아 속에서 질서를 창출한다. 이때 우리는 환자에게 권위와 부모의 대리자, 교사와 교육자로서의 다양한 역할을 해 준다.

가장 좋은 치료적 중재는 우리가 분석치료사로서 그의 자아에 있는 정신적인 과정들을 정상적인 수준으로 끌어올리고, 무의식적이 되어 버린 것과 억압된 것을 전의식으로 끌어올리고 다시 그것을 자아에게 선물로 주는 것이다. 환자 쪽에서 환자의 고통으로 촉발된 건강에 대한 욕구, 그리고 지적인 관심 같은 몇몇 이성적인 동기들이 우리에게 영향을 미친다. 지적인 관심은 우리가 그에게서 정신분석의 가르침과 발견들에 대한 의식을 일깨우며, 그보다 훨씬 강한 힘으로 영향을 미치는 것은 환자가 우리에 접근하는 긍정적 전이라고 할 수 있다. 다른 한편에서는 부정적 전이와 자아의 억압 저항이 우리와 싸운다. 바꿔 말하면 자아에게 위임된 어려운 작업에 노출되었다는 자아의 불쾌감, 초자아에 대한 관계에서 나온 죄책감, 그의 욕동경제의 심층적 변화에서 나온 질병욕구들이 우리의 적이다.

우리가 그의 사례를 두고 경증인지 중증인지 판단할 근거는 마지막 두 요인의 부분에 달려 있다. 이것들과 상관없이 우호적인지 비우호적인지 알 수 있는 몇몇 다른 동기들을 알 수 있다. 어떤 특정한 정신적 타성, 고착을 벗어나지 않으려는 리비도의 불민첩성은 우리에게 도움이 되지 못한다. 욕구승화에 대한 개인의 능력은 큰 역할을 한다. 이에 못지않게 거친 욕동생활에 대한 승화 능력과 그들의 지적 기능의 상대적 힘도 큰 역할을 한다.

우리가 받아들인 싸움의 마지막 출구가 양적인 관계, 즉 에너지 양에 달려 있다는 결론을 맺더라도 우리는 실망할 것이 아니라 오히려 충분히 이해할 수 있는 일이다. 그 에너지 양은 우리에게 발휘되는 힘들의 에너지 총화와 비교하여, 치료를 위해 환자에게 우리가 활성화할 수 있는 것이다. 하느님은 여기서 다시 한 번 강한 군대와 함께하시며 ― 분명 우리가 늘 승리하는 것은 아니지만 적어도 왜 승리하지 못했는지는 대부분 인식할 수 있다. 치료적 관심을 가지고 우리의 설명을 따라온 사람은 아마도 이 고백을 보고 별것 아니라고 외면할지도 모른다. 그러나 우리가 여기서 치료에 관심을 두는 것은 단지 치료가 심리학적인 수단을 가진 범위 내에서이다. 현재로서는 다른 방도가 없다. 미래에는 특별한 약물로 정신 기관 내에서 그 에너지 양과 분배에 관해 직접 영향을 미칠 수 있는 길이 열릴지도 모른다. 아마도 오늘날에는 예상치도 못한 치료의 다른 가능성이 열릴지도 모른다. 하지만 아직은 정신분석 기법보다 더 좋은 기법이 제공되지 못했다. 그 때문에 우리는 그 기법이 가진 제한점들에도 불구하고 그것을 경시해서는 안 된다.